中国旅游服务贸易发展研究

梁 峰 ◎ 著

南京大学出版社

内容介绍

本书基于国际贸易理论经典分析范式,分别从旅游服务贸易的产生原因和基础、旅游服务贸易发展的结构、旅游服务贸易的经济效应三个方面对中国旅游服务贸易的发展从理论和实证角度进行了系统的梳理、分析和评价。在分章论述中,将中国旅游服务贸易发展作为一个开放的系统,首先是影响因素的输入,其次是旅游服务贸易发展的结构问题,再次是经济效应的输出。研究过程采用了多学科理论进行补充和完善,对于旅游理论研究的发展有基础性意义。

图书在版编目(CIP)数据

中国旅游服务贸易发展研究 / 梁峰著. —南京 :

南京大学出版社,2022.7

ISBN 978 - 7 - 305 - 25711 - 7

Ⅰ. ①中… Ⅱ. ①梁… Ⅲ. ①旅游服务—服务贸易—

经济发展—研究—中国 Ⅳ. ①F592.68

中国版本图书馆 CIP 数据核字(2022)第 081234 号

出版发行	南京大学出版社			
社　　址	南京市汉口路 22 号		邮　编	210093
出 版 人	金鑫荣			

书　　名	**中国旅游服务贸易发展研究**
著　者	梁　峰
责任编辑	裴维维　　　　　　　编辑热线　025 - 83592123
照　　排	南京开卷文化传媒有限公司
印　　刷	南京京新印刷有限公司
开　　本	718×1000　1/16 开　印张 16.75　字数 290 千
版　　次	2022 年 7 月第 1 版　2022 年 7 月第 1 次印刷
ISBN	978 - 7 - 305 - 25711 - 7
定　　价	67.00 元

网　　址	:http://www.njupco.com
官方微博	:http://weibo.com/njupco
微信服务号	:njuyuexue
销售咨询热线	:(025)83594756

序　言

　　旅游业是服务贸易中非常重要的创汇来源部门,旅游服务贸易所交易的产品兼具旅游产品的特殊性质和贸易品的普遍共性。本书首先比较分析了国际旅游、服务贸易等相关概念的区别,进而对旅游服务贸易的概念进行了厘清。从艾斯特(IASET)定义可以发现,旅游需要消费者前往旅游目的地停留一段时间,仅涉及旅游消费者的位置移动。而根据《服务贸易总协定》(GATS),旅游服务贸易可以拥有四种不同的提供模式,不仅涉及消费者的位置移动,也涉及提供者的位置移动或两者都不移动的情形。因此,旅游服务贸易是一个比国际旅游更加宽泛的概念,但位置发生移动的国际旅游的产生和发展是旅游服务贸易发展的前提和基础。这也是本书主要的研究对象。

　　目前,旅游服务贸易方面的理论研究并没有形成一个完整的理论体系框架,本书基于国际贸易理论经典分析范式,分别从旅游服务贸易的产生原因和基础、旅游服务贸易发展的结构、旅游服务贸易的经济效应三个方面对中国旅游服务贸易的发展进行了分析和评价,并将此理论线索贯彻到每一章的理论框架构建中。在分章论述中,将中国旅游服务贸易发展作为一个开放的系统,首先是影响因素的输入,其次是旅游服务贸易发展的结构问题,最后是经济效应的输出。

旅游服务贸易发展的结构主要表现为时间和空间两个维度。从时间路径来看,中国旅游业的发展经历了一条非常规发展道路,即由国际市场"单向驱动"到国际、国内市场"双向驱动",再到国内旅游市场的"内需驱动",出口、投资在依次成为主要动力后,以旅游为代表的消费将担当重要的经济增长引擎。在空间结构方面,运用空间数据探索分析法对旅游服务贸易的空间集聚和敛散特征进行分析后发现,中国旅游服务贸易发展的总体态势上呈现出与国家经济区划较为一致的集聚现象,并呈现出一定的"俱乐部收敛"迹象。在区域重心的空间变化上,大体上经历了"南迁""东进""北上"等三次比较明显的运动过程。"南迁"过程大致发生于中华人民共和国成立至改革开放初期,旅游服务贸易发展重心由北南移至珠三角一带;"东进"过程主要发生于20世纪末至21世纪初,旅游服务贸易发展重心由珠三角逐渐东迁至以江浙沪为代表的长三角区域,并在东南沿海一带形成了一个较长的旅游服务贸易发展连绵带;"北上"过程主要发生于近些年,表现为经由长三角沿海地带向华北和环渤海方向发展。

旅游服务贸易发展的影响因素众多,传统研究视角往往集中于从需求角度进行分析并将所有的旅游目的地看作一个均质空间。本书基于现代比较优势分析框架,认为国际旅游等方式的服务贸易产品与货物贸易品一样,需要从更加一般性的分析框架来构建旅游服务贸易发展的基础。因此,在对传统比较优势理论、现代比较优势理论、竞争优势理论和国际直接投资理论等进行综合后,提出了一个更为一般的旅游服务贸易发展影响因素"四元优势"折衷理论分析框架,并认为影响因素是一个动态调整的过程,实证分析结果也证明了这种影响因素静态赋存和动态变化的具体表现。

　　旅游服务贸易发展的最终目的落脚于经济增长。首先,借鉴相关贸易及经济学理论建立旅游服务贸易的整体效应和经济效应的理论分析框架;其次,着重从旅游服务贸易影响经济增长的渠道和机制出发,研究其对经济增长重要变量的影响。从旅游服务贸易与地区产业结构调整、居民消费、外商投资、交易效率等变量间关系的实证结果来看,旅游服务贸易对经济增长的作用更加符合发展经济学家刘易斯提出的"牵引增长论"观点,即出口部门缺乏与当地其他经济部门间的有效联系。因此,无法将贸易带来的刺激效应扩散至国民经济的其他部门;而经济增长对于旅游服务贸易的促进作用非常明显,总体上表现为一种单向关联效应。最后基于前文对于旅游服务贸易发展结构、影响因素和经济效应的分析,有针对性地提出了相关政策建议。

　　总体来说,本书从理论和实证角度对中国旅游服务贸易的发展进行了系统梳理,并运用多学科理论进行补充和完善,具有开拓新领域和新的研究方向的意义,对于旅游理论研究的发展有基础性意义。

　　本书既可以作为旅游学术研究领域的参考资料,也可以作为旅游相关专业教学、从事旅游经济工作人员的参考用书。需要说明的是,由于2008年世界金融危机波及众多行业领域,为保持原始数据最大程度地反映金融危机前的旅游服务贸易发展的连续态势,本书所有数据收集至2008年。另外,由于中国港澳台统计数据库于2021年11月

10 日才正式上线，在此之前，根据统计惯例，将其统计为国际旅游者，因此，港澳台数据暂不纳入分析。本书试图厘清中国旅游服务贸易发展的脉络和总体框架，期待能起到抛砖引玉的作用。囿于作者水平，书中的错漏缺点也希望专家学者批评指正。

目　录

图目录

表目录

第一章

导　论

公元 15 世纪以前,地区间贸易主要建立在自然经济基础之上,并按自愿交换的原则进行交易,贸易只是人们经济生活中的一个补充,其在经济中的地位并不重要,贸易的主要动机是"互通有无"。因而当时的国家、地区间贸易并不连续,也不稳定。15 世纪"地理大发现"之后,欧洲各国的殖民扩张在客观上促进了各洲和各地区间的贸易,世界贸易逐渐从单纯"互通有无"演变为"以牟利为主"的商业行为,从而开始有了严格意义上的"世界贸易"。但工业革命以前,决定贸易流向的主要是各国的自然资源及各国所固有的生产技能差异,贸易的基础为绝对比较优势,贸易主导方式是殖民贸易,贸易流向主要以西欧为重点。

18 世纪 60 年代,欧美各国逐渐形成了资本主义生产关系并先后发生了工业革命,资本主义生产方式和工业革命对世界贸易的影响不断加深。贸易一方面作为商品销售和资本积累的方式,促进了资本主义生产方式和工业革命的发展;另一方面,作为资本主义社会化生产方式和工业革命的必然结果而不断扩大,并作为主要的牟利手段而成为人类经济活动的必要组成部分。至 1914 年第一次世界大战爆发之时,欧洲、北美、日本和澳大利亚先后完成了工业革命,并完成了从自然经济过渡到资本主义工业经济的过程。工业革命使整个世界形成了一个由西欧、北美国家生产和出口制成品,其余国家生产和出口初级产品的全球生产分工体系和国际贸易格局。国际贸易的基础不再仅仅是各国的自然资源,各国生产技术不同而产生的成本差异成为决定贸易模式的重要影响因素,比较优势基础逐渐成为贸易的重要原因。

经历了两次世界大战和 1929 年至 1933 年大萧条之后，20 世纪 50 年代到 2000 年的近 50 年间，世界经济与贸易出现了飞速增长，加上 20 世纪 90 年代以互联网为代表的现代信息技术革命更加推动了现代贸易的信息交流和交易方式。国际贸易占各国国内生产总值的比重不断攀升，国际贸易在现代经济中的地位越来越重要。

作为战后科技发展的结果，发达国家劳动生产率得到了大幅提高。农业和其他初级产品生产中的劳动力比重逐渐下降，工业制造业就业比重逐渐停滞或下降。与此同时，经济发展给人们带来了不断提高的收入水平，并促进了消费结构的变化。在生活必需品得到满足以外，主要耐用消费品的需求也得到了很大满足，对服务的需求越来越大。许多国家或地区意识到服务业在国民经济中的重要地位，纷纷确立了以服务业为导向的经济发展政策，表现为各国产业结构调整和发展的重心逐渐向服务业转移，可贸易的服务产品总量不断增加。

与工业革命后的世界贸易相比，第二次世界大战后国际贸易的主要变化趋势之一是，从 20 世纪 70 年代始，具有鲜明时代特点的服务贸易日益成为国际贸易的一个重要组成部分。服务贸易占世界贸易的比重从 20 世纪 80 年代的 17% 左右上升到 90 年代末的 22% 左右，服务贸易已经上升到与货物贸易同等重要的地位，成为推动世界经济增长的新亮点。《服务贸易总协定》更是与《关税与贸易总协定》《与贸易和投资有关的知识产权协定》共同成为世界贸易组织的三个主要协议。

与此同时进行的是，资本和劳动力从物质生产领域向服务领域持续转移，而世界经济发展也由过度依赖制造业的国别型经济向倚重信息技术及服务业的区域型和全球型经济过渡。因此，人们对服务贸易理论与实践的关注度也在与日俱增。

第一节　研究背景、目的及意义

一、研究背景

(一) 国际背景

从国际方面来看,虽然以发达国家为主导的服务贸易结构向新兴服务贸易领域调整,但传统服务贸易部门依然是世界服务贸易最重要的项目,并且从发展中国家来看,传统服务贸易仍然是其参与国际分工合作的主要内容。第二次世界大战前,国际服务贸易主要是劳动力的输入和输出;第二次世界大战后,随着科技革命的扩散,以旅游、运输、银行、建筑和承包市场为代表的服务贸易逐渐走向国际市场。尤其是 20 世纪 80 年代以后,世界服务贸易结构的调整速度明显加快,新兴服务贸易领域不断扩展,很多新兴服务行业部门从制造业独立出来形成生产性服务行业,其中以技术、信息、知识密集型服务行业的发展最快。信息技术革命不仅改变了许多服务提供模式,也进一步刺激了建立在此基础上的服务业的加速发展。世界服务贸易正逐渐由传统的以自然资源和劳动密集型为基础的服务贸易向以知识、智力密集型和资金、技术密集型为基础的现代服务贸易转变。

在上述转变过程中,以旅游、运输等为代表的传统服务贸易部门继续保持了稳步增长,虽然它们占世界服务贸易的比重有所下降,但仍然占据了整个世界服务贸易总量的近半壁江山。

与商品贸易发展初期的国际贸易分工情况相似,发达国家与发展中国家的贸易分工特点往往是:发展中国家出口资源禀赋型和劳动密集型初级产品,而发达国家则出口制成品或资本、知识、技术密集型产品。服务贸易的发展也正在经历类似的过程,从地区分布来看,世界服务贸易主要集中于欧盟、北美、东亚三个区域,三者服务贸易总额约占世界服务贸易总额的 90%。发达国家的服务业主要集中于技术、知识、资本密集型行业,如金融、银行、保险、法律、信息咨询、数据交换等专业服务部门占国民经济的比重逐渐增大，但传统服务业却在不断萎缩，因而目前的服务贸易分工在发达国家主要表现为智力出口。发展中国家或地区的服务贸易因历史或其他原因则相对落后，主要依靠输出廉价劳动力、出口劳动密集型服务产品来获得贸易平衡，其中以旅游服务贸易出口为代表的传统服务贸易的出口最为常见。

多年来，世界旅游服务贸易基本由分布在欧洲和美洲的旅游大国控制，目前这种状况正在逐渐改变，欧洲虽然是世界旅游服务贸易最为发达的地区，但在全世界旅游服务贸易中的比重已由 1991 年的 62％下降至 1999 年的57.5％左右。20 世纪 50 年代初，发展中国家在国际旅游市场的份额不到3％，而 1991 年已经升至 24％左右。1950—1991 年，世界国际旅游收入平均每年增长 6.7％，而发展中国家平均年增长率高达 13.5％，发展中国家正在成为越来越受欢迎的旅游目的地。2005 年，旅游出口占服务贸易出口比重最大的是非洲地区，然后依次是拉美地区、北美地区、欧盟和亚洲地区。欧洲和北美是国际旅游业的两大传统市场，20 世纪 80 年代以前，它们几乎垄断了国际旅游市场，接待人数和收入都占世界总数的 90％左右。20 世纪 80 年代以后，亚洲、非洲、拉丁美洲和大洋洲等地区一大批新兴市场的崛起，使国际旅游服务贸易在世界各个地区的市场份额出现了新的格局：欧洲和北美地区在国际旅游服务贸易市场上的份额呈现进一步缩小态势，旅游重心由传统市场向新兴市场转移的速度正在加快。①

（二）国内背景

从国内方面来看，改革开放以来，中国抓住了制造业跨国转移的重要战略机遇，成功地发展成为国际货物贸易大国，尤其是进入 21 世纪以来，进出口贸易均得到了巨大发展，实现了对外贸易的大跃进。从与世界贸易发展的对比中可以发现，中国对外贸易的发展也呈现出与世界贸易发展类似的演变趋势，服务贸易的发展尤其引人注目，服务贸易总额由 1982 年的 44 亿美元发展到 2008 年的 3 000 多亿美元，服务贸易的发展速度远远超过了货物贸易

---

① 万红先等.中国服务贸易国际竞争力研究.合肥：中国科学技术出版社，2008：17.

的增速。据世界贸易组织统计,中国服务贸易出口的世界排名由 1982 年的第 28 位上升至 2007 年的第 7 位,服务贸易进口的世界排名由 1982 年的第 40 位上升至 2007 年的第 5 位。[①] 但在世界贸易体系中,中国服务贸易的发展水平仍然落后于货物贸易的发展水平。世界贸易的发展趋势是"以服务贸易为主,以货物贸易为辅",然而中国服务贸易与货物贸易的匹配程度远低于世界水平。以 2005 年为例,服务贸易出口额占贸易出口额的比重为 8.9%,远远低于 18.9% 的世界平均水平;同样,我国服务贸易占整个对外贸易(货物和服务贸易)的比重为 10.2%,远低于货物贸易所占比重。

尽管服务贸易与货物贸易的匹配程度相对较低,但就中国服务贸易发展的规模速度与结构变化情况来看,旅游一直是国际收支经常项目中服务项下最主要的项目,在服务收支中占有举足轻重的地位。近年来,随着中国对外开放的迅速发展,旅游服务业进出口不断增长,在服务贸易各部门中,旅游服务贸易部门一直保持着最大顺差,成为服务贸易部门中最重要的创汇来源。中国旅游服务贸易进口额和出口额在世界上的排名也一直前移。根据世界贸易组织(以下简称 WTO)的统计数据,2008 年,中国旅游服务贸易进口、出口都排进了世界前五位,已经在实际上确立了旅游服务贸易大国的地位。

然而,另外一个现实情况是,根据 WTO 的数据,1998 年至 2002 年间,中国旅游服务贸易出口额一直占服务出口额的比重的 50% 以上,这一比重在 2003 年快速跌至 40% 以下;而受 2008 年金融危机和各种突发事件的影响,中国旅游业受到了更加严峻的挑战,特别是入境旅游市场出现明显下降,这一比重已不足 30%,只有 27.89%。旅游服务贸易在服务贸易部门中的比重出现了较大幅度的调整,其作用和地位重新引起了广泛的讨论。

这种规模的增长与结构的调整形成了鲜明对比。一方面,旅游服务贸易总量规模稳步增长;另一方面,旅游服务贸易在服务贸易部门中的比重出现连续下降,许多现象显示了中国旅游服务贸易正出现结构性调整。

但从整体结构来看,虽然部分新兴服务领域成长较快,但中国服务贸易的结构仍然以传统服务贸易占主体地位,主要集中于旅游、运输两类传统服

---

① 商务部服务贸易司.2007 年中国服务贸易出口世界排名上升 1 位进口排名上升 2 位.(2008 - 04 - 21)[2010 - 04 - 11].http://tradeinservices.mofcom.gov.cn/c/2008 - 04 - 21/29987.shtml.

务贸易项目。

未来很长一段时间,旅游服务贸易部门将依然是中国服务贸易收支的主要来源之一,将继续为我国国际收支平衡做出贡献。其实旅游服务贸易不仅是国际服务贸易的重要组成部分,也是世界各国发展外向型经济的重要内容,对世界各国的对外贸易和经济社会发展产生重要促进作用。因此,加强对旅游服务贸易理论的研究,不仅是促进中国旅游业融入国际市场,积极参与国际市场竞争的客观要求,也是建立健全中国旅游服务贸易政策体系,完善旅游服务贸易管理体制和机制,提升旅游服务贸易国际竞争力,促进"旅游强国"建设的重大举措。

从经验来看,人们在谈论如何由贸易大国走向贸易强国时,往往更多关注货物贸易而经常忽视服务贸易的发展。一个可能的原因是传统的国际贸易纯理论是建立在商品贸易基础上的,服务贸易并未形成完整的理论体系去解释服务贸易的现实发展。然而,服务贸易发展的客观事实已容不得这种理论研究的严重滞后状态。旅游服务贸易正在经历的规模增长与结构调整预示着旅游服务贸易发展的背后也隐含着有待发掘的经济运行的客观规律,而这些蕴藏的旅游服务贸易运行规律都需要以适当的或者创新的理论去解释。

二、研究目的、意义

1978年改革开放以后,中国旅游业逐渐从外事接待工作中分离出来,并逐步加快了产业化进程。中国旅游服务贸易开始面临许多重要的机遇,规模日益壮大,尤其是入境旅游业的发展引起了世界关注。

正当中国旅游服务贸易规模不断扩大时,几次重要的事件(如次贷危机等)却将它快速发展的脚步拉慢了许多。人们开始热烈讨论中国旅游业的发展问题,国家和省市地方也相继为旅游业的发展出谋划策,而国民休闲计划也在此背景下产生并引起了巨大反响。根据时任国家旅游局旅游促进与国际联络司司长祝善忠的透露,"国民休闲计划"主要是针对优秀员工的奖励旅游、针对低收入群体的福利旅游、针对学生群体的修学旅游、针对离退休人员的银发旅游等四大市场,目的在于拉动内需消费市场。

众所周知,一国旅游业的整体振兴需要依赖两个市场,第一是国内市场,第二是国际市场。两个市场的共同繁荣也是一国旅游业发展的理想目标。基于此,本书着重探讨中国旅游服务贸易的发展问题,也可以说是要解决在国际市场上的发展问题。

作为拉动中国经济增长的"三驾马车"之一,对外贸易的迅速增长对保持中国经济长期持续高速发展的作用十分明显。但国际经济发展的实践表明:单纯依赖出口贸易的规模增长来拉动经济增长的做法势必会导致贸易条件的恶化,从而陷入"贫困化增长"的怪圈;而在短期内国民经济也极易受到国际需求市场波动的冲击,从而引发经济的连锁反应。因此,中央提出要在"十一五"期间加快转变对外贸易增长方式:①在保持规模增长的基础上,重点要在发挥比较优势,促进对外贸易由数量增加向质量提高方向转变,加快从贸易大国向贸易强国转变。因此,在中国经济持续快速发展、外贸强劲增长的背景下,从理论层面研究对外贸易结构,贸易对宏观经济增长的影响,以及提出促进国民经济持续平稳增长的政策建议,具有非常重要的现实意义。

本书基于国际贸易的相关理论,探求中国旅游服务贸易发展的规律性问题,并以此来指导中国旅游服务贸易的发展实践。主要问题阐述如下:

首先是中国旅游服务贸易发展的时空结构问题。一方面,旅游服务贸易发展是一个持续的历史过程,有其自身的运行规律,例如,旅游服务贸易产品结构的升级、贸易对象的变化、贸易模式的演进、贸易地位的提高等等;另一方面,旅游服务贸易行为产生于区域间的旅游经济交往,这种交往总是发生在不同的区域,说到底是一种贸易地理现象,会在地理空间上表现出一定的关联性,例如,一个区域的旅游贸易发展较好可能会带动周边区域旅游经济的共同发展,大尺度区域中包含的小尺度区域旅游服务贸易发展会表现出不均衡发展态势等等。

其次是中国旅游服务贸易发展的影响因素问题。旅游服务贸易的结构及其变化受到内在微观要素以及外部宏观因素的共同影响。在旅游服务贸易的以往研究中,关注更多的是需求市场角度的影响因素,又可以称为宏观

---

① 资料来源:《关于 2007 年国民经济和社会发展计划执行情况与 2008 年国民经济和社会发展计划草案的报告》。

因素。但是,从贸易理论角度出发来研究中国旅游服务贸易发展的影响因素则更偏重于从供给角度出发,来分析旅游服务贸易的原因或基础,又可以称作微观因素。那么,如何在一个综合的分析框架内完整地呈现大部分的要素,则需要在一般均衡分析模型中进行。本书尝试在一般均衡框架内较为完整地阐述旅游服务贸易发展的主要影响因素,以及旅游服务贸易影响因素的动态特征。

再次是中国旅游服务贸易发展的经济效应问题。因为旅游服务贸易发展的最终落脚点在于提高一国福利水平,改善人们的生活和收入水平。而贸易带给一国的经济利益主要是通过要素收入的分配或者关税等来体现。旅游服务贸易发展对于一国福利水平及收入分配的改变,一般来说,可以借鉴货物贸易相关理论进行分析。本书在分析旅游服务贸易发展的经济效应时,试图将商品贸易的相关纯理论运用于旅游服务贸易经济效应的解释,注重诠释旅游服务贸易是通过什么样的传导机制作用于一国经济增长的,以及旅游服务贸易变量对经济增长各种渠道变量的影响。

最后,通过对中国旅游服务贸易发展的输入输出系统的整体分析,对中国旅游服务贸易发展的相关国际国内规则进行归纳整理,提出中国旅游服务贸易发展的政策建议,以此来为"旅游强国"之路奠定理论基础。

第二节　研究对象与研究方法

改革开放以来,不断增长的旅游服务贸易奠定了中国"旅游大国"的地位,但相对于"旅游强国"概念,"大国"路径所关注的焦点主要是规模、数量上的变化,偏重于粗放型规模增长,而"强国"路径则更加关注结构优化、服务质量提升,偏重于集约型发展。

现实生活中,经常将增长与发展两个概念不加区分,认为经济增长了,就是经济发展了;经济高速增长了,就是经济快速发展了。其实这种理解并不准确。一般主流西方经济学主要以发达国家为背景而产生,其增长理论和模型主要针对发达国家,而发达国家在长期的积累过程中,市场化程度相对较高,与西方经济学的相关理论前提假设也更加接近,因而在谈论经济增长时会过多关注整个经济规模和速度的增长。但对于大多数发展中国家来说,经济发展的现实情况与西方经济学理论的前提条件距离较远,因而必须在规模增长与结构调整间寻找平衡。发展经济学家也是严格区分这两个概念的。经济增长与经济发展既有联系又有根本区别,经济增长是经济发展的手段,经济发展是经济增长的目的。经济增长主要是指经济总量的增长,也可以用人均量来表示,虽然增长过程中有可能伴随着结构变化,但结构变化并非经济增长的主要目标,其主要目标是追求数量的增加而非质量的变化。经济发展常指一国经济均衡、持续和协调地发展。

如此,可以认为,"旅游大国"是走向"旅游强国"的必经之路,而中国提出的建设"旅游强国"的目标及其实现过程在贸易角度可以用"旅游服务贸易发展"来概括。因为"旅游服务贸易发展"综合考虑了旅游服务贸易总量和规模的增长,以及旅游服务贸易结构的调整和转型。

一、研究对象

与发达国家强调增长有所区别的是,发展中国家更加强调"发展",它是以发展中国家的经济发展问题作为特定的研究对象。发展经济学家的主要观点为:发展中国家的各个经济部门的市场化程度不同,同一经济法则不能毫无例外地在每个经济部门发生作用,因此,发展中国家不是处于均衡状态,而是处于持续的不均衡状态;主流西方经济学理论所强调的市场机制会自发地对经济起到调节作用,从而驱动整个经济逐步趋于均衡状态,这些规律在发展中国家的各个经济部门都普遍地发生作用;一般均衡的经济原则无论在发达国家还是发展中国家都会普遍地发生作用。[①] 可见,对于发展中国家经济问题的研究更多的是关注一个从不均衡到均衡的过程。

本书针对中国旅游服务贸易,侧重于研究其"发展"的问题,强调其动态的演变过程,这种演变过程伴随着旅游服务贸易规模不断增长,但表示的更多的是中国旅游服务贸易在质量、结构、要素基础、发展模式上的变化。中国

---

① 卫大匡.发展经济学的主要流派.开发研究,1987(1):53-55.

旅游服务贸易从事业接待型单位向产业化转型的过程其实就是旅游服务贸易的市场化过程,是一种由非均衡状态逐渐走向均衡状态的过程,也是从"旅游大国"向"旅游强国"迈进的过程。

本书的研究对象可以用一个简单的输入-输出模型(I-O 系统模型)来概括,影响因素不断输入,决定了中国旅游服务贸易整个系统的发展状态,从而经由适当的途径或渠道对国民经济产生影响,而这种经济影响又会反馈于旅游服务贸易发展的影响因素,进而进入一个新的循环(图 1-1)。

图 1-1　本书研究对象的示意性表达

虽然旅游服务贸易从理论上可以分为国内贸易和国际贸易两种,但这里遵循乌拉圭回合谈判的规则,即所涉服务贸易概念专指国际服务贸易,即国家间服务的输入、输出贸易形式,而不包括国内服务贸易。同样,旅游服务贸易也主要指国际旅游服务贸易,而不包括国内旅游服务贸易部分。此外,本书所讨论的旅游服务贸易虽然主要针对中国,但在贸易对象国的处理上,并未一定要求是《服务贸易总协定》(GATS)成员国,即对旅游服务贸易的主体有所放宽。

二、研究方法

方法论是帮助认识客观世界的重要工具,完整的理论体系内在地要求理论与方法的统一。传统上,贸易理论和经济地理是作为经济学的单独分支演变的,但是近些年来它们的融合变得越来越紧密。本书将地理学中的空间分析方法运用于旅游服务贸易发展的区域相关与差异的研究,并将研究对象进行可视化表现,使得结果的分析更加直观。

将传统贸易理论有选择地运用于旅游服务贸易的解释必须建立在相关理论研究的基础之上。文献研究法是全面、正确地了解研究对象的一种方法,它能帮助了解有关问题的历史和现状,得到现实资料的比较资料,有助于了解事物的全貌。本书第二章将主要运用文献分析法对相关研究成果做出归纳与总结,并将文献分析方法融入每一章的相关分析与研究过程。

旅游服务贸易发展现状与特征事实的客观分析是建立在对中国旅游服务贸易发展的过去与现在、国内与国外、区域与区域间纵向或横向的比较分析基础上的。因此,在分析中引入了探索性空间数据分析(ESDA)方法和地理信息系统(GIS)可视化分析技术,对中国旅游服务贸易发展的空间模式做出直观分析;通过运用比较分析方法对中国旅游服务贸易的发展路径做出了归纳和总结;通过动态比较方法对中国的国际分工地位与国际竞争力的变化做出分析。据此,有助于归纳得出旅游服务贸易发展过程中的本质性规律。

在对旅游服务贸易影响因素进行分析时,首先,运用了国际贸易纯理论的研究成果,将比较优势原理运用于解释旅游服务贸易的发生,从而初步形成了分析旅游服务贸易产生的基础和原因的理论分析框架,也可称为供给分析框架;其次,运用经济学相关理论从消费者选择行为的角度研究影响旅游服务贸易的需求因素;最后,将一般均衡分析方法应用于旅游服务贸易影响因素的分析,最终建立了旅游服务贸易影响因素的一般均衡理论分析框架。

在研究旅游服务贸易发展的经济效应时,综合运用了理论分析模型和计量模型分析方法。针对样本空间较小、数据序列较短的限制,采用分省面板数据可以有效避免数据量的问题,另外也可以提高计量结果的可信度。

旅游服务贸易发展的政策设计主要是针对旅游服务贸易"应该"如何发展的问题,必然要把一定的价值判断作为出发点和落脚点,提出研究的事物"应该是什么样","不该是什么样",对选择有关条件下事物发展的结果做出"好或坏"的判断,并回答要做出这种选择,而不做出别的选择的理由,有其理论上的指导意义。循此研究路径,对旅游服务贸易发展的政策建议进行分析时主要采用规范分析法。

第三节 研究思路及内容安排

一、研究思路

作为服务贸易的重要部门,旅游服务贸易既有服务贸易的共性,也兼有旅游业的特点。回顾国际贸易纯理论的发展，从古典贸易理论到新古典贸易理论，再到新贸易理论，其一般分析框架认为贸易的基础和原因主要是劳动生产率差异、资源禀赋差异、技术差异、规模经济，等等，分析的视角大多是从供给角度出发；而旅游相关理论的研究则主要从需求角度进行，从旅游的概念和定义便可以发现旅游主要是从消费者角度来研究的。

本书立足于供给与需求两个方面，在一般均衡框架内综合考虑影响旅游服务贸易发展的因素，以此来挖掘旅游服务贸易的基础和原因，以及一国旅游服务贸易如何在一个动态变化的时间路径上保持可持续的发展空间。

根据产业经济学"结构—行为—绩效"研究范式(SCP)，结构会对产业运行的状态产生重要影响，因而对中国旅游服务贸易发展的时间演变特征、空间集聚特点等结构方面的分析便成为全书的内在逻辑起点。正如图1-1所示的输入-输出系统模型(I-O系统模型)一样，作为一个不断运行的系统，中国旅游服务贸易受到来自内部或外部因素的影响，同时也会对经济体产生溢出效应。

依据这一研究思路，本书的核心内容框架如图1-2所示。

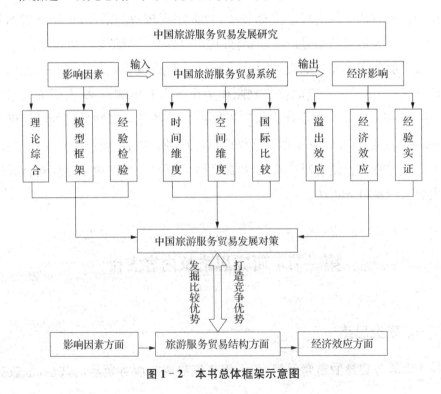

图1-2 本书总体框架示意图

二、内容安排

根据图 1-2 中的主体内容框架示意,对旅游服务贸易发展的影响因素、时空结构以及经济效应的分析将成为本书的核心内容,具体内容共分为六章。

第一章阐述本书的研究背景、目的及意义;界定研究对象及主要研究方法;交代研究思路与内容框架安排。

第二章介绍国内外相关研究成果,系统回顾近年来理论界有关该问题的理论与实证研究进展,并对相关的研究进行比较分析与评论。

第三章首先从时间维度对中国旅游服务贸易发展的历史演进过程做出概括性总结,并指出其发展演变的特点;其次,从空间维度对中国旅游服务贸易发展的空间集聚特征和敛散特征进行分析;最后,从国际比较的角度分析中国旅游服务贸易的国际分工地位和竞争力变化情况。

第四章首先比较分析贸易理论及投资理论对贸易实践的解释,并在比较优势理论及竞争优势理论基础上构建分析中国旅游服务贸易发展影响因素的一般理论框架;其次,在理论框架基础上构建影响因素的总体指标体系,定性分析影响中国旅游服务贸易发展的影响因素;最后,依托经验数据定量分析旅游服务贸易影响因素的静态与动态变化。现有文献大多从需求角度来研究影响旅游服务贸易的影响因素,本书试图从贸易理论及投资理论视角去解释,即主要从供给角度进行分析。

第五章主要分析旅游服务贸易的发展对国民经济的溢出渠道及溢出效应,首先通过梳理现有文献及理论来建立理论分析框架,然后从短期和长期两个视角分析旅游服务贸易发展对经济的影响机制。因为旅游服务贸易发展的溢出效应是多方面的,而其对一国或地区经济方面的影响最引人关注。对于旅游服务贸易与经济增长的关系,有两种观点一直在较量,一种是旅游服务贸易发展对经济增长具有正向促进作用;另一种认为负面影响较大。本书认为,旅游服务贸易发展对经济增长的影响不能简单归一,只有在对旅游服务贸易发展影响经济增长的机制和渠道有了足够认识的基础上才能做出综合判断。本章最后运用计量模型来检验旅游服务贸易发展的经济溢出效应。

　　第六章主要是政策建议,本书认为比较优势与竞争优势间存在一种不断递进的过程,比较优势是基础,以一般均衡框架为基础,竞争优势必然依托于比较优势,但竞争优势在某种程度上又超越了比较优势,它可以在非一般均衡框架下讨论更为广阔的问题。根据这一理论逻辑顺序,本章在第三、第四、第五章的基础上提出了中国旅游服务贸易发展的政策建议。

第二章

理论基础与相关研究文献综述

第一节　理论基础

旅游业因其广泛的经济关联效应而成为世界各国经济发展的重要内容。作为一个融合了多种产业的综合性经济部门,旅游服务贸易不仅涉及有关服务行业,还是服务贸易的重要组成部分,因而兼有服务产品和贸易品的特点,其理论基础也包含多个方面的内容,所以必须对其概念及所涉及的理论基础进行清晰的阐述。

一、旅游服务贸易的概念及分类

作为服务贸易的一个重要部门,旅游服务贸易虽然有其自身作为旅游产品的特性,但也拥有服务贸易的一般共性,因此,对其概念和定义的把握还需从服务贸易的相关概念入手进行分析。"服务贸易"一词最早出现在经济合作组织(OECD)于 1971 年发布的一份报告中,该报告提出了《关税及贸易总协定》(General Agreement on Tariffs and Trade,GATT)东京回合谈判所要涉及的议题,并指出"对于许多国家来说,服务贸易至少与货物贸易一样重要,某些情况下比货物贸易更为重要"。而"世界服务贸易"这一概念的首次使用则是在美国《1974 年贸易法》第 301 条款中。此后,尽管 20 世纪 70 年代以来的服务贸易得到了迅速发展,但服务贸易还没有一个被普遍接受的标准化定义。

1987 年,格鲁伯(H. G. Grubel)直接将服务贸易定义为人或物的国际流动。我国著名学者汪尧田、周汉民认为：国际服务贸易在概念上有广义和狭义之分。狭义的国际服务贸易是无形的，是指发生在国家间的符合严格服务定义的直接服务输出和输入活动。而广义的国际服务贸易既包括有形的劳动力的输出输入，也包括无形的提供者与使用者在没有实体接触情况下的交易活动。[①]《美加自由贸易协定》是世界上第一个在国家间贸易协定中正式定义服务贸易的文件，指出服务贸易是成员方中的一方在其境内或进入另一成员方境内提供所指定的一项服务。联合国贸易发展会议将国际服务贸易定义为：货物的加工、装配、维修以及货币、人员、信息等生产要素为非本国居民提供服务并取得收入的活动，是一国与他国进行服务交换的活动。这些解释从不同侧面揭示了国际服务贸易的性质和特征，但还远不能满足理论界深入研究服务贸易的需要。[②]

1994 年结束的乌拉圭回合谈判重要成果《服务贸易总协定》(GATS)也只是对服务贸易的基本模式进行了范围的界定：自一成员领土向任何其他成员领土提供服务；在一成员领土内向任何其他成员的服务消费者提供服务；一成员的服务提供者通过在任何其他成员领土内的商业存在提供服务；一成员的服务提供者通过在任何其他成员领土内的自然人存在提供服务。其中的"服务"包括任何部门的任何服务，但在行使政府职权时提供的服务除外。而行使政府职权时提供的服务是指不依据商业基础提供，也不与一个或多个服务提供者竞争的任何服务。[③]

由此可见，服务贸易可以根据研究的需要从不同的角度来进行定义，旅游服务贸易也可以根据类似的方法加以界定。

(一) 旅游服务贸易的概念辨析

首先，从本质上讲，旅游服务贸易所交易的对象是旅游服务产品，它应具备旅游产品的特质属性。国际上普遍接受的旅游的定义是 1942 年由瑞士学者汉沃克尔和克拉普夫提出的："旅游是非定居者的旅行和暂时居留

---

① 汪尧田，周汉民.世界贸易组织总论.上海：上海远东出版社，1995.
② 高永富.世界贸易组织新论.北京：北京大学出版社，2008：129-130.
③ 罗明义，毛剑梅.旅游服务贸易：理论·政策·实务.昆明：云南大学出版社，2007.

而引起的一种现象及关系的总和。这些人不会因而永久居留,并且主要不从事赚钱的活动。"该定义是众多旅游定义中最符合科学规范,也是较完整的一个。20 世纪 70 年代,国际旅游科学家联合会(International Association of Scientific Experts in Tourism)正式采用了此定义,所以又被称为艾斯特定义(IASET),此定义较为全面地概括了旅游的基本特性和旅游现象的综合性。①而国际旅游是指人们为满足国际旅游的欲望,在具备一定支付能力的客观条件下所进行的跨国旅游活动。② 旅游服务贸易便是在国际旅游基础上产生的,具有现代意义的国际旅游大约兴起于公元 16 世纪,形成于 18 世纪的产业革命,至 20 世纪中期以后才有了快速的发展。③ 国际旅游的产生和发展是旅游服务贸易发展的前提和基础。④

其次,旅游服务贸易作为国际服务贸易的重要组成部分,是一种贸易品,因而它又兼具贸易品的特质。虽然关于服务贸易的定义仍不统一,但 GATS 于 1994 年以提供模式为基础提出的服务贸易概念为绝大多数成员国所普遍接受。据此标准,旅游服务贸易也有对应的范围界定办法,罗明义(2007)认为旅游服务贸易也包括跨境交付、境外消费、自然人移动和商业存在四种基本形式和类型。跨境交付旅游服务贸易主要通过国际电讯、互联网等手段为境外旅游者提供旅游信息、咨询、远程预订等服务;境外消费旅游服务贸易是指在国内为国外入境旅游者提供旅游服务;自然人移动旅游服务贸易形式表现为外国技术、管理人员至一国提供有关的旅游服务和管理;商业存在旅游服务贸易形式表现为外国投资者通过到一国开发旅游景区景点、建立旅游饭店和旅行社等方式为该国旅游者提供旅游服务。⑤

通过对比艾斯特(IASET)定义和 GATS 关于旅游服务贸易的界定可以发现,旅游服务贸易在范围上要比国际旅游大,艾斯特定义下的国际旅游主要构成了过境消费模式的旅游服务贸易,只是 GATS 定义旅游服务贸易下的一种形式,旅游服务贸易的 GATS 概念要更加宽泛,内容也更加丰富。

---

① 赵长华.旅游概论.3 版.北京:旅游教育出版社,2008.
② 罗明义,毛剑梅.旅游服务贸易:理论・政策・实务.昆明:云南大学出版社,2007:31.
③ 罗明义.国际旅游发展导论.天津:南开大学出版社,2002.
④ 罗明义,毛剑梅.旅游服务贸易:理论・政策・实务.昆明:云南大学出版社,2007:21.
⑤ 罗明义,毛剑梅.旅游服务贸易:理论・政策・实务.昆明:云南大学出版社,2007:16 - 17.

本书对于旅游服务贸易的界定主要依据 GATS 的范围界定,旨在通过贸易理论角度理解旅游服务贸易的内涵,可知其内涵至少应该包括以下三个层次的关系:第一,旅游服务贸易是一种贸易行为,是家庭、企业的生产分工、交换等经济行为在国家间的表现,所以应当涉及不同的国家或地区,具体表现为国家或地区间的生产分工、交换、消费以及福利效应的影响与变化;第二,它是一种服务贸易,应该遵循 GATS 的框架,它交易的对象是无形的服务产品,与 GATS 的定义相吻合,应当包含四种基本的贸易提供模式;第三,它应当兼有旅游业的基本特征和服务提供特点,国际旅游概念所对应的过境消费方式是旅游服务贸易最基本、最重要的形式,为外国旅游者提供各种服务构成了旅游服务贸易的主要内容,包括旅游交通服务、住宿餐饮服务、观光游览服务、娱乐休闲服务、旅游购物服务等多方面的内容。

罗明义(2007)提出:"旅游服务贸易是指旅游服务在国家间的有偿流动和交换过程,即国家之间相互为旅游者进行国际旅游活动所提供的各种旅游服务的交易过程。"①本书认为,这一定义是基于国际旅游角度来讲的,主要是针对过境消费方式的旅游服务贸易,因而并没有覆盖整个旅游服务贸易的外延,对照 GATS 对服务贸易四种模式的界定,本书对旅游服务贸易做出如下归纳和界定:旅游服务贸易是成员国家或地区主体之间以无形的旅游服务产品为交易对象的、旨在取得服务报酬的有偿经济活动。对于旅游服务贸易定义的理解主要包括以下几个要点:

(1) 活动性质:旅游服务贸易首先是一种经济活动和贸易行为,是一种有偿的交换过程,它以取得报酬为目的;

(2) 贸易主体:旅游服务贸易的交易主体应是成员国家或者地区,一般来说,它应是 GATS 的签约方,但并非要求首先具备国家主权地位,因此,在具体研究中可以根据需要进行界定;

(3) 贸易对象:旅游服务贸易的交易对象是无形的旅游服务产品,并具有旅游产品特质及服务产品的共性;

进一步深入分析的话,旅游服务贸易还包括以下内容:

① 罗明义,毛剑梅.旅游服务贸易:理论·政策·实务.昆明:云南大学出版社,2007:12.

(4) 贸易基础:旅游服务贸易的基础既包括服务贸易的基础,也包含旅游服务产品的独特内涵,是基于生产要素和产品比较优势基础上的服务产品贸易;

(5) 福利效应:旅游服务贸易的结果将会导致旅游服务产品在成员之间的重新分配,并会对成员主体的旅游服务产品要素价格、产品价格等产生影响;

(6) 交易地点:旅游服务产品的消费者或提供者中的一方或双方可以跨界移动,也可以不跨界移动;

(7) 贸易模式:根据 GATS 的界定方法,主要包括跨境交付、过境消费、自然人移动和商业存在四种模式(图 2-1),其中模式 3 和模式 4 涉及旅游生产要素的跨界流动。

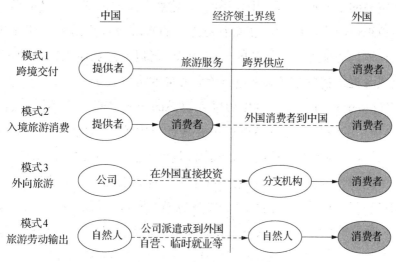

图 2-1 提供者角度的旅游服务贸易模式界定

与传统商品贸易相比,旅游服务贸易的最大特点是就地商品出口和就地服务出口。[①] 传统货物贸易中,一国既可通过跨境贸易向其他国家提供货物,也可通过在其他国家建立商业存在向该国提供货物,货物的跨境贸易与直接投资相互替代。因此,在 WTO 协议中并未对货物贸易的商业存在做出特殊

---

① 陈宪.国际服务贸易:原理、政策、产业.上海:立信会计出版社,2000:558.

规定。而服务具有无形性、生产消费同时性、不可储存性等特点,因此,不能采用货物贸易形式,一些服务贸易不需要提供者和消费者的移动即可实现跨境提供(如跨境交付等),另一些则需要供求双方同时同地出现,此时,或是服务消费者进入提供者境内(如境外消费等)或是服务提供者进入消费者境内(如商业存在和自然人移动等)。所以,就某些服务而言,跨境贸易与直接投资无法替代,商业存在是实现贸易的必要条件。① 服务贸易通常要求有一个或多个生产要素的移动,如资金或劳动力的转移等。因而与货物贸易主要依靠关税和边境措施调整手段不同,服务贸易可以依赖政府的国内监管措施进行限制,贸易壁垒更为复杂和隐蔽。

根据《国际收支手册》的规定,旅游服务贸易与其他服务贸易最明显的区别是,旅游服务贸易主要是通过过境消费方式来完成的,因而国际旅游是旅游服务贸易的主要形式,而国际旅游主要是基于需求角度来定义的活动。世界贸易组织(WTO)也认为,过境消费方式的旅游服务贸易可以让那些非熟练工人在遥远的地方进行服务的出口,例如,可以通过旅游工艺品的销售、文化演艺或者提供膳食服务等来进行旅游服务的出口。

在实际的分析过程中,对旅游服务贸易的内涵处理略有不同,具体表现在,本书讨论的旅游服务贸易虽然主要是针对中国的,但在对贸易对象国的处理上,并未一定要求是 GATS 成员国,即旅游服务贸易的主体有所放宽,将除中国大陆以外的所有国家和地区看作一个整体来分析。虽然从理论上讲,旅游服务贸易可以分为国内贸易和国际贸易两种,但按照乌拉圭回合谈判规则,服务贸易概念专指国际服务贸易,不包括国内服务贸易,因而旅游服务贸易也专指国际旅游服务贸易,而不包括国内旅游服务贸易部分。

(二) 旅游服务贸易的分类与统计

旅游服务贸易的形式和类型,一般以国际服务贸易的划分办法为基础。但是由于服务内容的复杂多样性,对服务贸易的形式和类型的划分存在不同的观点。② 旅游服务贸易可以依据不同的标准进行分类。罗明义、毛剑梅

---

① 刘绍坚.服务贸易在中国的发展:新世纪首都经济的增长极.北京:同心出版社,2006:4-5.
② 谢康.国际服务贸易.广州:中山大学出版社,1998.

(2007)列出的分类办法就有六种①,本书在此基础上根据相关国际服务贸易文件对旅游服务贸易相关分类办法做了以下相对完整的概述:

第一种分类方法主要依据国际旅游者的出游动机和需求将旅游服务贸易划分为直接旅游服务贸易和派生旅游服务贸易两种。前者是指以纯旅游为目的;后者是指依附于其他各种国际活动而派生出来的。其中,为满足直接旅游需求而提供的各种旅游服务,构成了旅游服务贸易的主要内容。

第二种分类方法主要根据所提供的旅游产品和旅游消费的特点将旅游服务贸易划分为核心旅游服务贸易和附加旅游服务贸易。前者以食、住、行、游、购、娱等核心旅游产品为消费内容;后者是伴随核心旅游服务贸易而发生的,如邮电通讯、医疗保险等服务。

第三种分类方法主要根据旅游产品的生产要素构成将旅游服务贸易划分为劳动密集型旅游服务贸易、资本密集型旅游服务贸易和技术知识密集型旅游服务贸易。

第四种分类方法主要根据旅游生产要素是否可以跨国移动将旅游服务贸易划分为要素旅游服务贸易和非要素旅游服务贸易。前者是指旅游服务中劳动力、资本、技术等生产要素跨国界移动的旅游服务贸易,如旅游劳务输出输入、旅游投资、旅游技术与管理转让等;后者是指不涉及生产要素跨国界移动的各种旅游服务贸易,如旅游交通、住宿、餐饮、娱乐、购物等服务。

第五种分类方法主要根据国际货币基金组织(IMF)编制的《国际收支手册》(BPM)和《国际服务贸易统计手册》将旅游服务贸易划分为公务旅行和私人旅行两类。前者是指为各种公务活动出国的公务旅行者,如路途停留或短暂停留的运输工具机组人员、公务旅行的政府雇员、执行公务的国际组织雇员、为与雇员所在经济体不同的经济体的居民企业工作的雇员对货物和服务的购买等。《国际服务贸易统计手册》则在更加详细的分类内容方面发展了《国际收支手册》的规定。

第六种分类方法主要依据世界旅游组织和世界旅游理事会的"旅游卫星(或附属)账户"划分为个人旅游支出、商务旅游支出、政府旅游支出和旅游资

---

① 罗明义,毛剑梅.旅游服务贸易:理论·政策·实务.昆明:云南大学出版社,2007:17-19.

本投入等四个方面,并按照国际服务贸易的要求进一步分为旅游出口收入和旅游进口支出,以测算旅游服务贸易的变化情况。

第七种分类方法依据 WTO 服务贸易理事会对服务贸易的分类,旅游及相关服务包括以下四项:(103)宾馆与饭店;(104)旅行社及旅游经纪人服务;(105)导游服务;(106)其他。

由上述分类方法及分类依据可以发现,第一、第五、第六种分类办法主要基于国际旅游角度来划分,从提供模式来讲,主要是针对过境消费方式的旅游服务贸易,也即基于居民与非居民旅游服务贸易角度;而第二、第三、第七种分类办法则主要基于旅游服务贸易所交易的产品对象来划分,这三种分类方法并不针对国际旅游一种形式,因而可以扩展至旅游服务贸易的其他提供模式。由于本书主要是从贸易理论角度来研究旅游服务贸易的发展问题,对旅游服务贸易的比较优势基础或源泉的考量将是分析的重点内容之一,因而对旅游服务产品的生产要素丰裕度和比例构成的分析,将成为研究旅游服务贸易提供模式类别划分的主要参考,也即上述所提及的第三、第四、第七种分类方法。

旅游服务贸易的分类方法非常复杂,类别及内容十分丰富,可以根据研究的需要进行不同层次的划分。一方面要考虑到分类办法的国际普遍接受性,另一方面又要考虑到旅游服务贸易所包含的丰富内容。1994 年签署的《服务贸易总协定》(GATS)干脆以列举、描述的形式从贸易提供模式角度对服务贸易提出了新定义,由于该定义写进了国际协议,便具有了法律地位。此后无论是开展服务贸易谈判,还是检查协议履行情况,都得围绕这四种提供模式进行。凡由跨境提供、境外消费、商业存在和自然人存在四种方式提供的服务活动,都属于国际服务贸易。

结合以生产要素为基础的分类以及 GATS 服务贸易四种提供模式的划分方法,根据生产要素的投入情况可以将旅游服务贸易划分为以下四种:资源密集型旅游服务贸易、劳动密集型旅游服务贸易、资本密集型旅游服务贸易和技术-知识密集型旅游服务贸易。这四种类型的旅游服务贸易在层次上是一种从初级到高级的不断提升。每一种密集使用某种旅游生产要素的旅游服务贸易类型都有可能采取 GATS 中关于服务贸易四种提供模式中的一种或多种。当然也可以将四种要素密集度不同的方式与四种提供模式进行粗略的匹配:跨境交付模式的旅游服务贸易对网络技术要求相对要高,可以与技术-知识密集型旅游服务贸易相对应;过境消费旅游服务贸易对于资源等旅游吸引物的要求相对要高,可以与资源或劳动密集型旅游服务贸易相对应;商业存在旅游服务贸易对于资本要素的要求则相对要高,可以与资本密集型旅游服务贸易相对应;而自然人移动则要求具备特殊的管理或服务技能,大致可以与劳动密集型或技术-知识密集型旅游服务贸易相对应。换句话说,这四种旅游服务贸易提供模式分别对应了四种不同的要素禀赋条件。而本书在讨论旅游服务贸易的影响因素及其经济效应时也正是以此为基本前提条件的。

关于服务贸易的统计标准,其制度性成果主要由国际货币基金组织(IMF)的《国际收支手册》(BPM)和《国民经济账户》(SNA)来体现。对于以SNA 和 BPM 为基础的有关国际经贸往来的现行统计框架来讲,最重要的概念是统计单位居所(Residence)。凡在编报国有经济利益中心的就是该国的居民,否则就是非居民。SNA 核算体系主要包括国民收入、投入产出、资金流量、国民财富和国际收支(BOP)五个核算子体系,其中 BOP 核算对外经济活动。能否列入 BOP 核算范围的标准就看一项交易的双方是否一方为居民,而另一方为非居民。根据《国际服务贸易统计手册》简化的统计标准,BOP 一般包括模式 1(跨境交付)、模式 2(过境消费)和模式 4(自然人移动)的一部分内容。

模式 3(商业存在)统计服务供应商通过设在国外市场的附属分支机构(Foreign Affiliates Trade in Services,以下简称 FATS)而实现境外商业存在,因而该统计与外国直接投资(FDI)统计紧密关联。在编表经济体中拥有多数股权的国外分支机构的活动数据常称为进口 FATS,又称为内向 FATS;编表经济体在境外建立的拥有多数股权的国外分支机构的数据常称为出口FATS,又称为外向 FATS。FATS 统计量可以包括:销售额(营业额)和/或产出、就业、增加值、货物和服务的出口和进口、企业数量、资产、净值、经营盈余、固定资本形成总额、所得税、研究与开发支出、雇员报酬及决策人可能关心的其他方面的统计量。

模式4(自然人移动)的另一部分内容其实已经超出 BPM 和 FATS 的统计范围,因而有必要从 BPM 和 FATS 以及其他统计系统中去获得补充性的数据,如移徙和劳动力市场的统计数据等,以使得第四种模式更加完整。

《国际服务贸易统计手册》简化的统计标准所取得的数据在大多数情况下与 GATS 定义的相同。在此基础上,它又针对国际收支服务贸易的统计提出了两条简化规则:第一条,不需要分别确定在特定的服务类别中被认为不太重要的模式,如果特定服务类别的主要部分与根据某种模式提供的服务相对应,此种模式就可以完全归入或被分配到这种服务类别,例如,电信服务将归入跨境交付(模式1),因为居民与非居民间的大多数交易都是跨界进行的,那么根据这种办法,某一特定服务类别通常只会与一到两种模式相对应;第二条,一种国际收支服务交易可能会包括几种提供模式,如果不按照模式估算出细分的交易价值,建议按与该交易相关的时间和资源将之分配给最重要的模式。

GATS 提出的四种模式的服务贸易内容其实包含跨境和非跨境两类交易活动。其中,跨境交付、境外消费和自然人移动属于跨境交易,主要涉及居民与非居民间的服务贸易交易;商业存在为非跨境交易。因此,完整的旅游服务贸易分类应包含跨境旅游服务贸易和非跨境旅游服务贸易的全部内容。由于目前世界上只有少数国家如美国提供了四种模式的服务贸易数据,因此,本书在对旅游服务贸易进行分类时将模式1、模式2、模式4作为一个整体来考虑,即跨境旅游服务贸易,同时遵循上述两条简化规则,以过境消费模式作为跨境旅游服务贸易的替代。

对于模式3(商业存在)这一非跨境旅游服务贸易形式,应按照各国和国际组织专家惯常的做法来寻找基本满足 GATS 服务贸易定义的统计途径:现行机制中有关国际直接投资(FDI)的统计,而外国附属机构是外国投资企业中的一种,FDI统计一般包括对外国附属机构资本情况的统计。只要在此基础上对其提供的服务进行统计,就能获取对应于第三种提供模式"商业存在"的全部,但囿于统计数据的限制,现阶段还无法取得关于此方面统计的连续数据,因此,将在后续研究中加以分析。

二、旅游服务贸易发展的理论基础

从 20 世纪 70 年代中期开始,服务领域的从业者们在抱怨服务领域缺乏国际贸易准则的同时也引起了贸易理论研究者的兴趣。[①] 对国际服务贸易的研究始于 Griffiths(1975)。[②] 早期的研究全部是描述性和政策导向性的。这些研究认为服务贸易并不像以前所认为的那样不重要。[③]

从国际服务贸易理论研究进展来看,经济学家发现试图建立相对独立的服务贸易理论时无法与现有国际贸易理论彻底隔绝,因此,倾向于将现有的国际贸易理论做适当延伸并扩展至服务贸易,从而成为现有国际贸易理论分析框架的必要补充。[④] Deardorff(1985)率先成功地解释了服务贸易是如何遵循比较优势原则的。Richard Cooper(1988)认为:"作为一个简单的思想,比较优势论是普遍有效的……正如存在于商品生产中那样,比较优势也存在于服务业中。"因此,对于旅游服务贸易理论基础的梳理必然要向现有国际贸易理论方向进行追溯。由于国际贸易与国际直接投资活动的主体一般都为跨国公司,所以借助国际贸易的相关理论来解释 FDI 现象就是一种合理的想法,但是美国经济学家罗伯特·蒙代尔(Robert Mundell,1957)对此所做的努力证明这一尝试是不可行的。于是对商业存在模式的旅游服务贸易的研究需要寻找新的理论来源——国际直接投资理论。[⑤] 因而对旅游服务基础理论的梳理将包括贸易理论和投资理论两个方面的内容。

(一)贸易纯理论的发展

国际贸易纯理论大致经历了古典贸易理论、新古典贸易理论、新贸易理论三个主要发展阶段,其演进过程也伴随着现实经济的发展。一般认为,亚当·斯密的绝对优势理论和大卫·李嘉图的比较优势理论被称为古典贸易

---

① SAPIR A, WINTER C. Services Trade, Surveys in International Trade. Oxford, UK: Blackwell, 1994:273.

② 程大中.国际服务贸易学.上海:复旦大学出版社,2007:34-35.

③ 程大中.国际服务贸易学.上海:复旦大学出版社,2007:131.

④ 程大中.国际服务贸易学.上海:复旦大学出版社,2007:132.

⑤ 张为付.国际直接投资(FDI)比较研究.北京:人民出版社,2008:43-45.

理论;20世纪初期,赫克歇尔和俄林提出的资源禀赋学说(H-O理论)通常被称为新古典贸易理论;而20世纪70—80年代以后,基于规模报酬递增及不完全竞争假设而发展起来的贸易理论被称为新贸易理论。[①] 比较优势理论是国际贸易理论的基石,是研究国际贸易理论的核心。一般来说,古典贸易理论的绝对优势论、比较优势论以及新古典贸易理论的要素禀赋论被统称为传统比较优势理论;而在H-O理论基础上,经过斯托帕、萨缪尔森、罗伯津斯基等人的不断完善,比较优势理论最终在以消费者偏好、要素禀赋为外生变量的一般均衡框架中得到系统的模型化,形成了由两个基本概念——要素丰裕度和要素密集度,四个基本定理——H-O定理、S-S定理(斯托帕-萨缪尔森定理)、FPE定理(要素价格均等化定理)和R定理(罗伯津斯基定理)所构成的基本框架,并取代传统的李嘉图模型成为国际贸易理论的基准和主流范式,通常称为现代比较优势理论,又称为标准贸易模型。

国际贸易纯理论所要解决的基本问题主要有三个:国际贸易的原因和基础、国际贸易的结构和国际贸易的结果。国际贸易的原因在于阐述一国为什么要参与国际贸易,它的动力是什么;国际贸易的结构在于分析国际贸易的生产结构或分工结构,主要回答一国国际贸易中进、出口商品的结构;国际贸易的结果在于重点阐述国际贸易所带来的经济利益。[②]

关于国际贸易的原因和基础,古典贸易理论与新古典贸易理论认为贸易(行业间贸易)的基础或者说根源在于产品供给方面的差异。斯密在其1776年的著作《国富论》中认为国际贸易和国际分工的原因和基础是各国间劳动生产率和生产成本的绝对差异,并提出了绝对优势学说;李嘉图在1817年的《政治经济及赋税原理》中论证了国际分工的基础不仅仅限于绝对成本差异,只要各国之间存在生产成本的相对差异,就可参与国际分工,并提出了比较成本理论。在以这两个理论为代表的古典国际贸易理论中,劳动始终是唯一的生产要素,其理论也是建立在"劳动价值论"基础之上的,劳动生产率的差异是国际贸易产生的原因。但是古典贸易理论并没有解释劳动生产率差异的原因,也就是说,他们并没有深入研究比较优势的源泉。1919年,赫克歇尔

---

① 祝孔海.国际贸易理论演变及我国对外贸易政策的思考.江西社会科学,2004(10):245-248.
② 佟家栋.国际贸易理论的发展及其阶段划分.世界经济文汇,2000(06):39-44.

在《对外贸易对收入分配的影响》中初步提出两国间比较成本差异的源泉:一是两国的要素禀赋不同,即要素丰裕度差异;二是产品的生产过程中所使用的要素比例不同,即要素密集度差异。赫克歇尔的学生俄林继承了老师的观点,并在 1933 年的《区域贸易与国际贸易》一书中对比较利益形成的原因做出了全面解释并系统提出了要素禀赋理论,该理论奠定了新古典国际贸易理论的基石。在赫克歇尔-俄林模型(H-O 模型)中,劳动不再是唯一的投入要素,生产中有至少两种或两种以上的投入要素,但生产规模报酬依然不变,他们的理论又被称为新古典贸易理论。[①]

　　综合古典、新古典国际贸易理论,其核心是比较利益原则,从理论出发点的不同侧重来讲,可以有两种表述:一种是技术差异论,古典贸易理论认为贸易基础是各国生产该商品时劳动生产率的差异或机会成本的差异,这种差异导致价格差;另一种是生产要素禀赋论,新古典国际贸易理论认为产品价格差异来自成本差异,成本差异源自生产要素的价格差异,而生产要素价格差异取决于该国各种生产要素的相对丰裕度及产品生产要素比例结构。[②] 但是古典、新古典国际贸易理论假定的前提是:两个国家;一种或两种生产要素投入;生产两种商品;生产要素在部门间转移时,增加某种产品生产的机会成本不变;生产要素在本国的各部门间自由流动,而在各国之间不能自由流动。这些假定前提距离现实仍有巨大差距,尤其是在 20 世纪 50 年代"里昂惕夫悖论"或"里昂惕夫之谜"提出以后,许多经济学家开始尝试运用新的方法来研究贸易的原因和结果,研究新的贸易结构与贸易政策,并创立了一系列新的学说。一些经济学家提出国际贸易新要素理论,认为 H-O 模型中的生产要素不仅仅是指劳动、资本和土地等自然形态的要素,还包括生产技术、人力资本、研发、管理、规模经济和竞争环境等后天创造的诸多因素。新要素理论不仅扩大了H-O 模型的要素范围,而且为各国努力改善国内资源禀赋提供了理论支持。[③]

　　第二次世界大战以后,特别是 20 世纪 50 年代末以来,国际贸易的现实

---

　　① 保罗·克鲁格曼,莫里斯·奥伯斯法尔德.国际经济学:理论与政策.6 版.北京:中国人民大学出版社,2006.

　　② 保罗·克鲁格曼,莫里斯·奥伯斯法尔德.国际经济学:理论与政策.6 版.北京:中国人民大学出版社,2006.

　　③ 张为付.国际直接投资(FDI)比较研究.北京:人民出版社,2008:38.

表现是:同类产品间贸易量大增,发达工业国家间贸易量大大增加,以及产业领先地位不断转移。而这些现象无法运用古典和新古典贸易理论来解释,于是20世纪70年代末80年代初开始,以迪克希特、斯蒂诺尼茨、克鲁格曼、赫尔普曼为代表的一批西方学者运用产业组织理论、市场结构理论等分析方法,基于规模经济、不完全竞争、多样化、产品差异性等概念和思想,研究20世纪50年代以来发达国家间的贸易和产业内贸易现象,创立了新贸易理论。新贸易理论主要包括:解释资源储备相似国家和同类工业产品间双向贸易的"不完全竞争"和"规模经济"国际贸易理论;解释贸易模式动态变化的产品生命周期贸易学说;从需求角度解释在收入变动引起需求变动的情况下,贸易产生原因的重叠需求理论。克鲁格曼于1978年的《规模经济递增、垄断竞争和国际贸易》中指出了贸易的基础不一定是两国间技术或要素禀赋差异而导致的成本价格差异,扩大市场获得规模经济也是贸易发生的原因之一,补充和发展了国际贸易理论;[①]美国经济学家雷蒙德·弗农(Raymand Vernon)从产品生命周期角度解释了贸易基础的动态变化过程;瑞典经济学家斯戴芬·伯伦斯坦·林德(Staffan Burenstam Linder)认为,需求变动是引起生产变动和产生贸易的基础,收入变动又是引起需求变动的主要因素,收入增加的结果是使工业制成品贸易在人均收入较高的国家间快速发展。

从贸易理论的发展来看,贸易基础和原因可以从多个角度进行解释。一般来讲,旅游服务贸易的生产要素包括旅游资源、劳动、资本、技术、管理等,这要比以往国际贸易模型中的要素类别更加丰富,因而必须从技术差距、要素禀赋等多个角度切入;但旅游概念的本质是从需求角度定义的,因而决定了需求因素在解释旅游服务贸易原因方面的重要性;另外,旅游服务贸易在不同的发展阶段具有不同的旅游产品时序上的特点,因而产品生命周期理论可以较好地反映旅游服务贸易基础或源泉的动态特征。

关于国际贸易结果的研究重点在于阐述国际贸易所带来的经济利益。Riddle(1986)指出,"那种认为只有制造业才能促进经济增长的偏见是那么的

---

① 海闻,P.林德特,王新奎.国际贸易.上海:格致出版社/上海人民出版社,2003:159-182.

根深蒂固而又影响广泛"，①一语道出了长期以来经济学家们对服务业以及服务贸易之于经济增长重要作用的忽视。Fuchs(1968)指出了服务业与工业革命的内在联系："农业经济向工业经济的演进最初开始于英国，随后在大多数西方国家重复着。这曾被看作(是)一种'革命'。就业从工业转移至服务业，这在美国及所有发达经济体都是很明显的，但这种转移是在悄悄地进行着，并对社会及经济分析具有'革命性'含义。"②若将 18 世纪中叶看成工业革命正式拉开序幕、工业经济来临标志性时期的话，那么 20 世纪中叶则可以说是世界各国尤其是发达经济体产业结构出现重要变化、服务经济来临的一个新标志性时期。服务业在国民经济中的重要作用系统地表现为服务业产出、就业、服务需求等各个方面。③

对于贸易与经济增长关系的讨论可以追溯至《国富论》，斯密提出，一个国家在对世界市场开放以前，存在闲置的生产资源——土地和劳动力，出口贸易为国内剩余资源解决了"出路"问题。④李嘉图与斯密持有同样的观点，即国际贸易可以促使资源更有效地配置，通过专业化协作和劳动分工，提高劳动生产率，推动经济发展。自此，对外贸易与经济增长间的关系问题一直是经济学界研究和争论的焦点之一。

对于贸易与经济增长关系的讨论大体上可以划分为两个阶段，分界线大约处于 20 世纪 80 年代。20 世纪 80 年代以前，经济学家大多采取一种静态观点来看待贸易与经济增长的关系。这段时期较有影响的观点大致分为三种：第一种持乐观态度，认为"对外贸易是经济增长的发动机"，此命题由 D. H.罗伯特逊在 20 世纪 30 年代首次提出，R.纳克斯于 20 世纪 50 年代对这一学说进行了充实和发展。第二类则持悲观态度，以发展经济学家刘易斯提出的"牵引增长论"最为著名。刘易斯经过研究发现，发展中国家存在着"二元经济结构"，出口部门缺乏与当地其他经济部门间的有效联系，无法将贸易

①　RIDDLE D. Service-led Growth: The Role of the Service Sector in World Development. New York: Praeger Publishers, 1986.

②　FUCHS V. The Service Economy. National Bureau of Economic Research, 1968:2.

③　程大中.国际服务贸易学.上海:复旦大学出版社,2007:4.

④　亚当·斯密.国民财富的性质和原因的研究.中译本(下卷).北京:商务印书馆,1974.

带来的刺激效应扩散至国民经济其他部门,因此,这些国家应该降低对外贸易依存度。第三种持折衷观点,认为"贸易只是经济增长的侍女",卡维斯于1970年在其《贸易是经济增长的侍女:19世纪与20世纪的相似点》一文中提出对外贸易不是增长的"发动机",而只是增长的"侍女"的著名见解,认为一国的经济增长主要是由国内其他因素决定的,外部需求只构成了经济增长的额外刺激,在他看来,对外贸易既不是经济增长的充分条件,也不是经济增长的必要条件。[①] Bernard(2000)认为,是经济增长导致了出口贸易的增长。[②]尽管这一时期对于贸易与经济增长关系的争论较多,但主流观点依然认为贸易对于一国经济增长具有重要作用。

20世纪80年代以后,Baldwin(1984)通过实证研究提出"静态的影响似乎并不重要",自此以后的争论持续了几十年,但出现了较为一致的方向,即研究者逐渐将关注的焦点集中于对外贸易对经济增长的动态影响方面,特别是罗默和卢卡斯的内生经济增长模型出现以后,刺激了学者们对贸易与经济增长关系的综合考虑和整体分析。[③]

Ricard(1988)、Kubo(1988)等从货物贸易适用性问题着手,在传统的商品贸易理论模型中加入服务贸易参数,得出了服务贸易促进经济增长的结论,如修正的H-O-S理论在传统的H-O-S模型基础上,加入技术差异和金融服务贸易等参数,得出了比较优势理论在服务贸易中的适用性结论,证明了服务贸易促进经济增长的命题。Heir(1985)、Samusen(1985)、Slapul(1985)等经济学家则基于规模经济和不完全竞争理论,得出了服务贸易促进经济增长的结论。Markusen(1986)借助垄断竞争学说进行研究后得出结论:因为存在专业化限制,仅有货物贸易并不能保证生产效率,而服务贸易则可使专业化达到最大并保证帕累托效率。Francois和Schuknecht(1999)的实证研究也表明,服务贸易对经济增长有着很强的促进效应。

总之,20世纪80年代至20世纪90年代末这段时期内,北美和欧洲普遍

---

① 陆善勇.对外贸易与经济增长关系研究的新进展.经济理论与经济管理,2003(12):64-69.

② BERNARD A B, JENSEN J B. Exceptional Exporter Performance: Cause, Effect, or Both? Journal of International Economics, 1999(1):1-25.

③ BALDWIN R E, et al. Handbook of International Economics. Amsterdan: Elsevier, 1984(1): 571-619.

的观点是贸易自由化推动了经济增长。这种观点不仅被世界银行组织、国际货币基金组织和经合组织等多边国际组织推崇,学术界也对此深信不疑。国际货币基金组织于1997年指出,发展中国家的外贸政策是经济发展的重要影响因素。经合组织于1998年指出,更加开放和外向型经济体的发展胜过那些有着严格贸易和投资保护的经济体。[①] Krueger(1998)[②] 和 Stiglitz(1998)[③]等经济学家也都持有相似的观点。直到世纪之交,Rodriguez & Rodrik(2000)运用内生经济增长模型得出结论认为,贸易自由化对经济增长的作用有可能是正向的也有可能是负向的。[④]

从贸易与经济增长关系的讨论中可以发现,贸易影响经济增长的结果并非完全一致。而旅游服务贸易作为服务贸易的一个部门,其影响经济增长的效应又是如何的呢? 旅游服务贸易是通过怎样的机制和渠道来影响一国经济的? 这些问题也必须从贸易相关理论与经验实证研究中寻找答案。

(二) 国际投资相关理论

综观古典国际贸易理论、新古典国际贸易理论和新贸易理论,可以发现:以绝对优势为基础的分工理论说明了分工与贸易的互利性;比较优势理论说明了分工与贸易是更加普遍存在的;要素禀赋论说明了比较优势的源泉问题;新要素论说明了一国后天形成的要素条件也会影响贸易格局;新贸易理论则认为规模经济、市场不完全性、政策环境等因素都可能改变一国要素禀赋结构,从而影响贸易格局。从这些学说的前提条件及特点来看,传统国际贸易理论直接排斥了国际要素的自由流动,没有将市场结构、生产规模、生产技术、管理知识等对国际贸易活动的影响考虑进去,因此,不能很好地解释国

---

① OECD. Open Markets Matter: The Benefits of Trade and Investment Liberalisation. Economic Outlook, 1998, 63.

② KRUEGER A O. Why Trade Liberalisation is Good for Growth. The Economic Journal, 1998, 108: 1513 - 1522.

③ STIGLITZ J E. Towards a New Paradigm for Development: Strategies, Policies, and Processes. Prebisch Lecture at UNCTAD, Geneva, October 19, 1998.

④ RODRIGUEZ F, RODRIK D. Trade Policy and Economic Growth: A Skeptic's Guide to the Cross-national Evidence. NBER Macroeconomics Annual, 2000: 261 - 325.

际直接投资现象。^①也就是说,对于旅游服务贸易提供模式 3(商业存在)的理论考察,需要从传统国际贸易理论以外的理论中寻找线索。

随着国际直接投资活动的迅速增长,解释此经济现象的国际直接投资理论获得了重大发展,其中尤其以海默的垄断优势理论、弗农的产品周期理论、巴克莱等人的内部化理论、邓宁的国际生产折衷理论、小岛清的比较优势理论为主流。^②垄断优势理论突破了传统理论的分析框架,首次提出不完全市场竞争是导致国际直接投资的根本原因;产品生命周期理论在跨国经济理论的动态性、产品创新等方面具有开创意义;内部化理论与垄断优势理论提出的市场不完全及企业特定优势不同,侧重于自然性市场不完全角度,并结合国际分工和组织形态两个方面来分析跨国投资;小岛清的比较优势理论认为垄断优势论过分强调微观经济因素,而忽略了影响对外直接投资的宏观经济因素,也没有注意到国际分工原则,应该将国际直接投资理论与国际贸易理论在比较优势原则的基础上融合起来;而邓宁的折衷理论是具有较强实用性的国际直接投资理论的"通论",它同时借鉴了垄断优势观点、内部化理论观点以及区位优势的主要观点,创建了"一个关于国际贸易、对外直接投资和国际协议安排三者统一的理论体系"。^③与国际贸易理论不同的是,国际直接投资理论认为市场不完全竞争和市场交易成本的存在是国际直接投资的根本原因。市场不完全的一个外部表现就是规模经济存在,而另一个表现就是贸易中存在着大量的交易费用。^④

国际直接投资的代表性理论主要以西方发达国家为研究对象,强调跨国公司需要具备垄断性优势,因而发展中国家的大多数企业都将不可能产生跨国发展的优势与动机。但事实上,20 世纪 70 年代以来发展中国家对外直接投资发展很快,基于此,20 世纪 80 年代,邓宁提出了投资发展周期论,试图以国际生产折衷论为基础来建立一个普遍适用的跨国投资理论框架。而实际

① 张为付.国际直接投资(FDI)比较研究.北京:人民出版社,2008:40-41.
② 綦建红.国际投资学.2 版.北京:清华大学出版社,2008:35-46.
③ CLEGG J. Multinational Enterprises and World Competition. London: Macmillan, 1987:2.
④ 张为付.国际直接投资(FDI)比较研究.北京:人民出版社,2008:41-42.

上,投资发展周期理论是折衷论在发展中国家的延伸运用。[①]

　　投资发展周期论的基础命题是:发展中国家国际投资取决于经济发展阶段和拥有的所有权优势、内部化优势和区位优势。[②] 不同的经济发展阶段,三种优势都会发生相应的变化,从而影响国际投资地位。在第一阶段,本国企业的三种优势较差,外资流入较少并且尚未进行对外投资;在第二阶段,国内市场环境及制度环境改善,外资流入明显增多,对外投资较少;在第三阶段,本国所有权优势及内部化优势加强,对外投资大幅增加,但外资流入依然多于对外投资规模;在第四阶段,本国具备了三种优势,对外投资超过外资流入,对外净投资不断增长。四个阶段的划分依据及特征参见表2-1。

表 2-1　邓宁的投资发展周期理论

经济发展阶段	外商直接投资流入	对外直接投资流出	外资流入量	对外投资量
第一阶段:人均GDP 少于 400美元	外国所有权、内部化优势显著;本国区位劣势	本国所有权劣势,内部化优势不适应;外国区位优势不适应	低	低
第二阶段:人均GDP 在 400—2 500美元	外国所有权、内部化优势下降;本国区位优势上升	本国所有权优势上升,内部化优势及专业化程度低;外国区位优势开始出现	增加	低
第三阶段:人均GDP 在 2 500—4 000美元	外国所有权优势下降和更专业化,内部化优势可能上升;本国区位优势下降	本国所有权优势上升,内部化优势受限;外国区位优势上升	增加	增加
第四阶段:人均GDP 在 4 000美元以上	本国所有权优势下降和更专业化	本国所有权优势上升	下降	增加

资料来源:DUNNING J H. International Production and the Multinational Enterprise. London, Boston: Allen & Unwin,1981:117.

　　本书在论述旅游服务贸易的提供模式时将主要综合国际贸易的比较优势理论及邓宁的投资发展周期理论。

---

　　① 陈湛匀.国际投资学.上海:复旦大学出版社,2008:67.

　　② DUNNING J H. Explaining Outward Direct Investment of Developing Countries:In Support of the Eclectic Theory of International Production// Multinationals from Developing Countries. Lexington, Massachusetts: D. C.Health and Company,1981:4.

（三）波特的竞争优势论

从自由贸易倡导者斯密和李嘉图的绝对优势理论和比较优势理论到强调要素禀赋优势的赫克歇尔-俄林理论，比较优势理论得到了进一步的扩展，比较优势理论经常被认为可以替代国际贸易理论。但自 20 世纪 80 年代以后，随着以不完全市场、规模经济等为代表的新贸易理论及以杨小凯为代表的新兴古典学派的出现，传统比较优势受到了严峻的挑战。新贸易理论认为比较优势不能解释经济发展水平相似国家间的产业内贸易现象，只能用于解释经济发展水平差距较大的国家间的产业间贸易现实。新兴古典学派代表人物杨小凯（1998;2000;2001）则认为斯密的绝对优势理论属于内生比较优势而更具一般性，而李嘉图及 H-O 理论所强调的比较优势属于外生比较优势，已经被推翻。此外，波特的竞争优势理论也认为竞争优势与比较优势是相互对立的范畴，竞争优势的提出目的便是要取代比较优势理论。[1] 那么，理论的演进是否真如他们所说的那样彼此独立甚至相互排斥呢？关于贸易理论的实证检验表明：已有的针对各种理论流派所提出的解释变量对国际贸易都具有一定的解释力，也就是说，包括要素禀赋论及新贸易理论各种理论流派的多数理论都在经验上获得了支持。[2] 这说明，没有一种贸易理论可以解释所有的贸易现象，而贸易现实的发展也需要多种理论从多个角度来进行分析。Grossman & Helpman（1989）认为新贸易理论的规模经济优势是一种后天获得的比较优势，而李嘉图的比较优势是先天获得的比较优势。李辉文、董红霞（2004）认为新贸易理论从逻辑结构上放松了比较优势理论中完全竞争和规模报酬不变的假设，是比较优势理论的补充而非取代关系。林毅夫、李永军（1997）认为不能将比较优势与竞争优势两个范畴对立起来，或者干脆使用竞争优势理论来否定比较优势理论，比较优势是竞争优势的基础。可见，比较优势已经成为贸易理论各个学派的合理内核并贯穿于贸易理论的发展过程。基于此，很多学者认为比较优势理论包括了绝对优势理论、比较优

---

① 王世军.综合比较优势理论与实证研究.北京：中国社会科学出版社，2007：1-3.

② 林毅夫、李永军.比较优势、竞争优势与发展中国家的经济发展.管理世界，2003（07）：21-155.

势理论、要素禀赋理论以及经过萨缪尔森等人完善后的各种理论。① 当然比较优势也是竞争优势的合理内核,但竞争优势包含了更加丰富的内容。

竞争优势理论由迈克尔·波特系统提出,他于 1980 年、1985 年和 1990年相继出版了著名的竞争三部曲:《竞争战略》《竞争优势》和《国家竞争优势》。他在《国家竞争优势》一书中提出的"国家竞争优势"理论(又称为"钻石理论"),便是这一系列国际贸易理论中的最新成果。钻石理论目的非常明确,就是要回答在国际经济和贸易竞争中,为什么有的国家成功,而有的国家却失败。波特构建的钻石理论模型,从"生产要素条件""需求条件""战略与竞争背景""相关产业和支持性产业"等四个方面探索了竞争优势的来源。生产要素条件包括初级的生产要素(如人力、资源和自然资源等)和后天创造出来的生产要素(如知识、资本、基础设施等);需求条件包括国内市场的需求结构、市场规模及成长速度等各个方面;相关产业和支持性产业包括纵向和横向产业的支持;企业战略、企业结构和竞争对手是指企业经营理念、目标、员工的工作动机、同业竞争对手状况等方面。在上述四种因素以外,政府和机遇两种因素也可能会影响钻石体系,从而影响竞争优势状态。

第二节　相关文献综述

一、旅游服务贸易发展的理论与实证研究进展

对服务贸易具体部门的讨论文献主要集中于金融服务部门。② 开创性的研究要数 Goldsmith(1969)③。Deardorff(2001)指出服务贸易不仅可以刺激服务业的发展,而且服务贸易所提供的服务如运输、保险、金融等有助于国际

---

① 王世军.综合比较优势理论与实证研究.北京:中国社会科学出版社,2007:14.

② AADITYA M, et al. Measuring Service Trade Liberalization and Its Impact on Economic Growth: An Illustration. World Bank Research Working Paper, 2001 (August).

③ GOLDSMITH R W. Financial Structure and Development. New Haven: Yale University Press, 1969.

贸易的顺利开展,同时也有助于货物贸易的发展,从而间接推动了经济增长。Greg McGuire(2002)认为发展中国家利用其丰富的劳动力,具有发展旅游、运输等服务贸易的比较优势。①

鉴于以旅游业为典型的消费型服务贸易在国际贸易中的地位不断提高,目前诸如联合国世界旅游组织(UNWTO)以及世界贸易组织(WTO)都已经将旅游业与货物贸易摆在了同等重要的位置。②尽管理论和现实的普遍观点是旅游业发展所带来的外汇收入会刺激经济发展,③但现有文献大多基于旅游需求模型框架来研究国际旅游流问题,④他们将所有的旅游目的地看作一个同质的无差异的集合,因而国际旅游流的规模只是取决于客源需求市场的收入、人口规模、以往的旅游经历等变量。而其实旅游流的产生不仅来自需求方面,也与旅游目的地魅力、旅游目的地意象有很大关联(Trauer & Ryan,2005;Yoon & Uysal,2005),因而需要对旅游目的地供给方面的因素加以考量,才能更好地对国际旅游流进行剖析,而对旅游目的地进行研究的多数文献集中于旅游目的地竞争力的测算与比较,将贸易理论运用于解释旅游服务贸易的文献并不多见。⑤

理论界一般会在两种情况下讨论旅游服务贸易问题:第一种是在服务贸易分部门讨论中涉及旅游服务贸易议题,此种旅游服务贸易一般指的是国际收支口径的旅游项,并没有涉及其他模式的旅游服务贸易类别;第二种是针对国际旅游流的讨论,从提供模式来讲,也是针对过境消费方式旅游服务贸易的分析。两种情况都很少涉及 GATS 框架下的四种旅游服务贸易模式的讨论。

---

① MCGUIRE G. Trade in Services: Market Access Opportunities and the Benefits of Liberalization for Developing Economies. New York/Geneva: United Nations Publications, 2002.

② World Trade Organization. Tourism Service: Background Note by Secretariat. World Trade Organization, Council for Trade in Service (23 September 1998).

③ BALAGUER J, CANTAVELLA-JORDA M. Tourism as a Long-run Economic Growth Factor: The Spanish Case. Applied Economics, 2002, 34(7): 877 – 884.

④ ZHANG J, JENSEN C. Comparative Advantage: Explaining Tourism Flows. Annals of Tourism Research, 2007, 34(1):223 – 243.

⑤ ZHANG J, JENSEN C. Comparative Advantage: Explaining Tourism Flows. Annals of Tourism Research, 2007, 34(1):223 – 243.

由于我国还未完成服务贸易统计与《国际服务贸易统计手册》的完全对接,因此,对于服务贸易及国际旅游业的分析数据基本来自国际收支统计口径,即 BOP 统计口径,也即跨境旅游服务贸易数据。因此,国内对于旅游服务贸易分析的数据基本上分为入境旅游、出境旅游两个方面,分别对应跨境旅游服务贸易出口和跨境旅游服务贸易进口。

与国外研究内容较为相似,国内针对旅游服务贸易的研究也多数集中在两个方面:一是旅游与经济增长间的关系(张凌云、杨晨,2007;雷平、施祖麟,2008;等等),二是对旅游服务贸易竞争力的探讨(赵书华、李辉,2005;高静、梁昭,2006;董小麟、庞小霞,2007;周经、吕计跃,2008;等等)。二者一般都将旅游服务贸易作为一个整体变量加以考虑,研究对象的尺度大致分为三个层次:一是全国总体,二是分省讨论,三是重点地市。姜义茂、刘慧芳和李俊(2006)建立了新的评价旅游服务贸易竞争力的指标体系,但该指标体系主要基于旅游服务贸易出口角度,并没有对具体的旅游服务贸易模式进行区分。

虽然关于旅游服务贸易的系统讨论并没有更多的文献可以查到,但从国际贸易实践及理论发展进程来看,从贸易实践的发生到贸易理论的产生,其间的间隔越来越短,对比国际旅游贸易发展的现实,旅游服务贸易理论的发展显然已经严重滞后。旅游服务贸易发展的"实践"呼唤着旅游服务贸易相关理论研究的跟进。

二、研究现状评析

总结国内外研究文献,从理论分析框架看,经济学国际贸易理论主要围绕以下几个问题展开:一是国际贸易的基础和源泉问题,标准贸易模型从绝对优势、比较优势、规模经济、技术转移等不同角度解释了国际贸易的发生基础和源泉;二是国际贸易的形态问题,分析了国际贸易的国别流向、分布和结构;三是国际贸易的利益分配问题,考察了不同贸易参与主体的贸易条件变化,贸易对一国或地区不同部门和要素报酬的影响等;四是研究相关国际组织和贸易政策等问题。本书在分析中国旅游服务贸易发展问题时,也尝试运用国际贸易理论的分析框架,在进行相关文献的分析及梳理时,采用了与国际贸易理论同样的分析逻辑。

（一）旅游服务贸易发展的原因和基础

为什么相对于其他国家而言,有些国家能成为著名的旅游胜地?它们的优势在哪里?早期研究文献侧重于从需求角度进行研究,一个重要原因是旅游的概念主要是从需求角度来界定的,需求模型往往集中讨论旅游收入是如何随着旅游客源地市场变化而变化的,如相对市场价格变化、旅游交通花费、汇率变化等,而这些变化将会导致旅游目的国家旅游流量的变化,此种研究框架的一个显著优势是它可以成为旅游市场的短期预测工具来对旅游目的地国主要客源市场进行分析和预测(Zhang & Jensen,2007)。但该种研究框架的前提假设是将所有旅游目的地国家作为一个同质对象来处理,这种处理方式一方面忽视了旅游产品的差异(Papatheodorou,2001),另一方面也忽略了旅游产品输出国旅游业发展的比较优势因素,而这些因素往往又是旅游流的重要吸引源泉,Trauer & Ryan(2005)和 Yoon & Uysal(2005)都论述到了这一点。另外,需求分析框架是一种静态研究方法,忽视了旅游目的地国旅游业发展的不同阶段特征,而旅游目的地国家各自不同的历史演进过程也是吸引旅游客源的重要因素,因此,在研究旅游流时应该将旅游目的地旅游发展不同阶段的动态比较优势因素也考虑进来(Crouch & Ritchie,1999;Enright & Newton,2004;2005;Ritchie & Crouch,2003)。

古典贸易理论与新古典贸易理论认为贸易(行业间贸易)的基础或根源在于产品供给方面的差异,包括技术方面的差异(如李嘉图模型)和要素资源禀赋方面的差异(如 H-O 模型)。因而,将现有国际贸易理论向旅游服务贸易领域扩展的第一个典型表现是将比较优势理论运用于旅游服务贸易的解释。对比较优势理论在服务贸易领域适用性的讨论,理论界存在两种截然不同的观点。一种观点认为比较优势不适用于服务贸易。Herman & van Holst(1981)指出,服务具有不可移动和不可储存的特征,商品贸易理论无法应用于服务贸易,另外,服务统计数据的缺乏及概念的模糊都是建立服务贸易理论的局限条件。Sampson & Snape(1985)认为,服务贸易通常要求服务提供者和接受者间正面直接接触,因而违背了"国家间生产要素不能流动"这一传统贸易理论的基本前提假设。Feketekuty(1988)指出商品贸易理论之所以不适用于服务贸易是因为服务与商品相比具有许多不同的特点；另一种观点则认为不需要刻意将服务贸易与商品贸易做严格区分，比较优势是普遍适用的，虽然服务贸易和商品贸易存在差别，但这种差异并未大到足以颠覆商品贸易理论的地步。Richard Cooper(1988)坚持认为："比较优势论是普遍有效的。"持这一观点的代表人物还有 Sapir & Lutz(1981)、Sapir(1982)、Hindley & Smith(1984)、Lall(1986)等。Deardorff(1984)从比较优势用于服务贸易的局限性入手，借助标准的 H-O 模型，通过改变其中的个别约束条件，率先成功地解释了服务贸易是如何遵循比较优势原则的。Burgess(1990)指出，对标准 H-O-S 模型做简单修正就能获得适用于描述服务贸易的一般模型，从而揭示不同国家在提供服务技术上的差别如何形成比较优势和商品贸易模式。

随着理论研究的推进和服务贸易现实的发展，对比较优势理论是否适用于服务贸易，学界的普遍观点是既要肯定国际贸易基本原理对于服务贸易的适用性，同时也应承认传统理论在解释服务贸易时的不足或者缺陷。传统比较优势理论是否适用于服务贸易，以及在多大程度上适用于理论研究及争论似乎已经相当明了，经济学家主张在运用传统贸易理论解释服务贸易时，应对其进行必要的修正。

总体来说，正如 Gray(1989)所言，单一的理论不可能对所有的国际贸易现象作出完全的解释。旅游服务贸易的理论研究同样如此，多种学科、多种研究工具、多种理论的交叉和综合往往能起到事半功倍的效果。

(二) 旅游服务贸易发展的形态研究

旅游服务贸易发展的形态问题涉及旅游服务贸易的国别流向、分布和结构、竞争态势等等。综观国内外相关理论研究，多数文献是将旅游服务贸易作为一个"黑箱"来处理的。即在分析旅游服务贸易时，往往更多关注旅游服务贸易的总量指标，如入境旅游人数、出境旅游人数、旅游外汇收入、旅游消费支出等等，而这些变量指标描述的主要是一种外在的运行成果。这种研究的一个明显表现特征是产生了众多基于需求角度的旅游客源市场预测模型，有基于单变量的旅游客源预测模型，也有基于多元变量的客源预测模型。

关于旅游服务贸易总量分析的另一个成果是带动了旅游服务贸易竞争力研究的热潮,国内外学者运用旅游服务贸易进出口数据构建了不同的指数来研究一个国家或一个区域的旅游服务贸易竞争力或发展潜力。这些指数有竞争优势指数(TC 指数)、显示性比较优势指数(RCA 指数)、显示性竞争比较优势指数(CA 指数)、净出口显示性比较优势指数(NRCA 指数)、产业内贸易指数(G-L 指数)、贸易结合度指数(TCD 指数)等等。

实际上,旅游服务贸易是一个多种产业的边缘组合,这种自然属性决定了旅游服务贸易理论中不可或缺的产业经济学内容。根据现代产业经济学"结构—行为—绩效"分析范式(简称 SCP 范式),是产业结构决定了产业内的竞争状态,并决定了产业行为及其战略,从而最终决定企业的绩效。将 SCP范式运用于旅游服务贸易的理论研究可以发现,以往关于旅游服务贸易的研究文献往往只关注旅游服务贸易总量,或者说只是对旅游服务贸易运行绩效环节的考量,并没有对旅游服务贸易内部结构的深入探讨。随着 GATS 对旅游服务贸易权威界定,旅游服务贸易包含了丰富的内容,它可以有四种不同提供模式,各种不同模式之间相互联系和作用构成了旅游服务贸易的结构性内容,而这种结构变化会对旅游服务贸易的发展产生深远影响。

(三) 旅游服务贸易发展的经济效应

对于服务贸易具体部门与经济增长关系的研究文献也主要集中于金融服务部门(Aaditya, et al., 2001),Goldsmith(1969)强调金融服务部门将引导投资基金达到最有效的利用效果,从而促进产出和收入增长。McGuire(2002)认为发展中国家利用其丰富的劳动力,具有发展旅游、运输等服务贸易的比较优势。对于具体服务贸易部门的广泛性研究必然涉及旅游服务贸易与经济增长关系的探讨,而理论和现实的普遍观点是旅游业发展带来的外汇收入会刺激经济发展(Balaguer & Cantavella-Jorda,2002)。McKinnon(1964)认为旅游换汇所得收入可以用来购买资本以生产商品和服务,从而促进经济发展。而从旅游发展中获得的其他好处有增加税收、增加就业、提供额外劳动收入等等(Belisle & Hoy,1980;Davis, Allen & Consenza, 1988;Khan, Seng & Cheong, 1990;West, 1993;Uysal & Gitelson, 1994;

Archer，1995；Durbarry，2002）。其他许多学者如 Archer & Fletcher (1996)、Biçak & Altinary(1996)、Evensen(1998)、Sharpley(2001)等都对旅游业对国内生产总值(以下简称 GDP)的贡献,以及 GDP 中旅游业份额及其随时间变动的规律做出了论述和分析。也有文献运用多种方法测度旅游业对经济增长的贡献或影响。其中,一个影响较大的研究是 Proença & Soukiazis(2005)做出的。他们研究葡萄牙地区接待床位数与经济增长间联系时发现,旅游部门每增加 1% 的床位接待能力,将引致人均资本收入 0.01% 的增长,旅游业发展增加了葡萄牙地区经济增长的收敛速度。总体来看,一般的结论是,旅游业的发展和扩张将对经济增长产生积极的正面意义。

从已有关于旅游与经济增长关系的研究文献来看,国外学者的研究往往针对具体的国家或者地区展开。研究的样本国家和地区涉及乌拉圭[①]、非洲[②]、智利[③]、西班牙[④]、坦桑尼亚[⑤]、希腊[⑥]、毛里求斯[⑦]、土耳其[⑧]、韩国[⑨]等。

国内对于旅游服务贸易与经济增长关系分析的数据基本上分为入境旅游、出境旅游两个方面,分别对应国际收支口径的旅游服务贸易出口和旅游服务贸易进口。

对于入境旅游与经济增长间关系的研究文献大多偏重于定量实证研究,

① BRIDA J G, et al. The Tourism-Led-Growth Hypothesis for Uruguay. Social Science Electronic Publishing，2010,16(3)：765－771.

② KAREEM O I. Tourism Exports and Economic Growth in Afica. The 13th African Econometrics Society Confereale. Pretoria，South Africa，2008.

③ RISSO W A, BRIDA J G. The Contribution of Tourism to Economic Growth：An Empirical Analysis for the Case of Chile. European Journal of Tourism Research，2008，2(2)：178－185.

④ BALAGUER J, CANTAVELLA-JORDA M. Tourism as a Long-run Economic Growth Factor：The Spanish Case. Applied Economics,2002, 34(7)：877－884.

⑤ KWEKA J P. Essays on the Public Sector, Tourism and Economic Growth in Tanzania, University of Nottingham，2002.

⑥ DRITSAKIS N. Tourism as a Long-run Economic Growth Factor：An Empirical Investigation for Greece Using Causality Analysis. Tourism Economics,2004，10(3)：305－316.

⑦ DURBARRY R. Tourism and Economic Growth：The Case of Mauritius. Tourism Economics，2004,10(4)：389－401.

⑧ KASMAN S K, KASMAN A. Cointegration and Causality Between Tourism and Economic Growth (in Tukish). Iktisat/Isletme ve Finans，2004，220(7)：122－134.

⑨ OH C O. The Contribution of Tourism Development to Economic Growth in the Korean Economy. Tourism Managment,2005, 26(1)：39－44.

如吴忠才(2007)和张丽峰(2008)就中国的总体入境旅游与经济增长数据进行了分析,前者利用固定参数协整模型测算出入境旅游增长1%,能拉动GDP增长0.51%,但两者间不存在格兰杰因果关联效应;后者则利用变参数协整模型发现了入境人流与经济增长间长期的时变协整关系。庞丽、王铮等(2006)针对我国东部、中部和西部三大区域入境旅游与经济增长关系的差异进行了研究。该文单纯利用格兰杰因果检验程序考察了入境旅游和我国各区域经济增长之间的因果关系,结果显示仅在东部地区,入境旅游和经济增长间存在单向因果关联,东部地区的入境旅游对区域的经济增长产生了显著影响,而全国及中西部地区的入境旅游与经济增长之间不存在显著的因果关系。也有针对具体省市所做的定量分析(如毛端谦、张伟朋,2007;赵东喜,2007;张凯、王玉芹,2008;鹿磊、韩福文,2009;张晨,2009;等等),得出的结论皆是入境旅游促进了当地经济增长。当然,相对于入境旅游促进经济增长的观点,少数研究者也提出了不同观点,谭鹏成(2008)通过对福利恶化型增长(即贫困化增长)的四个前提条件、旅游贸易条件以及旅游国际竞争力指数等分别进行判定,得出我国入境旅游存在福利恶化型增长倾向的结论。

与上述研究入境旅游与经济增长关系的文献相比,对于出境旅游与经济增长关系的讨论则绝大多数从定性分析入手,对两者关系的研究也出现了较大分歧。戴学锋、巫宁(2006)认为,入境旅游是20世纪90年代以前我国国际旅游的主要形式,曾是创汇的重要渠道。但"九五"以来,出境旅游的超高速增长正使旅游业由创汇产业向耗汇产业过渡。该文探讨了出境旅游对宏观经济、国际收支平衡和建设和谐社会的负面影响,并提出了相应的政策调控建议。该文观点引起了激烈争议,马波、寇敏(2006)提出了相反观点,认为即使出现旅游赤字,也不一定对宏观经济产生负面作用,出境旅游的发展也会刺激入境旅游的增长,从而促进旅游企业进行跨国经营,有利于提升旅游产业的整体素质。杨军(2006)也提出了不同意见,认为出境旅游的迅速发展是我国宏观经济发展的必然结果,属于"补涨"性质,但同时也认为出境旅游消费存在"虚高"现象,出境旅游的发展为我国旅游业跨国经营创造了条件,而跨国经营也是克服出境旅游负面效应的有效途径。

可见国内对于旅游服务贸易的研究主要集中于国际收支角度,得出的结论也有所不同,但可以肯定的是,旅游服务贸易的经济效应并非简单的"正向"和"负向"影响可以概括,一个关键的前提条件是必须对旅游服务贸易影响经济增长的机制与渠道有一个相对清晰的认识和把握。

(四) 旅游服务贸易发展政策研究

罗明义、毛剑梅(2007)认为,旅游服务贸易政策是一国或一地区一定时期开展旅游服务贸易所遵循的国际规则、国际惯例以及有关的对外法律、规章、制度和措施的总和。旅游服务贸易政策的基本形式可以分为四种类型:一是主权国家或地区间以国际条约、协定、宪章、宣言等形式存在的国际规则;二是主权国家或地区在国际规则基础上制定的旅游服务贸易的相关法律、法令;三是主权国家或地区在法律法规基础上制定的相关制度规定,如签证、外汇管制等方面的规定;四是各国在旅游服务贸易进出口过程中采取的各种鼓励或限制管理措施,如出口鼓励措施和进口限制措施等等。旅游服务贸易政策是开展旅游服务贸易的依据和准则,也是开拓国际旅游市场和促进国际旅游发展的重要措施和手段。

国内外学者对旅游服务贸易政策的研究各有偏重,国外学者往往更关注操作层面的措施,即第三、第四种形式的政策措施;而国内学者在论及旅游服务贸易政策时,往往关注稍高层次的政策。20 世纪八九十年代以来,随着服务贸易理论的引进和国内学者对服务贸易发展的关注,很多人开始研究服务贸易发展议题,其中张汉林和梁丹(1994)、梁琦(1997)、蒋开明(1998)等是较早涉及研究旅游服务贸易发展政策的学者。进入 21 世纪以来,我国研究旅游服务贸易的学者逐渐增多,对旅游服务贸易政策的研究涉及旅游服务贸易自由化(刘华,2001),中国—东盟间旅游服务贸易(罗明义,2004),双边旅游服务贸易发展对策(何元贵,2007),中国旅游服务贸易竞争力提升策略(徐虹、曲颖,2008)等等,也有学者专门针对旅游服务贸易政策进行了较为系统的研究(罗明义,2007;罗明义、毛剑梅,2008)。

纵观国际旅游服务贸易政策的演变及学者的研究内容,基本围绕自由贸易政策和保护贸易政策交替展开,但国内外学者关注的政策层次稍有不同。这种研究的侧重反映出了内外国情的差异。中国在争取加入 WTO 过程中,国内学术界也加入了相关法律法规的整理以使其更加符合国际规范,在此过程中,国内学者关注较高层次的旅游服务贸易政策研究是必要的。相对来说,国外相关研究文献一般在理论或实证研究的基础上有针对性地提出了特定的旅游服务贸易政策,如在讨论旅游服务贸易与经济增长的关系后,往往在政策建议中提出具体的旅游服务贸易发展对策。这种研究路径遵循了"实践—理论—实践"的辩证过程,非常值得借鉴。旅游服务贸易理论是对旅游服务贸易的一种理论分析,主要针对旅游服务贸易发展的原因、基础、作用等方面展开分析,是制定旅游服务贸易政策的理论依据,而理论的分析最终要落实到具体政策和实务操作上。

第三章

中国旅游服务贸易的历史演进及区域发展结构

改革开放以来,经济全球化及区域一体化的发展加快了我国参与国际旅游经贸合作的步伐,我国旅游业作为国际经贸合作的重要组成部分不断拓展参与合作的广度和深度,并且全方位参与国际经贸合作过程中的优势基础也经历了巨大变化和提升,由单一比较优势发展到多样化、多层次、多环节比较优势并存的新阶段。

第一节 中国旅游服务贸易发展的历史演进特征

一、中国旅游业发展的时间演变路径

(一)中国旅游业发展的历史进程

自 1949 年 11 月第一家旅行社诞生起,新中国旅游业已经走过了 70 多年的历程。改革开放之前,中国旅游业承担着对外宣传中国建设成就、加强国际友好往来的政治任务,当时旅游发展规模较小,结构较为单一,但旅游发展在扩大我国政治影响等方面做出了重要贡献。这一时期,由于国民经济发展水平较低,人民生活处于温饱阶段,国内旅游并未得到有效开展。总体来看,从中华人民共和国成立到 20 世纪 70 年代后期,旅游业主要以外事接待为主,更多的是一种"事业型"运营机制,旅游作为外交事业的重要渠道,主要开展民间对外交往工作,旅游业尚不具备"产业化运营"的条件。

改革开放以后,中国旅游业逐渐从外事接待工作中分离出来,并逐步加快了产业化进程。邓小平同志多次提出:"旅游事业大有文章可做,要突出地搞,加快地搞","搞旅游要把旅馆盖起来。下决心要快,第一批可以找侨资、外资,然后自己发展。"1984 年,中共中央提出了国家、地方、部门、集体、个人一齐上,自力更生与利用外资一齐上的旅游发展和建设指导方针,拉开了全方位发展旅游业的序幕。1981 至 1985 年间,中国国际旅游经历了一个高速成长期。

1986 年,国务院将旅游业正式写入国民经济与社会发展"七五"计划,将旅游业确定为国民经济体系中的一个支柱产业,从而正式确立了旅游业的国民经济地位,这也在国家层面上促进了旅游业由事业型向产业型的实质性转变。1992 年,中央更是明确提出旅游业是第三产业中的重点产业。随后,中共中央《关于制定国民经济和社会发展"九五"计划和 2010 年远景目标的建议》,旅游业被列为第三产业中需要积极发展的新兴产业序列的首要位置。1998 年,中央经济工作会议提出旅游业作为国民经济新的增长点。党和政府的全力支持为中国旅游服务贸易的发展提供了良好的政策环境。

世纪之交,中国旅游业的发展面临诸多历史性机遇:第一,旅游业被确立为国民经济新的增长点之一,为中国旅游业的大发展提供了指导方针;第二,各级地方政府普遍重视旅游业对于带动地方经济发展的巨大作用,纷纷出台旅游业发展的鼓励性政策、措施;第三,参与创建中国优秀旅游城市工作的城市数量和规模进一步扩大,为旅游业发展营造了良好的人文环境;第四,香港、澳门回归,中华人民共和国周年庆典等重大活动,向世界展示了我国经济繁荣、社会安定的良好国家形象。

经过几十年的发展,中国旅游业从无到有、从小到大,产业形象日益鲜明,产业规模日渐壮大,已成为国民经济中发展速度最快的行业之一,同时也是具有显著国际竞争优势的产业之一。尤其是进入 21 世纪以来,国民经济市场化进程进一步加快,国际经济实力明显增强,和谐社会建设取得不断进展,国际形象得到了巨大提升,旅游目的地国际知名度不断提高。在 WTO 的进一步推动下,中国旅游服务贸易的规模与结构正经历着由粗放型、数量型、贸易模式单一性向集约型、质量追求型、贸易模式多样化转型。

(二)中国旅游业发展路径的二维表达

众所周知,旅游市场主要包括两个部分,一是国际市场;二是国内市场。一般情况下,国内、国际两个市场都会分别经历从萧条到繁荣过程中的各个状态,因而从市场角度出发分析中国旅游业的整体发展路径就可以在二维坐标系中进行。分别以两个市场为坐标轴,市场发展状态由差变好为坐标轴指向,在常态情况下,两个市场的组合将会有四种情况(图 3-1),即状态Ⅰ(国际市场繁荣、国内市场繁荣)、状态Ⅱ(国际市场萧条、国内市场繁荣)、状态Ⅲ(国际市场萧条、国内市场萧条)和状态Ⅳ(国际市场繁荣、国内市场萧条)。状态Ⅲ一般为一国旅游业发展的起步阶段,而状态Ⅰ则是多数国家所追求的旅游市场运营状态,即国内、国际市场都得到了很好的发展,旅游业整体市场欣欣向荣。而要达到这种市场发展状态的途径一般来说有三条:第一条是通过国际市场发展来引导整个旅游市场整体繁荣;第二条是通过先发展国内旅游市场继而发展国际旅游来繁荣振兴旅游业;第三条是两个市场平衡发展从而达到同时繁荣。如果将第三条路径看作一条通往旅游业发展目标"最短路径"或"成长大道"的话,那么旅游经济增长的"最优路径"往往是偏离"成长大道"的"弯曲大道",即"路径一"和"路径二",这也是经济增长实践的常态表现。

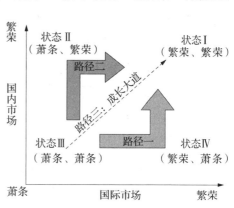

图 3-1　国内、国际市场发展组合图
注:坐标轴箭头指向市场增长或扩张方向。

从中国旅游业发展历程来看,20 世纪 80 年代以前,许多中国人外出"旅游"的意识都模糊,甚至可以说没有"旅游"的概念,因为经历过自然灾害和国外封锁的国人正为解决温饱而努力,正在为生活必需品的缺乏而探索发展之路。相对而言,"旅游"作为一种奢侈品并没有进入多数人的视野,国内旅游也没有得到大的发展。对很多中国人来说,出境游更是可望而不可即的。由于国家还没有开放,国外资金不能进入,也谈不上旅游投资或者旅游业的商业存在现象。因而旅游服务贸易的形式可以说只有入境旅游一种，并且还往往带有政治交往目的。因而，从中华人民共和国成立至改革开放初期，中国旅游服务贸易乃至整个中国旅游业的发展基本上是沿着"路径一"在开展(图3-1)，旅游业属于"单轮驱动"式，即由入境旅游驱动。

随着改革开放不断深入推进，尤其是20世纪90年代以来，中国老百姓生活水平不断提高，"旅游"逐渐进入人们的视野，国民旅游意识逐渐增强，国内游逐渐兴起，入境旅游、出境旅游以及旅游内向投资都得到了快速发展，尤其是国内旅游异军突起，取得了巨大的发展业绩，中国旅游业曾一度出现国内、国际两个市场"双轮驱动"的良好增长形势。但随着亚洲金融危机以及新一轮全球金融危机的冲击，入境旅游市场出现疲软，良好的发展态势遭到重挫。"双轮驱动"的理想模式不断经历波折，路径三的"成长大道"在现实世界经济背景下很难取得可持续的旅游经济增长(图3-1)。

新一轮金融危机的深度和覆盖范围前所未有，对国际旅游市场的影响非常明显，尤其是对入境旅游市场以及旅游投资的冲击较大。为应对全球范围的金融风暴，2008年11月，时任国家旅游局旅游促进与国际联络司司长祝善忠在中国国际旅游交易会上透露，由于受金融风暴影响，2008年前9个月，中国入境旅游出现明显下滑，为拉动国内旅游市场，缓解金融危机的冲击，国家相关部门制定了"国民休闲计划"。该项计划采取具体措施倡导针对优秀员工的奖励旅游、针对低收入群体的福利旅游、针对学生群体的修学旅游以及针对离退休人员的银发旅游等，以拉动内需消费。在经历了两次路径转移之后，中国旅游业的发展又转移至"路径二"，即通过对国内旅游市场的刺激，来渐次达到整体旅游业的整体繁荣(图3-1)。

从总体进程来看，1980年以前，旅游业总体规模较小；"六五"期间(1981—1985年)，入境旅游有了较大提高，国内旅游开始起步；"七五"期间(1986—1990年)，入境旅游不断发展，国内旅游也有了较大发展；"八五"期间(1991—1995年)，入境旅游取得长足进步，国内旅游异军突起，是旅游业发展速度最快的时期；"九五"期间(1996—2000年)，旅游产业基础逐渐夯实，旅游经济取得稳步进展；"十五"以来，在世界旅游业整体负增长形势影响下，中国旅游业逆风前行，但增长速度有所下降。在旅游业整个发展历程中经历了几次较大的路径转移:第一次是从中华人民共和国成立至改革开放初期,入境旅游呈现出良好的发展态势而国内旅游正在起步,入境旅游担负着政治宣传重任,中国旅游业大致沿着"路径一"在发展;第二次发生于20世纪80年代末期至21世纪初期,国内、国际旅游市场都出现了高速增长态势,以"路径一"为基础的"弯曲大道"正在逼近"成长大道",即"路径三",但时间短暂;随着两次金融危机的冲击,第三次旅游发展路径发生转移,即由"路径三"向"路径二"转移,再次进入"弯曲大道",但与第一次不同的是,旅游业的发展逐渐偏重于内需旅游市场的拉动,而不是仅仅倚重于国际市场。

二、中国参与国际旅游经济合作的特点

1978年,邓小平同志提出了"旅游事业大有文章可做,要突出地搞、加快地搞",随后又相继对旅游业的发展做出了五次重要指示。在党和政府一系列加快旅游业发展举措的直接推动下,旅游业成为中国最早对外开放的行业和最早同国际接轨的领域。伴随中国旅游业的发展过程,中国旅游服务贸易也经历了几乎同样的历程。在此过程中,中国旅游服务贸易从旅游要素资源基础、旅游服务提供主体、旅游产品结构、旅游服务贸易模式、旅游服务贸易环境等方面都发生了翻天覆地的变化。

(一) 政府"垄断优势"渐趋市场"比较优势"转型

从进程来看,中国旅游服务贸易的发展始终离不开政府的积极推动。从中华人民共和国成立初期以外交为目的的旅游国际交往,到改革开放后以获取外汇收入为发展资金的入境旅游业的繁荣,再到金融危机以来旅游服务贸易的结构调整,整个过程中政府都发挥了极其重要的作用。其实,早在改革开放之初的1981年,许多学者就已经注意到政府在旅游业发展中的重要作用,如卢绪章(1981)指出,世界旅游业迅速发展首先得益于政府的高度重视和大力支持。但是对于政府在旅游业发展中到底应该发挥什么样的作用,学术界却也存在争论:熊鹤群(2004)从旅游业自身发展要求以及旅游业外部性需求两个角度论述了旅游业发展应遵循政府主导型战略;章尚正(2002)对比分析了政府主导型旅游战略的五大积极作用与五大负面影响后认为,政府主

导必然让位于市场导向,政府在旅游业发展的不同阶段应该发挥不同的作用,并论述了停止倡导政府主导型的必要性与必然性;黄海(2002)对比研究了政府在日、美两国旅游业发展过程中的作用后认为,日、美两国政府在旅游业发展的不同阶段行使了不同的职能,发挥了不同的作用,在旅游业发展初期两国都以政府主导方式直接干预和支持旅游业的形成与发展,而在旅游业具备一定规模之后,政府职能和作用转变为尽量以引导方式来间接推动旅游业的发展。

虽然对政府在旅游业中的作用方式存在不同观点,但学者们并没有否定政府在旅游业发展中的重要作用,大量的实践也证明了政府在旅游业发展中的积极作用。随着改革开放的不断推进,社会主义市场经济体制基本确立,市场经济地位得到大多数国家的承认,中国旅游业逐步形成了入境、国内、出境三大旅游市场同步发展格局,旅游产业规模、要素资源等逐步壮大完善,旅游业成功实现了从"事业接待型"向"经济产业型"的快速转变,旅游业日渐成为国民经济最重要的产业之一。政府推动下的旅游产业化运营大大促进了中国旅游业的发展,入境旅游规模优势不断显现,出境旅游目的地国家不断增多,旅游投资市场也取得了良好成绩。

在中国旅游业发展过程中,政府的作用基本保持了与旅游业发展过程的匹配与适应。在计划经济向市场经济过渡中,政府始终能够积极调整自己的角色,其中较为典型的是政府积极推动现代企业制度的建立,党的十四届三中全会以"产权清晰、权责明确、政企分开、管理科学"十六个字概括了现代企业制度的基本特征。1999年9月,党的十五届四中全会再次强调要建立和完善现代企业制度,并重申了对现代企业制度基本特征"十六字"的总体要求。

现代企业制度的建设不断推动酒店、旅行社向公司治理结构调整,旅游资源由国家垄断经营向多元经营主体转变。而在此过程中,旅游经营企业逐渐成为市场的主角,政府经营角色不断淡化,由主导转变为引导,旅游服务提供者不再由政府垄断和控制经营,而是由市场经济主体公平竞争经营。旅游服务贸易市场化基础即比较优势基础不断得到发挥,旅游资源配置效率不断提高,旅游要素收入的分配趋于市场化,旅游服务贸易市场渐趋充满竞争与活力。

（二）参与国际旅游经济合作与竞争的规模优势凸显

改革开放以来,中国旅游服务贸易充分享受了国际、国内发展的良好环境和机遇,无论规模还是增长速度都有重大发展。从跨境旅游服务贸易进出口规模来看(图3－2),1991年之前,中国旅游服务贸易进口规模非常小,1982年进口只有0.66亿美元,1991年才达到5.11亿美元,但1991年之后,尤其是邓小平同志南方谈话以后,旅游服务贸易进口规模迅猛增长,2000年已经达到131.14亿美元,2008年底更是达到了361.57亿美元,逼近当年旅游服务贸易的出口额。20世纪90年代以来,中国旅游服务贸易的进出口结构出现了巨大变化,由之前旅游服务贸易出口"单向驱动"逐渐转变为旅游服务贸易进出口并行发展的"双向驱动"局面。同时期,旅游服务贸易进出口总体规模也出现了较大突破,1992年相对于1991年出现了最为明显的跃升,1991年进出口规模为28.57亿美元,1992年则为60.42亿美元,增长了1倍有余,2008年底更是达到了770亿美元,是1982年旅游服务贸易进出口规模的100倍之多。对比同期世界跨境旅游服务贸易进出口额可以发现,1982年世界旅游服务贸易进、出口额分别为1 007亿美元和1 012亿美元,进出口总额为2 019亿美元;2008年世界旅游服务贸易进、出口额分别为8 522亿美元和9 514亿美元,进出口总额为18 036亿美元,增长还不到8倍。

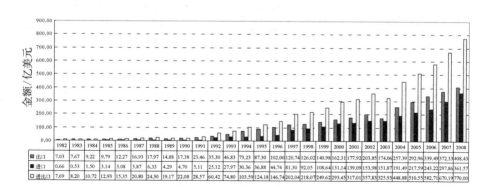

金额/亿美元	1982	1983	1984	1985	1986	1987	1988	1989	1990	1991	1992	1993	1994	1995	1996	1997	1998	1999	2000	2001	2002	2003	2004	2005	2006	2007	2008
出口	7.03	7.67	9.22	9.79	12.27	16.93	17.97	14.88	17.38	23.46	35.30	46.83	73.23	87.30	102.00	120.74	126.02	140.98	162.31	177.92	203.85	174.06	257.39	292.96	339.49	372.33	408.43
进口	0.66	0.53	1.50	3.14	3.08	3.87	6.33	4.29	4.70	5.11	25.12	27.97	30.36	36.88	44.74	81.30	92.05	108.64	131.14	139.09	153.98	151.87	191.49	217.59	243.22	297.86	361.57
进出口	7.69	8.20	10.72	12.93	15.35	20.80	24.30	19.17	22.08	28.57	60.42	74.80	103.59	124.18	146.74	202.04	218.07	249.62	293.45	317.01	357.83	325.93	448.88	510.55	582.71	670.19	770.00

图3－2　中国跨境旅游服务贸易进出口情况

注:图中数据来源于世界贸易组织(WTO)网络数据库,原始数据见附录1。

从跨境旅游服务贸易进出口增长速度来看(表3－1),改革开放后至1992

年邓小平同志南方谈话之前,中国旅游服务贸易出口年均增长 17.51％,进口年均增长 43.9％,跨境旅游服务贸易进出口总额年均增长 22.89％,同时期世界平均增长率分别是 12.17％、12.07％和 12.12％;1993 年至 20 世纪末期,中国旅游服务贸易出口、进口、进出口平均增长率为 18.16％、22.2％和 19.78％,世界平均增长率分别为 4.6％、4.03％和 4.32％;加入 WTO 以来,中国跨境旅游服务贸易出口、进口、进出口年均增长率分别为 12.28％、15.29％和 13.62％,世界年均增长率分别为 11.88％、11.25％和 11.58％;而改革开放以来,我国跨境旅游服务贸易出口、进口和进出口期间年均增长率分别为 16.91％、27.45％和 19.38,而同期世界平均年增长率分别为 9％、8.56％和 8.79％。中国旅游服务贸易增长速度远远领先于世界旅游服务贸易的增长水平,显现出中国旅游服务贸易发展强劲的规模优势和速度优势。

表 3－1 中国跨境旅游服务贸易增长速度与世界的对比

区域	流向	1982—1992 年	1993—2001 年	2002—2008 年	1982—2008 年
中国	出口	17.51％	18.16％	12.28％	16.91％
	进口	43.9％	22.2％	15.29％	27.45％
	总额	22.89％	19.78％	13.62％	19.38％
世界	出口	12.17％	4.60％	11.88％	9.00％
	进口	12.07％	4.03％	11.25％	8.56％
	总额	12.12％	4.32％	11.58％	8.79％

注:计算数据源来自世界贸易组织(WTO)网络数据库,原始数据见附录 1。

(三) 旅游服务贸易由粗放增长向集约发展方向调整

改革开放之初,我国旅游业提出要成为一个旅游资源大国;至 2000 年,还有一个提法是成为亚洲旅游大国;而 2006 年时中国已经从旅游资源大国变成了世界旅游大国。[①] 改革开放后,中国旅游服务贸易规模与速度得到了快速提高,根据 WTO 的统计数据,2008 年,中国旅游服务贸易进口、出口、进

---

① 魏小安:从旅游大国到旅游强国. (2007 － 11 － 11)〔2009 － 12 － 10〕. http://travel.sohu.com/20071111/n253180000.shtml.

出口规模都已经迈入世界前十位行列。综合比较来看,中国已经是一个非常突出、非常显著的旅游大国。尤其是近些年中国出境旅游发展非常快,引起了世界各国的普遍关注。

中国旅游业已经明确提出努力在做大的同时做强,从世界旅游大国真正变成世界旅游强国。从大国角度来讲,旅游服务贸易的增长方式主要是粗放型的,主要追求数量、规模型指标。就中国目前旅游服务贸易的发展情况来看,显然以上数量、规模指标已经没有悬念,但以上两个指标并不是衡量旅游强国的质量型指标。作为强国来说必须是集约型的,说到底,"旅游强国"概念最终将体现为中国旅游在市场上的竞争力,体现为如何深度发掘中国旅游业的各种比较优势,并将之转化为占据市场竞争优势的能力。

20 世纪 80 年代以来,全球服务贸易结构不断优化,传统运输类服务贸易比重明显下降,旅游类服务贸易比重保持稳定,而其他商业类服务贸易比重持续上升。与全球服务贸易结构发展趋势相反,近年来由于货物贸易快速发展,中国运输服务贸易出口占比呈现逐步上升态势,旅游服务贸易发展却经历了三次较大波折(图 3 - 3),第一次出现于 20 世纪 80 年代中后期,第二次出现于 2003 年前后的 SARS 期间,第三次则是最近几年由美国次级债所引发的全球金融危机期间。三次较大下滑并不意味着旅游服务贸易地位受到冲击,尤其是加入 WTO 以后的两次下滑,更确切地说,应该是中国旅游服务贸易的一种结构性调整。

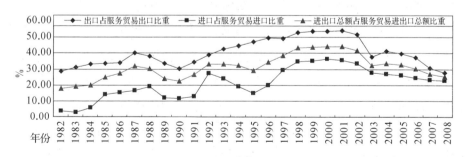

图 3 - 3　1982—2008 年中国跨境旅游服务贸易占服务贸易比重变化
数据来源:WTO 数据库。

正是在最近两次调整过程中,中国旅游服务贸易进入了一个更加理性的发展阶段。进入 21 世纪尤其是加入 WTO 以来,从旅游政策法律体系到旅游相关产业标准化的制定,中国旅游服务贸易制度环境和产业发展环境取得了丰硕成果;从区域旅游目的地合作到区域旅游资源整合重组,再到世界著名旅游目的地建设,中国形成了珠三角、长三角、环渤海等几大主要世界性品牌旅游目的地,世界知名度逐渐提升;从单一依靠入境旅游推动旅游服务贸易发展到出境、入境、旅游内外向投资共同促进旅游服务贸易进步,旅游服务贸易方式和提供模式都经历了多样化、多元化发展的良好势头;从资源依赖型、要素增长型等粗放式旅游服务贸易增长方式逐渐向生产效率提高型、要素结构优化型等集约化发展模式转型,旅游服务贸易可持续发展优势逐渐提高。

第二节　中国旅游服务贸易的区域发展结构

经济活动总是在时间和空间两个不同维度上进行,经济现象不仅表现出时间维度上的相关,也会在空间维度上表现出某种程度的关联性。经济计量学所研究的数据往往涉及不同的时间和区域,一个区域单元上某种经济现象的发生或者某一属性值总是与邻近区域单元上的现象或属性值存在相关,例如,经济发达的区域往往连成一片,相关产业倾向于在同一区域空间上集聚等。

长期以来,典型的主流经济学思想体系和理论模型总是以"均质空间"作为前提假设条件,往往只考虑时间维度而不考虑空间维度,这种做法一直是现代主流经济学的突出特点。认为空间无差别,这种高度简化的处理方式常常导致分析结果产生"系统性偏差"。现代区域科学之父沃尔特·艾萨德也曾指出,经济学分析是"在一个没有空间维度的空中楼阁中"进行的。从方法论角度来讲,主流经济学对地理空间忽略的原因,一方面在于空间经济学的先驱们并没有用模型化方法来表达他们的思想,另一方面在于经济活动在空间上的集聚本质上是收益递增规律的表现,而收益递增比规模收益不变或递减的主流经济学思想更加难以模型化。但无论理论上对空间考量的难度有多大,现实经济活动不仅表现出时间维度上的联系,也在地理空间维度上表现出很大程度的相关性,空间聚集现象对于研究国家经济与区域经济的发展越来越重要。经济学家安·斯科特(A. Scott)特别指出:区域财富增长"不仅要考虑三个成分:要素、技术和需求,而且要了解它们在时间中的增长,正如人口增长、创新和富裕。同时,还要进一步了解它们在空间中的变化,如劳动力与资本的转移,新技术的扩散和区域性市场的拓展"(伍海华,1995)。

Tobler(1970)将空间相关性称为地理学第一定律,即所有事物都相互联系,离得越近事物联系越强。而国际旅游服务贸易是指各国或地区间服务的交换,是各国或地区间旅游服务贸易分工的表现,反映了世界各国在旅游经济上的相互合作与依赖。各国旅游经济贸易活动都是在世界市场中进行的,离不开地理环境的影响和制约,因此,需要运用地理学的理论方法来研究国际旅游服务贸易活动地域分工和地域组合的空间特征,分析国际贸易活动的区域差异性。

旅游服务贸易发展的空间联系形态主要表现为国际旅游服务贸易发展空间集聚效应或者空间扩散效应,又或者说是空间相关性。在统计分析中是否需要考虑空间自相关问题可以用一些简单的指标来估计空间自相关水平(Cliff & Ord,1981)。如果自相关水平较显著则在推断统计中就应该考虑这一问题。对于空间自相关问题的研究,影响最大的是测度自相关水平的指标——Moran's I 的引入。

现实世界中存在大量经济集聚现象,地理区位和空间距离将对经济产生重要影响,以规模报酬递增、不完全竞争、运输成本及要素流动为重要内容的空间经济理论更能反映现实经济状况。但运用空间经济学、空间计量经济方法研究区域经济差异、趋同现象,区域经济均衡等问题的文献并不多见,而本节即以上述三个主要指标来对中国旅游服务贸易的发展做出空间经济学方面的分析。

一、空间集聚特征

由于各省市经济基础、对外开放程度以及政府在旅游发展中的作用都有所不同,导致旅游服务贸易活动水平也会存在差异。同时,由于旅游经济合作与竞争、经贸往来日益频繁,旅游服务贸易受其影响会以各种有形或无形的方式在省际、区域间产生溢出效应,旅游服务贸易发展的空间依赖性可能存在,需要新的技术来识别这种差异或关联效应。目前,探索性数据分析(Exploratory Spatial Data Analysis,ESDA)方法被认为是一种非常理想的手段。ESDA 与地理信息系统(GIS)技术的结合可使以往的理论定性分析以地图可视化方式显示,不仅增强了分析结果的视觉效果,还可以非常直观地表达旅游服务贸易发展的地理空间分布规律。全局自相关和局部自相关是 ESDA 方法的核心概念,主要用来进行空间关联度的分析。全局空间关联分析旨在通过全局空间自相关统计量的估计,揭示事物在总体空间上的平均关联程度;局部空间关联分析旨在利用局部自相关统计量来研究事物在局部空间位置上的关联程度及分布格局。Anselin(1995;1999)指出,探索性空间数据分析就是描述数据的空间分布并加以可视化以检测社会和经济现象的空间依赖性,以及展示数据的空间结构。此处主要通过这两个统计指标来定量研究旅游服务贸易在总体和局部空间上关联度的差异及其变化情况。[①]

(一) 全局自相关性分析

以往对旅游服务贸易发展的研究常常集中于旅游服务贸易发展时间序列分析,以及旅游服务贸易发展与经济增长间的时序促进关系。这种研究的前提假设是所有研究区域是同质化的,即如果以省域范围为研究单位,往往假定所有省份在空间上是均质的,且是相互独立的。而贸易的发生从根本上是一种地理现象,是研究跨地理空间上的经济行为,区域空间联系是不可或缺的内容。旅游活动是由多个部门、多个区域一起相互合作共同提供支持的,旅游活动往往是跨区域的流动,在地理上常常表现为距离衰减规律,即离旅游者居住地越近旅游活动越频繁,而旅游者的出游距离将随着行程的增加表现出有规律的递减变化。因此,旅游经济发展常常具有区域相关特点,往往在一个经济相对发达城市周围形成旅游经济较为发达的现象。对于这种现象的研究可以借鉴地理信息科学的空间数据分析技术来进行。在实际空间相关分析应用研究中,Moran's I 统计量、Geary's C 统计量以及广义 G 统

---

① 刘德钦,刘宇,薛新玉.中国人口分布及空间相关分析.遥感信息,2002(02):76-79.

计量是研究空间全局自相关的常用统计量。Moran's I 定义为：

$$\text{Moran's } I = \frac{n}{\sum\limits_{i=1}^{n}(y_i - \bar{y})^2} \cdot \frac{\sum\limits_{i=1}^{n}\sum\limits_{j=1}^{n}W_{ij}(y_i - \bar{y})(y_j - \bar{y})}{\sum\limits_{i=1}^{n}\sum\limits_{j=1}^{n}W_{ij}}$$

Moran's I 指数的取值范围为 $(-1,1)$。如果空间过程是不相关的，则 I 的期望接近于 0；当 I 取负值时，一般表示负自相关；当 I 取正值时，则表示正自相关。

Geary's C 也是一种测度空间自相关的统计量，也是交叉乘积形式，定义为：

$$\text{Geary's } C = \frac{(n-1)\sum\limits_{i=1}^{n}\sum\limits_{j=1}^{n}W_{ij}(y_i - y_j)^2}{2\left[\sum\limits_{i=1}^{n}(y_i - \bar{y})\right]\sum\limits_{i=1}^{n}\sum\limits_{j=1}^{n}W_{ij}}$$

Geary's C 指数的取值范围为 $(0,2)$，即指数 C 是非负的。完全空间随机过程的期望值 $C=1$；如果 $C<1$，则表示正的空间自相关；如果 $C>1$，则表示负的空间自相关。当相似的值聚集时，C 趋向于 0；当不相似的值聚集时，C 趋向于 2。显然，指数 C 和指数 I 是一种反向的关系。C 与 I 的计算公式的显著差异是，Moran's I 统计量采用的是两个近邻的数值对于均值的离差，而 Geary's C 统计量采用的是直接比较两个近邻数值的方法。

指数 I 和指数 C 都具有描述全局空间自相关良好的统计特点，但不能识别不同类型的空间聚集模式。这些模式有时也被称为"冷点区域"和"热点区域"。如果是高值或低值面积单元相互接近，I 和 C 都将给出较高的正空间自相关数值。而广义 G 统计量的优势是能够检验出这种区域中的"冷点区域"和"热点区域"。广义 G 统计量也采用交叉积形式，定义为：

$$G(d) = \frac{\sum\limits_{i=1}^{n}\sum\limits_{j=1}^{n}W_{ij}(d)x_i x_j}{\sum\limits_{i=1}^{n}\sum\limits_{j\neq i}^{n}x_i x_j}$$

G 统计量根据距离 d 来定义，在距离 d 之内的面积单元可作为 i 的近邻。当单元 j 和 i 的距离小于 d 时，权重 $W_{ij}(d)$ 为 1；否则为 0。正是由于权重的这种性质,当单元 j 和 i 的距离大于 d 时,两个单元将不能被包括在分子中,但另一方面,分母中包括所有单元。因而 G 统计量的取值范围为 $(0,1)$,当近邻数值变大, G 的数值也将变大,反映了拥有较高数值单元较强的空间联系,称为"热点区域";当近邻数值变小,则 G 统计量数值变小,反映了较低数值单元的空间联系,称为"冷点区域"。

计算的原始数据为省际入境旅游外汇收入数据序列,省会城市及省界相关 SHP 文件来源于国家基础地理信息中心数据库,处理软件为 ArcView3.3;指数 I 和指数 C 的权重矩阵 W_{ij} 根据各省会城市的经纬度由软件自动计算;指数 G 权重矩阵 $W_{ij}(d)$ 的距离 d 设置为 300 英里,即大致 500 公里范围,因为这个距离一般为旅游有效辐射范围,三小时内可以快速到达,这也是旅游距离衰减定律中的一个常用距离设置。300 英里内的面积单元可作为 i 的近邻,当单元 j 和 i 的距离小于这一距离时,权重 $W_{ij}(d)$ 为 1;否则为 0。根据以上方法和过程,利用以上三个空间自相关统计量对中国省际区域旅游服务贸易发展空间联系进行识别(表 3-2)可以发现:1997 年以来,Moran's I 统计量一直在不断增加,Geary's C 统计量在不断减少,说明旅游服务贸易区域空间联系不断增强,旅游服务贸易发展较好的区域往往能带动周边相关产业发展,但是旅游服务贸易相对不发达省份常常也会在空间上相关聚集。从广义 G 统计量变化趋势来看,其数值一直也在不断增加,由于近邻距离设定在 300 英里范围,因此可以发现,旅游服务贸易发达地区的辐射效应在不断增强,邻近省份间旅游业的互利合作趋势越来越明显。总体来说,中国旅游服务贸易发展的区域联系与合作在客观上出现了向好趋势,区域合作成效在旅游服务贸易发展过程中得到了积极的反映,另外一个层面也反映出省际区域间旅游服务贸易一体化程度在不断加强,区域间旅游业发展要素流动的自由度也在逐渐增强。

表 3-2　1997—2008 年中国旅游服务贸易发展的区域空间自相关

年份	Moran's I 统计量	Geary's C 统计量	广义 G 统计量(300 英里)
1997	0.022 3	0.878 6	0.049 3
1998	0.027 7	0.876 5	0.052 4

（续表）

年份	Moran's I 统计量	Geary's C 统计量	广义 G 统计量（300 英里）
1999	0.033 2	0.874 7	0.052 9
2000	0.043 3	0.872 1	0.051 8
2001	0.046 6	0.869 9	0.056 6
2002	0.062 3	0.855 3	0.063 6
2003	0.098 1	0.831 5	0.084 9
2004	0.105 2	0.808 9	0.088 5
2005	0.118 9	0.801 7	0.092 4
2006	0.123 8	0.806 1	0.093 2
2007	0.160 5	0.772 2	0.095 6
2008	0.188 5	0.752 1	0.101 6

数据来源：原始计算数据为各省市入境旅游外汇收入指标，来源于相关年份的《中国旅游统计年鉴》，计算软件为 ArcView3.3。

（二）局部相关性分析

全局空间自相关揭示了研究区域内平均的聚集程度，但对集聚的具体地理空间分布状况并不能很好地显示。需要局部自相关分析来考虑是否存在观测值高值或低值的局部空间集聚，哪些区域单元对全局空间自相关的贡献比较大等问题。局部相关性分析可以采取局部 Moran' I、局部 Geary's C 和局部 G 统计量进行分析，为了更加具体地指出哪些区域存在旅游服务贸易发展的空间集聚效应，这里主要采用 Moran 散点图方法来表现。[①]

Moran 散点图用散点图形式，描述变量及其空间滞后向量（即该属性值或观测值周围区域单元属性值的加权平均）的相关关系。Moran 散点图以横坐标和纵坐标所划分的四个象限表达了四种不同局部空间联系形式：第一象限代表高观测值区域单元被高值区域所包围，第二象限代表低观测值区域单元被高值区域所包围，第三象限代表低观测值区域单元被低值区域所包围，第四象限代表高观测值区域单元被低值区域所包围。可以通过 Moran 散点

---

① 吴玉鸣.县域经济增长集聚与差异：空间计量经济实证分析.世界经济文汇,2007(02):37-57.

图识别区域单元所属局部空间的聚集类型。[①] 以(z,Wz)为坐标点,横坐标对应变量z,其中,$z_i=x_i-\bar{x}$;x_i为入境旅游外汇收入指标;$\bar{x}$为其均值;序列$z_t=(z_1,z_2,\cdots,z_n)$;Wz表示对邻近省区观测值的加权,权重矩阵同前文Moran's I指数权重矩阵。

根据 Moran 散点图的四个象限划分办法,整个平面被分为四个象限,第一象限为高-高(H-H)象限,表示旅游服务贸易发达地区往往周围也分布着相近发展水平的区域单元;第三象限为低-低(L-L)象限,表示旅游服务贸易发展水平较低的区域往往周围也分布着同等低发展水平的区域单元;第二、第四象限分别为低-高象限(L-H)和高-低象限(H-L),分别表示低发展水平区域被发达地区包围,发达区域被低发展水平区域环绕。第一、第三象限揭示了正的空间自相关联系,揭示了旅游服务贸易发展相似水平区域空间上的集聚;而第二、第四象限则显示了负的空间关联效应,揭示了旅游服务贸易发展的空间异常现象。如果四个象限观测值分布非常均匀,则表明旅游服务贸易的发展不存在区域自相关性,虽然缺乏统计上的具体指标值,但 Moran 散点图非常直观、形象地展示出了旅游服务贸易发展空间上的分布规律。

从省际旅游服务贸易发展 Moran 散点图(图 3 - 4)中可以看到,第一象限集中了江苏、上海、浙江、福建四个省份;第三象限则集中了大部分西部省市。根据上述四个象限划分方法,可以将除港澳台以外的 31 个省市分列出来(表 3 - 3)。

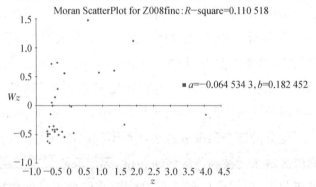

图 3 - 4　2008 年中国旅游服务贸易发展的 Moran 散点图

注:原始数据指标为各省市入境旅游外汇收入指标,数据来源同表 3 - 2,处理软件为 ArcView3.3。

---

① 梁晓艳,李志刚,汤书昆,赵林捷.我国高技术产业的空间聚集现象研究——基于省际高技术产业产值的空间计量分析.科学学研究,2007(03):453-460.

表3-3 中国旅游服务贸易发展的局部空间相关分析

H-H 第一象限	H-L 第四象限	L-L 第三象限	L-H 第二象限
福建、上海、江苏、浙江	山东、广东、北京、辽宁、海南	吉林、河南、贵州、内蒙古、山西、湖北、宁夏、重庆、黑龙江、西藏、四川、陕西、甘肃、云南、青海、新疆	广西、江西、天津、湖南、安徽、河北、

　　由 Moran 散点图及表3-3综合分析可以发现,中国旅游服务贸易的发展呈现出一定的梯度和层次规律:东南沿海地区集聚性较强,且都为旅游服务贸易较为发达地区;中西部省市、自治区旅游服务贸易发展水平较低,也呈现出相互集聚状态;第四象限高-低指向的区域并没有对周边区域发展形成有效的辐射效应,更多的是吸收周边的发展资源;第二象限低-高所指向的省市也没有能够很好地融入邻近省市的"友好发展范围",或者受到邻近省市的正面发展溢出效应。总体来看,低-高的第二象限和高-低的第四象限所指向的省市与周边省市旅游服务贸易发展差距非常大,可以根据这些省市的不同特点分别归入东部地区和西部地区;而根据我国最新统筹区域发展规划,将第三象限省市做进一步划分,可以形成与国家区域统筹发展规划相一致的区域格局(表3-4)。可以看出,旅游服务贸易发展的区域性特点基本与国家经济发展的区域性特点相一致。

表3-4 经过局部调整的旅游服务贸易发展的区域格局

东部	中部	西部	东北
北京、天津、河北、山东、江苏、上海、浙江、福建、广东、海南	山西、河南、湖北、湖南、安徽、江西	重庆、四川、贵州、云南、西藏、陕西、甘肃、青海、宁夏、新疆、内蒙古、广西	辽宁、吉林、黑龙江

(三) 发展重心的三次转移

　　中华人民共和国成立以来,中国旅游服务贸易的重心发展大体上经历了"南迁""东进""北上"等三次比较明显的运动过程:第一次是"南迁"的过程,大致发生于中华人民共和国成立至改革开放初期,此段时期旅游服务贸易由北方南移至珠三角一带;第二次是"东进"的过程,主要发生于20世纪末期至21世纪初期阶段,旅游服务贸易发展重心由珠三角逐渐东迁至以江浙沪为代表的长三角区域,并在东南沿海一带形成了一个较长的旅游服务贸易发展连绵带,这条连绵带由广东、福建、浙江、上海、江苏等省市组成;第三次是"北上"过程,主要发生于近些年,尤其是环渤海发展战略提出以后,主要路径表现为经由长三角沿海地带向华北和环渤海方向发展。

如果对照中国经济发展的历程,可以发现,中国旅游服务贸易发展路径与中国经济发展轨迹非常一致,即沿着珠三角—长三角—环渤海一线。经济相对发达的沿海地区尤其是东南沿海一带也是旅游服务贸易相对发达的区域。可能的原因在于:第一,良好的经济基础为旅游经济的发展提供了便利的旅游基础设施条件;第二,东南沿海开放较早,频繁的经济贸易往来也推动了旅游服务产品的国际认知度,带动了区域旅游服务贸易的快速发展;第三,较高的经济发展水平不断提高人们的生活水平,从而促进了旅游服务贸易的发展;第四,随着改革开放的不断深入,市场化程度较高,旅游服务贸易发展壁垒较少。

二、空间分异特征

(一) 洛伦兹曲线

前文分别从静态和动态角度分析了中国旅游服务贸易发展总体空间上的演变趋势,但是省际旅游服务贸易发展的具体分化、分异情况没有得到很好的反映。洛伦兹曲线及以此为基础的基尼系数(Gini)则可以做到这一点。美国统计学家洛伦兹(Max Otto Lorenz)于1907年提出了著名的洛伦兹曲线,旨在研究国民收入在国民之间的分配问题。该方法是先将一国人口按收入由低到高排序,计算收入最低的任意百分比人口所得到的收入百分比。然后以横轴表示人口(按收入由低到高)的累积百分比,纵轴表示收入的累积百分比,这样的人口累计百分比和收入累计百分比的弧线即洛伦兹曲线。洛伦兹曲线用来比较和分析一个国家不同时期或同一时期不同国家的财富不平等程度,弯曲程度越大,表明收入分配越不平等,反之亦然。若任一人口累积百分比均等于其收入累积百分比,则收入分配是完全平等的,洛伦兹曲线成为通过原点的45度线。一般来说,一个国家的收入分配既不是完全不平等,也不是完全平等,而是介于两者之间,相应的洛伦兹曲线表现为凸向横轴的曲线。若将洛伦兹曲线与45度线间的部分称为不平等面积;当收入分配达到完全不平等时,45度线与横轴间的面积称为"完全不平等面积"。不平等面积与完全不平等面积之比,就是通常所说的基尼系数,它是衡量一国贫富差距的标准。

洛伦兹曲线也叫频率累积曲线,它是经济学中用来测度财富分配差异的工具,在此将它运用于分析中国旅游服务贸易发展的区域不平衡程度。将除港澳台以外的31个省市自治区分别作为一个同质化的相同等级、规模的区域,将各个区域旅游服务贸易外汇收入从低到高排列(原始数据参见附录2),然后根据洛伦兹曲线的制作方法分别做出1997年、2001年、2005年和2008年的旅游服务贸易发展不平等曲线(图3-5)。

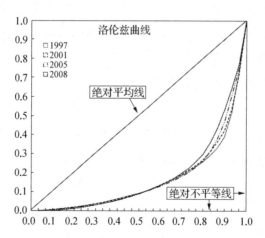

图3-5　主要年份中国旅游服务贸易发展的洛伦兹曲线变化情况
数据来源:相关年份的《中国旅游统计年鉴》,原始数据参见附录2。

从图3-5中主要年份的静态比较分析可以发现:1997年至2008年间,洛伦兹曲线经历了一个反复的过程,即趋向于不平等线,即2001年和2005年的洛伦兹曲线都较1997年更加偏向于省际不平等线,区域发展不平衡现象出现渐趋扩大的态势;而近些年,区域旅游服务贸易发展不平等、不均衡现象又有所缩小,重新向均衡化方向偏转。

(二) 基尼系数

洛伦兹曲线可以形象化地说明中国区域旅游服务贸易发展不均衡程度,若要以确切的数字来表示这种差异水平,最常用到的是基尼系数。基尼系数从洛伦兹曲线推导而来,用以测定洛伦兹曲线背离完全均等状况的程度。其计算过程如下。

假设:洛伦兹曲线和绝对平均线(即 45 度对角线)间的区域面积为 A,绝对不均等折线和绝对均等对角线围成的三角形面积为 S,则基尼系数 $G=A/S$。

其中极端情况是:

(1) 当省际完全均等发展时,$A=0,G=0$;

(2) 当省际完全不均衡发展时,$A=S,G=1$。

但现实情况是:

(1) 基尼系数的取值总是介于 0 和 1 之间,即 $0<G<1$;

(2) 基尼系数越大,说明收入分配越不平等;

(3) 基尼系数越小,表明收入分配越趋于均等。

一般:

(1) 基尼系数小于 0.2 时,表示收入分配绝对平均;

(2) 基尼系数介于 0.2—0.3 时,表示比较平均;

(3) 基尼系数介于 0.3—0.4 时,表示相对合理;

(4) 基尼系数介于 0.4—0.5 时,表示收入差距较大;

(5) 基尼系数大于 0.6 时,表示收入分配差距悬殊。

计算基尼系数的关键是要计算出 A 的面积,而 A 的面积可以通过定积分方法从洛伦兹曲线下的面积来间接求出,分别对相关年份的洛伦兹曲线拟合方程求出[0,1]间的定积分,计算结果如表 3-5 所示。

表3-5　主要年份中国旅游服务贸易发展的基尼系数

年份	1997	2001	2005	2008
Gini 系数	0.686	0.681	0.677	0.655

数据来源：根据相关年份的《中国旅游统计年鉴》计算处理，原始数据参见附录2。

表3-5中的结果说明，近些年我国区域旅游服务贸易发展分化现象确实得到了一定程度的缓解，但是从基尼系数的数值来看，依然达到了0.6以上，说明中国旅游服务贸易发展区域差异的改善并没有从根本上扭转区域发展不平衡局势。各区域旅游服务贸易发展的比较优势还没有得到挖掘，省际旅游服务贸易合作还没有发生质的变化，区域旅游服务贸易辐射与集聚效应有待于进一步发挥。从整体分析来看，中国旅游服务贸易可持续发展存在巨大潜力，竞争优势尚未真正形成。

三、区域收敛特征

许多经济问题的争议都围绕经济收敛问题而展开（Sachs & Warner，1995），其中一个重要的原因在于分析经济增长收敛性本身就可以反映两极化、不平等、不均衡等问题。以索罗（Robert Solow）为代表的新古典增长模型认为：在边际报酬递减、要素自由流动条件下，如果经济偏好与技术相同，那么人均收入或产出水平的增长率与其初始人均收入或产出水平呈负相关关系，贫穷国家或区域的增长要快于富裕国家或区域。实际上，这就是通常所说的经济增长中的 β 收敛和 σ 收敛。β 收敛指的是人均收入的增长率与其初始收入水平具有负相关关系，也就是贫穷国家或区域增长的经济要快于富裕国家或区域的经济增长，β 收敛又包括绝对 β 收敛和相对 β 收敛；而 σ 收敛则指的是不同国家或区域间实际人均收入水平差异程度的降低，σ 收敛和 β 收敛都属于绝对收敛的概念。Salai-Martin（1996）认为，σ 收敛主要研究收入分配如何随着时间的推延而变化，而 β 收敛是研究在相同情况下收入的流动性问题，β 收敛是 σ 收敛的必要条件。

收敛假说的研究在过去10多年间得到了较快发展，Barro & Salai-Martin（1996）研究发现，美国及欧洲等发达国家的确存在着趋同现象，而经济相对落后地区的增长速度比发达地区快。此后，Mankiw et al.（1992）、

Coulombe & Lee(1995)、Coulombe(2000)等人的研究结论也都支持了上述收敛性观点。最近几年,学者们开始大量研究中国区域经济的收敛性问题,但由于采用的方法不同,得到的结论也各不相同。Chen & Fleisher(1996)利用中国各省数据对地区人均产出的收敛性进行了分析,发现不同阶段的收敛性不同;林毅夫等(1998)认为,我国改革开放以来区域差异不仅存在,而且还有继续扩大的趋势;蔡昉和都阳(2000)的研究表明,中国改革开放以来地区间不存在普遍的趋同现象,却存在东部、中部和西部地区三个趋同俱乐部。而针对旅游业进行专门研究的文献并不多见,赵立民和魏敏(2007)较早研究中国农业生态旅游发展的收敛性问题,研究发现,东部和西部各省(市、区)农业生态旅游发展之间有收敛趋势,但是中部地区和三大地区间的农业生态旅游发展不存在收敛趋势;郭为和何媛媛(2008)针对旅游产业的旅行社和饭店两个要素的发展收敛性进行了分析,认为东、中、西三个区域表现各不相同。

本节在分析区域收敛性问题时,借鉴上述收敛问题研究方法,主要分析对象为中国省际旅游服务贸易发展增长速度的收敛性,分析基于两个层面的考虑,即全局层面和俱乐部层面(或分区域),主要采用绝对收敛统计量。

(一) 全局绝对收敛分析

描述数据差异的常见方法有离差、方差、标准差等,但这些统计量对数据的量级或者说量纲非常敏感,因而构建合理的无量纲指数对于准确度量区域间旅游服务贸易发展差异程度非常重要。如果仅将离差等统计量作为衡量区域经济发展差异的指标,可能会得出错误结论,因为旅游服务贸易规模是一个随着时间不断增长的过程,并且受到通货膨胀、汇率等因素的综合影响。因此,在此运用更加恰当的统计量来分析中国旅游服务贸易发展的区域差异情况,即变异系数。它是对标准差的修正,其公式为:

$$CV = \sigma / \mu$$

即变异系数(CV)等于标准差除以均值。变异系数可以直接测度 σ 收敛情况。1997 年以来,我国省际旅游服务贸易发展变异系数的变化趋势(图 3 -

6)显示,在近十几年的发展过程中,旅游服务贸易发展的省际分异现象得到了一定程度的缓解,各地在发展旅游服务贸易时能够较为主动地与周边地区进行合作,从而在很大程度上保障了区域旅游资源共享和旅游客源市场共享。

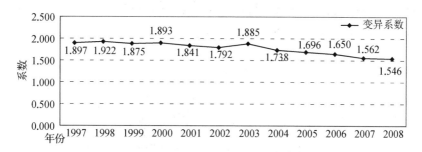

图3-6 1997—2008年我国省际旅游服务贸易发展分异系数变化情况
数据来源:相关年份的《中国旅游统计年鉴》,原始数据参见附录2。

(二)四大区域收敛情况

从整体分异系数来看,中国旅游服务贸易发展的省际不平衡现象有所缓解,在总体上呈现出一定程度的收敛性,但这种收敛过程比较缓慢。那么,是否存在着"俱乐部收敛"迹象呢?这里采用 β 收敛统计量进一步验证。Galor(1996)提出:"俱乐部收敛"是指初期经济发展水平相近的经济集团内部,在具有相似结构特征的前提下趋于收敛,即较为贫穷的国家集团和较发达国家集团各自内部存在着条件收敛,但是两个经济集团间没有显著的收敛迹象。Galor 将这种现象归结于微观层面上劳动要素禀赋的异质性。Deardorff(2001)以专业化和国际贸易为背景,阐述了"俱乐部收敛"的存在原因。由此可见,"俱乐部收敛"的确有其理论依据,即初期旅游服务贸易发展水平相近的经济集团内部增长速度和发展水平趋于收敛,而集团间的增长差异却没有明显缩小。近年来,中国经济发展的地区差异现象已引起学者们的关注。Jian, Sachs & Warner(1996)在对中国1953年至1993年间的经济发展进行分析后发现,1978年改革开放后,中国的地区经济增长出现明显的收敛现象,并认为这种收敛的出现与中国当时的农村改革有关,并且这种收敛在国际贸易和资本流动自由化程度相对较高的沿海地区更加明显。蔡昉、都阳(2000)研究表明,中国省际人均 GDP 增长趋同是有条件的,除地区因素外,需要考虑人力资本、投资率、贸易依存度等多方面因素;蔡昉、王德文、都阳(2001)认为,劳动力市场扭曲程度也是影响中国区域间经济增长条件收敛的因素。

此处将经济增长的收敛分析运用于分析中国旅游服务贸易发展的"俱乐部收敛"。采用的回归模型为:

$$\frac{\ln y_{i,t+T} - \ln y_{i,t}}{T} = \alpha + \beta \ln y_{i,t} + \varepsilon_{i,t}$$

其中 T 为样本期,如果在初始 t 时间的 β 系数为负,则说明存在 β 收敛,如果样本量足够大,通过上述回归方程可以更加准确地计算出 β 收敛的系数大小,即收敛速度。此处分析基于前文空间集聚的划分方法,即东、中、西、东北四个区域。由于区域内部样本量较小,所以只是考虑系数符号的正负情况。依然忽略价格等因素的影响,分别对东、中、西、东北四大区域内部的收敛情况进行分析,计算结果见表 3-6,可以发现,东部和中部两个区域的旅游服务贸易发展呈现出一定程度的收敛趋势,但是西部和东北两个地区没有明显的收敛迹象。

表 3-6　四大区域旅游服务贸易发展的敛散分析

	东部	中部	西部	东北
β 系数符号	－	－	＋	＋
是否收敛	是	是	否	否

注:计算的区间为 1997—2008 年的整个时间段,即 $T=12$。

东部、中部地区和西部、东北地区的收敛性表现出不同趋势,是否预示着旅游服务贸易的发展存在着一定的条件,即与本地区内部的资本、劳动力、技术等要素资源的自由流动程度有因果关系,或者说与区域内部旅游服务贸易发展壁垒有联系,又或者说与区域内部的旅游业合作进程有关系呢?这些问题将在下一章对旅游服务贸易发展的影响因素的分析中得到回答。

第三节　中国旅游服务贸易的国际分工地位及国际竞争力

国际分工萌芽于 15 世纪末至 16 世纪初期的地理大发现和 16—17 世纪西欧国家从个体手工业向工厂手工业过渡时期。18 世纪 60 年代至 19 世纪中叶期间的产业革命,使机器大工业取代了手工劳动,社会分工最终超出了国家界限,逐渐形成了以世界市场为纽带的国际分工体系。其实自 19 世纪 70 年代开始的第二次产业革命至第二次世界大战时期,真正意义的国际分工才得以实现。两次世界大战以后,国际分工形式发生了变化,主要特点是各国以自身比较优势参加国际合作,并逐渐形成了以产品为界限的国际分工。20 世纪 80 年代以来,深入发展的第三次科技革命更加改变了现有市场的边界和范围,市场规模和生产力都获得了前所未有的增长,随着经济全球化的深入,出现了新的国际分工形式——要素分工(张幼文,2005)。在这种新的分工形式下,对外贸易的许多问题都集中于“参与了什么层次的国际分工,以什么样的要素、什么层次的要素参与国际分工,对整个价值链的控制力有多少”(张二震,2005)。分工的地位与环节也在一定程度上决定了一国旅游服务贸易竞争力的大小。

一、我国旅游服务贸易的国际分工地位

(一) 总体分工地位提升,传统旅游产品仍占主导

国际贸易规模和出口产品的行业结构是判断一国国际分工地位的经典指标。以加入 WTO 为重要时间节点,中国的对外开放经历了三个不同的发展阶段:1978—1991 年尝试性开放阶段、1992—2001 年积极融入全球化的开放阶段和 2002—2008 年积极实践承诺适应国际规则的开放阶段。[①] 改革开放以来,中国的旅游服务贸易从过境消费单一的提供模式,逐渐转变为过境

---

① 金芳.国际分工的深化趋势及其对中国国际分工地位的影响.世界经济研究,2003(03):3.

消费、旅游商业存在等多种服务贸易模式并存发展局面。近些年来,跨境旅游服务贸易出口始终保持了中国第一大服务出口部门地位,而中国旅游服务贸易的国际分工地位也得到了显著提升。

从表3-7跨境旅游服务贸易进出口情况来看,中国无论是从旅游服务出口还是旅游服务进口,都进入了世界前五的位置,从规模上讲,中国已经迈入旅游服务贸易大国行列。从中国与美国旅游服务贸易的世界市场占有率来看,中美间的差距正在以一种较大的速率缩小(图3-7),中国旅游服务贸易的国际竞争力正在以不断增长的市场占有率显现出来。

表3-7　2007年跨境旅游服务贸易世界排名前15位的国家和地区

（单位:亿美元）

世界排名	国家和地区	出口额	国家和地区	进口额
1	美国	967	德国	829
2	西班牙	578	美国	762
3	法国	542	英国	723
4	意大利	427	法国	367
5	中国	419	中国	298
6	英国	376	意大利	273
7	德国	360	日本	265
8	澳大利亚	222	加拿大	248
9	奥地利	189	俄罗斯	223
10	土耳其	185	韩国	209
11	泰国	156	西班牙	197
12	希腊	155	荷兰	191
13	加拿大	155	比利时	169
14	马来西亚	140	中国香港	151
15	中国香港	138	挪威	147

数据来源:UNWTO World Tourism Barometer Volume 6,No. 2,June 2008 及中国服务贸易指南网。

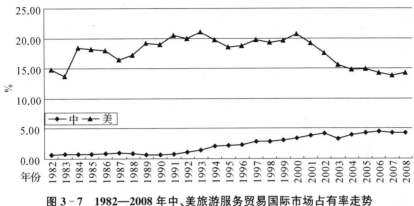

图 3 - 7 1982—2008 年中、美旅游服务贸易国际市场占有率走势

虽然旅游服务贸易总体规模已经迈入世界旅游大国之列,但在旅游产品结构方面依然以传统观光休闲类旅游产品占据主导地位。图 3 - 8 显示了自 2001 年以来,我国接待入境外国旅游者中观光休闲类旅游者人数构成比重的变化情况,观光休闲旅游产品一直是我国旅游服务出口的主要产品类型,而此类旅游服务贸易的要素基础主要以自然旅游资源和人文旅游资源等不可移动类资源禀赋为核心吸引物。可以发现,在旅游服务贸易出口产品的构成当中,观光休闲类传统旅游产品的份额呈现不断上升势头,此类旅游服务产品依然是当前或者未来很长一段时期内旅游服务贸易竞争力的主要优势所在。

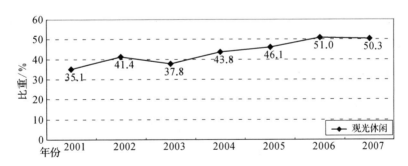

图 3 - 8 2001—2007 年入境游客中观光休闲类游客比重变化

(二)分工环节迈向中高端,比较优势显现动态化

全球分工的新趋势是国与国之间的生产联系不再是在产品最终生产完

成后才发生的,而是在产品的研究与开发、生产制造、市场销售和营运管理的各个阶段都会发生。价值链各环节的要素密集度而不是产品的平均要素密集度决定生产各环节的分工定位。因此,国际分工深入了同一产业、同一产品价值链上具有特定要素密集度需求的各个环节,形成了服务于全球生产网络的区域或全球加工基地、制造基地、研发基地、采购或营销基地,改变了早先所谓的发达国家集中于高资本、高技术密集产业,而发展中国家集中于劳动密集型产业的分工格局。这一趋势的潜在含义是特定国家可以向所有行业扩展其在特定要素密集环节中的优势。旅游服务产品是由多部门、多环节组合而成的。旅游服务提供者在旅游产品生产的每一个环节都可以对旅游产品生产进行价值增值活动,对于要素所有者来说,可以在旅游服务产品提供的某一个环节发挥比较优势并培育竞争优势。

根据经济学的相关理论,旅游业服务提供要素可以大致分为以下几类:第一类是旅游禀赋资源,往往具有不可移动性,消费者需要亲自前往进行旅游消费,因而往往可以形成境外消费模式的旅游服务贸易;第二类是旅游业的资本因素,也即商业存在旅游服务贸易模式,趋利的本质属性使得资本充裕的提供方总是在寻找利润最大化的投资对象,旅游投资规模往往可以反映一国商业存在形式的旅游服务贸易;第三类是劳动力要素,劳动力常指受到初等教育及以下的体力劳动者;第四类是全要素生产率,包括管理、知识、人力资本、产业结构等要素条件,此类要素一般既有历史继承的一面也有后天学习的一面,如具有较高教育水平的管理人员、技术人员、研究开发人员,受过高等教育的人力资源等,此类要素一般通过后天的学习与积累而得,流动性非常强,一般不具地域特色,拥有较大的自我发展和学习效应。

在要素分工环境中,每个国家的要素优势是不同的,这是国际分工的结果,也是国际分工的原因。每个国家都将依据其要素优势参与国际生产和国际分工。在所有要素中,劳动力在生产中起决定作用,表现在各个国家怎样参与国际分工,参与什么阶段的国际生产,与什么样的技术相结合,以及能获得什么样的生产资料要素投入。因为不同要素的国际间流动能力具有很大差异性。资本国际间流动能力最大,劳动和管理国际间流动能力次之,自然与人文旅游资源国际流动能力最差。通常,自然旅游资源具有不可移动性,这种流动性的差异将会导致不同的成本大小,也会影响旅游服务贸易的提供模式。例如,不可移动的旅游资源一般只能通过过境消费或旅游投资方式来解决,劳动的流动可以通过自然人移动方式来解决,管理既可以通过自然人移动方式也可以通过跨境交付方式提供,等等。

中国旅游服务贸易在世界旅游经济合作与分工中的环节可以从国际客源市场需求结构的变化中得到反映。从外国旅游者旅游目的来看(表3-8),除了SARS等因素的影响,观光休闲类传统旅游产品的比重占据了最大份额,并且比重仍然在上升,会议/商务等中高端旅游服务产品比重也出现了攀升。据此推断,中国旅游服务贸易的初级产品链正在逐渐形成,以旅游服务产品差异化为基础的竞争优势逐渐显露,由此引致的旅游服务产品内贸易条件初见端倪。在旅游产品中,以探亲访友为目的的旅游服务产品相对于其他形式的旅游产品市场化程度相对较低,因为其出游的决定因素并非价格,而较多受到诸如亲情、友情等非价格因素影响。此类旅游比重的下降间接反映了中国旅游服务贸易市场化程度的日益加深,而发挥比较优势的前提条件就是市场经济环境,因而可以说,中国旅游服务贸易的比较优势基础正逐渐迈向市场化进程,适用国际贸易相关理论的前提条件基本具备。

表3-8　2001—2007年我国入境游客旅游目的变化

年份	项目	总计	会议/商务	观光休闲	探亲访友	服务员工	其他
2001	人数/人	11 226 384	2 969 296	3 938 988	392 636	1 289 143	2 636 321
	占比/%	100	26.4	35.1	3.5	11.5	23.5
2002	人数/人	13 439 497	3 220 442	5 560 464	412 507	1 533 262	2 712 822
	占比/%	100	24.0	41.4	3.0	11.4	20.2
2003	人数/人	11 402 855	2 902 025	4 306 737	247 302	1 525 110	2 421 681
	占比/%	100	25.4	37.8	2.2	13.4	21.2
2004	人数/人	16 932 506	3 861 359	7 412 120	376 233	1 754 815	3 527 979
	占比/%	100	22.8	43.8	2.2	10.4	20.8
2005	人数/人	20 255 137	4 598 091	9 344 631	405 414	2 011 643	3 895 358
	占比/%	100	22.7	46.2	2.0	9.9	19.2

(续表)

年份	项目	总计	会议/商务	观光休闲	探亲访友	服务员工	其他
2006	人数/人	22 210 266	5 548 343	11 331 923	170 272	2 092 441	3 067 287
	占比/%	100	25.0	51.0	0.8	9.4	13.8
2007	人数/人	26 109 668	6 960 548	13 140 840	79 551	2 333 458	3 595 271
	占比/%	100	26.7	50.3	0.3	8.9	13.8

注:数据来源于相关年份的《中国旅游统计年鉴》。

表3-8中所呈现的比重变化也从动态角度揭示了作为主要旅游服务出口产品构成的多样化过程,旅游产品向中高端发展,说明旅游服务贸易比较优势基础正逐渐从自然、人文旅游资源禀赋向资本、人力资源、管理、技术等高级要素演进。因为商务/会议旅游产品的生产要素已经不再是不可移动的自然、人文旅游资源,而是以会展场所、高效管理、先进技术装备等为条件,揭示了旅游服务贸易的比较优势基础正在从初级要素向高级要素动态演进。

二、中国旅游服务贸易的国际竞争力分析

从理论分析的角度来看,波特的竞争优势理论范式是评价中国旅游业竞争力较为完整的框架。这个分析框架主要包括四方面内容,即一国旅游产业的国际竞争力主要是由要素条件、需求条件、支持性产业以及相关产业、企业战略、结构和竞争业态决定的。此外,政府行为和机遇也是竞争力的重要影响因素。波特曾将这些因素归纳成一个竞争力分析的"钻石模型",这一分析方法已经成为研究国际竞争力较为成熟的理论模型。

但是作为一个多产业部门共同合作的旅游服务产品,要素条件、需求条件等影响竞争优势的理论因素总是要表现在旅游业市场运行方面,即反映在市场运行的客观结果上。根据SCP研究范式,结构决定绩效,旅游服务贸易发展的内部结构往往决定了一国旅游服务贸易的世界地位及竞争力大小。对于衡量一国旅游服务贸易竞争力大小的方法有很多,一般中国旅游业的国际市场竞争力总体上可以从三个方面加以分析:第一,与旅游发达国家相比,中国在发展水平和竞争力上仍然存在相当差距,旅游业对国民经济和社会发展的贡献率还不够高,旅游企业的国际化经营仍处于较低水平;第二,与发展中国家相

比,中国在旅游经济产出总量、基础设施建设和对外开放等方面拥有明显优势,具有巨大发展潜力;第三,与其他服务行业相比,旅游业在国内市场一体化中具有明显优势,对外开放程度高,运营机制比较市场化,是服务贸易创汇的重要来源。国家之间贸易竞争力比较的常用测度方法有国际市场占有率、显示性比较优势指数、可比净出口指数以及贸易竞争力指数。而与国内其他服务行业的比较则可以从服务贸易结构以及旅游服务贸易开放度等指标进行分析。

(一) 旅游服务贸易部门竞争力优势显著

从创汇能力来看,旅游服务贸易部门一直是中国服务贸易部门中最重要的创汇来源(图 3 - 9)。根据相关统计数据,除 2003 年 SARS 疫情及 2008 年金融危机影响而出现下降外,旅游服务的顺差出现了稳定增长态势,旅游各年出口规模基本上呈现上升趋势。旅游作为传统服务贸易项目,仍然是中国服务贸易收支的主要来源。

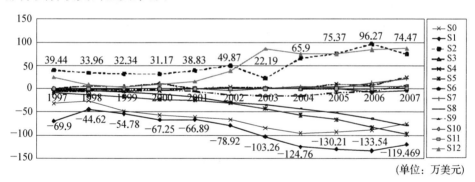

(单位: 万美元)

图 3 - 9　1997—2007 年我国服务贸易各部门的进出口差额

注:作者计算整理,"—"号表示逆差,原始数据来源于相关年份的中国国际统计年鉴。表中 S0 代表整个服务贸易(扣除政府服务);S1 运输;S2 旅游;S3 通信服务;S4 建筑服务;S5 保险服务;S6 金融服务;S7 计算机和信息服务;S8 专有权利使用费和特许费;S9 咨询;S10 广告、宣传;S11 电影、音像;S12 其他商业服务。我国自 1997 年开始采用《国际收支统计手册》(第五版)的表式对服务贸易进行分部门统计。

从进出口的结构来分析。20 世纪 80 年代以来,全球服务贸易结构不断优化,传统运输类服务贸易比重明显下降,旅游类服务贸易比重保持稳定,而其他商业类服务贸易比重持续上升。与全球服务贸易结构发展趋势相反,近年来由于货物贸易快速发展,中国运输服务贸易出口占比呈现逐步上升态势,旅游服务贸易出口比重略有下降,尤其是 2003 年 SARS 以后,中国旅游服务贸易受到较大冲击后出现小幅收缩态势(图3-10)。

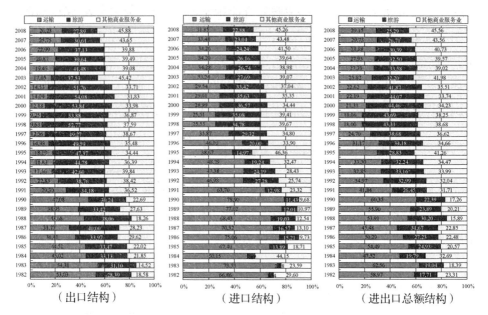

图3-10 1982—2008年中国服务贸易出口、进口以及进出口总额的结构

但我国服务贸易结构仍然是传统服务贸易类占主体地位。2008年,旅游、运输、其他商业服务、咨询、计算机和信息服务在服务贸易出口中分列前五位,1998年旅游服务出口占服务总出口的一半,这一比例一直延续至2002年。近些年,旅游服务贸易出口出现了不同程度的下降,但是旅游服务贸易出口仍然占据了服务贸易出口的最大份额,2007年旅游服务贸易出口比重依然达到30%以上(图3-11)。在服务贸易进口方面,前五位分别是运输、旅

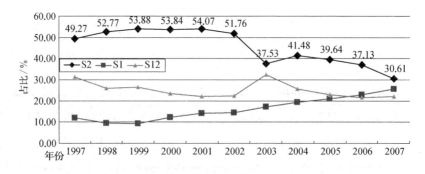

图3-11 1997—2007年中国服务贸易主要部门的出口结构
注:数据来源及代码含义同图3-10。

游、其他商业服务、保险服务、咨询。我国服务贸易进出口主要集中在旅游、
运输两类传统服务项目上,2006 年这两项之和占到近六成。运输、旅游等传
统行业的进出口继续增长。

从服务贸易各部门竞争力指数来分析。服务贸易竞争力指数(Trade
Competitive Power Index),即 TC 指数,也称为竞争优势指数、贸易专业化系
数,是对一国(地区)服务贸易国际竞争力分析时较常使用的测度指标之
一。它表示一国进出口贸易的差额占其进出口贸易总额的比重,常用于测定
一国某一产业的国际竞争力。TC 指数又称为比较优势指数(Comparative
Advantage Index,CAI)或可比净出口指数(Normalized Trade Balance,
NBT),是行业结构国际竞争力分析的一种有力工具,总体上能够反映出计算
对象的比较优势状况。该指标作为一个贸易总额的相对值,剔除了经济膨
胀、通货膨胀等宏观经济波动方面的影响,排除了因国家大小不同而导致的
国际间数据的不可比较性,因此,在不同时期、不同国家之间,比较优势指数
具有相当的可比性,它取值于[-1,1]之间。当比较优势指数接近 0 时,说明
比较优势接近平均水平,进出口交叉明显。当比较优势指数取值大于 0 时,
说明比较优势大,越接近 1 越大,行业竞争力也越强;反之,指数值越接近-1
表示竞争力越薄弱。如果 $CAI=-1$,意味着该国第 j 种商品只有进口;如果
$CAI=1$,意味着该国第 j 种商品只有出口。

其计算公式为:

$$CAI=(X_{ij}-M_{ij})/(X_{ij}+M_{ij})$$

其中,CAI 为比较优势指数,X_{ij} 为 i 国家第 j 种商品的出口,M_{ij} 为 i 国
家第 j 种商品的进口。

表 3-9 是我国服务贸易各部门竞争力指数的计算结果。从整体来看,服
务贸易部门的竞争力并不强,竞争力指数为负值,但是这种比较劣势的数值
从 1997 年以来一直在减小,因而可以说服务贸易的整体竞争力在提升。旅
游服务贸易部门的竞争力指数一直为正,说明旅游服务产品作为传统服务出
口项目,在服务贸易各部门中具有明显的比较优势,但也应看到,旅游服务贸
易部门比较优势的波动性仍然较大,基础依然较为薄弱,比较优势还没有真

正转化为竞争优势。

表 3－9　1997—2007 年中国服务贸易各部门的竞争力指数

年份	1997	1998	1999	2000	2001	2002	2003	2004	2005	2006	2007
S0	−0.13	−0.11	−0.18	−0.19	−0.19	−0.17	−0.18	−0.15	−0.13	−0.1	−0.06
S1	−2.37	−1.94	−2.26	−1.83	−1.44	−1.38	−1.31	−1.03	−0.84	−0.64	−0.38
S2	0.33	0.27	0.23	0.19	0.22	0.24	0.13	0.26	0.26	0.28	0.2
S3	−0.07	0.75	0.67	0.82	−0.2	0.14	0.33	−0.07	−0.24	−0.04	0.08
S4	−1.05	−0.88	−0.56	−0.65	−0.02	0.23	0.08	0.09	0.38	0.26	0.46
S5	−5	−3.57	−8.42	−21.93	−10.93	−14.53	−13.59	−15.08	−12.1	−15.11	−10.8
S6	−10.89	−5.06	−0.51	−0.25	0.22	−0.76	−0.53	−0.47	−0.1	−5.13	−1.42
S7	−1.77	−1.49	0.16	0.26	0.25	−0.78	0.06	0.23	0.12	0.41	0.49
S8	−8.91	−5.69	−9.62	−14.94	−16.6	−22.44	−32.17	−18.02	−32.81	−31.44	−22.91
S9	−0.35	−0.46	−0.87	−0.8	−0.69	−1.05	−0.83	−0.5	−0.16	−0.07	0.06
S10	−0.01	−0.26	0.01	0.09	0.07	−0.06	0.06	0.18	0.34	0.34	0.3
S11	−3.37	−1.54	−4.1	−2.31	−0.8	−2.24	−1.08	−3.29	−0.15	0.12	0.51
S12	0.32	0.12	0.05	0.14	0.21	0.44	0.57	0.47	0.44	0.43	0.32

注:数据来源于相关年份的《中国国际收支平衡表》,代码含义同图 3－9。

(二)国际旅游服务贸易市场竞争主体出现多元化趋势

美国一直是世界旅游服务贸易强国,其市场份额长期占据了世界最大比重。但在整个国际市场结构变化与调整中,以美国为首的发达国家比重正经历着一个下降过程,以中国为代表的新兴市场国家旅游服务贸易市场占有率正呈现上升势头,发达国家与发展中国家的"消—长"关系反映了国际旅游服务贸易市场正在经历一个多元化的过程(表 3－10)。

表 3－10　1999—2008 年部分国家旅游服务贸易的国际市场占有率

(％)

年份	世界	金砖四国(Brics)				发达经济体(G7)						
		中	俄	印度	巴西	美	法	意	德	英	加	日
1999	100.00	3.10	0.80	0.70	0.40	19.60	6.90	6.20	4.00	5.00	2.20	1.00
2000	100.00	3.40	0.70	0.70	0.40	20.70	6.50	5.80	3.90	4.60	2.30	0.90

年份	世界	金砖四国（Brics）				发达经济体（G7）						
		中	俄	印度	巴西	美	法	意	德	英	加	日
2001	100.00	3.80	0.80	0.70	0.40	19.20	6.50	5.60	3.90	4.10	2.30	1.00
2002	100.00	4.20	0.90	0.60	0.40	17.50	6.70	5.50	4.00	4.20	2.20	1.00
2003	100.00	3.30	0.80	0.80	0.50	15.60	6.80	5.80	4.30	4.20	2.00	0.90
2004	100.00	4.00	0.90	1.00	0.50	14.80	7.10	5.60	4.30	4.40	2.00	0.90
2005	100.00	4.30	0.90	1.10	0.60	14.90	6.40	5.20	4.30	4.50	2.00	1.00
2006	100.00	4.50	1.00	1.10	0.60	14.20	6.20	5.10	4.40	4.60	2.00	1.10
2007	100.00	4.30	1.10	1.20	0.60	13.80	6.30	4.90	4.20	4.50	1.80	1.10
2008	100.00	4.30	1.30	1.20	0.60	14.20	5.80	4.90	4.20	3.80	1.60	1.10

数据来源：根据 WTO 数据库计算所得。

产业国际竞争力大小最终表现在该产业产品在国际市场上的占有率。国际市场占有率即一国或地区特定产品或产业的出口总额占世界同类产品或产业出口总额的比值，可以反映一国或地区在特定产品或产业上的国际竞争力或竞争地位。该指标数值越高，该产品或产业的国际竞争力就越强。其计算公式为：

$$MS_{ij} = X_{ij} / \sum_i X_{ij}$$

其中，MS_{ij} 为 j 国 i 产品或产业的国际市场占有率指数，X_{ij} 为 j 国 i 产品或产业的出口总额，$\sum_i X_{ij}$ 为世界上 i 产品或产业的出口总额。MS 指数取值范围介于 0、1 之间，$MS=0$ 时表示 j 国 i 产品或产业没有出口，因而 j 国 i 产品或产业不具有竞争优势；反之若 $MS=1$，则表明世界市场所有出口商品 i 都是由 j 国出口的，其他国家的出口量都为 0，j 国 i 产品处于极强的优势状态。国际市场占有率指数是一种最为直观和简单的表达形式，可以用来分析一个地区某产业或产品的比较优势与国际竞争力。

从发达国家与发展中国家旅游服务贸易发展情况的比较来看，20 世纪90 年代末以来，发达经济体旅游服务贸易市场占有率出现了一个明显下降过程，而新兴国家经济体却经历了一个稳步增长过程。中、美作为世界上最大的发展中国家和最强的发达国家，对比两者之间的旅游服务贸易国际市场占有率,可以发现世界旅游服务贸易发展市场多元化趋势正逐年加强,但从绝对规模来看,以美国为首的发达国家经济体旅游服务贸易市场份额仍然占据最大份额。虽然中国等发展中国家旅游服务贸易发展势头良好,但从世界份额的绝对占有上来看并不容乐观。

(三) 产品结构具有"比较优势陷阱"特征,"旅游强国"任重道远

在分析一国某一产业比较优势或者国际竞争力时,单一指数评价模式往往不能全面反映产业国际竞争力的准确情况。如 TC 指数能够从总体上反映出计算对象的比较优势状况,也同时考虑了出口和进口两个方面,但对于揭示某产业的出口或者进口单方面比较优势或竞争力时却稍显不足。美国经济学家贝拉·巴拉萨(Bela Balassa)1965 年提出了显示性比较优势指数(Revealed Comparative Advantage Index),即 RCA 指数,主要用于测算部分国际贸易比较优势,该指数可以反映一国(地区)某一产业贸易的比较优势。它通过该产业在该国出口中所占的份额与世界贸易中该产业占世界贸易总额的份额之比来表示,剔除了国家总量波动和世界总量波动的影响,可以较好地反映一个国家某一产业的出口与世界平均出口水平比较的相对优势。

具体计算公式为:

$$RCA = (X_{ij}/Y_i)/(X_{wj}/Y_w)$$

其中 X_{ij} 表示 i 国 j 类产品出口额;Y_i 表示 i 国全部产品出口额,即包括商品出口额与服务贸易出口额;X_{wj} 表示世界 j 类产品出口额;Y_w 表示全世界产品出口额。该指数反映一国或地区某产业的出口与世界平均出口水平比较的相对优势。如果:

RCA 指数大于 2.5,则表明该国或地区该产业具有极强的国际竞争力;

RCA 指数介于 2.5—1.25 之间,则表明该国或地区该产业具有很强的国际竞争力;

RCA 指数介于 1.25—0.8 之间,则可以认为该国或地区该产业具有较强的国际竞争力;

RCA 指数小于 0.8,则表明该国该产业的国际竞争力较弱。

1989 年,贝拉·巴拉萨提出了一个改进的显示性比较优势指数,用一国某一产业出口在总出口中的比例与该国该产业进口在总进口中的比例之差来表示该产业的贸易竞争优势,该指数称为净出口显示性比较优势指数,又称为 NRCA 指数。NRCA 指数值大于 0 表示存在竞争优势,NRCA 指数值小于 0 表示存在竞争劣势,NRCA 指数值等于 0 表示贸易自我平衡。NRCA 指数剔除了产业内贸易或分工的影响,反映了进口和出口两个方面的影响,因此,可以用来判定产业国际竞争力,且要比其他指数更能真实反映进出口情况。该指数值越高,国际竞争力越强;该指数值越低,表明国际竞争力越弱。若考虑到贸易壁垒的影响,这种比较优势与真实的比较优势可能出现一定差距。

而从上节的分析可以发现,若将旅游服务贸易部门视为一个整体产业部门,而不细分具体旅游服务产品类型,则旅游产业内贸易水平会较高,因而也需要对旅游服务贸易产业内贸易水平进行测度。目前,国际通用的评价产业内贸易的指标是格鲁贝尔(H. G. Grubel)和劳埃德(P. J. Lloyd)于 1975 年给出的产业内贸易指数(intra-industry trade, IIT),即 G-L 指数,主要用于衡量贸易国在同一产业内相互进出口同类产品的程度即产业内贸易程度。其计算公式为:

$$G\text{-}L_i = 1 - |X_i - M_i| / (X_i + M_i)$$

其中,X_i、M_i 分别代表 i 产业的出口额和进口额,$|X_i - M_i|$ 为该产业的贸易差额。产业内贸易指数在 0—1 间变动,G-L 指数越接近 1,说明产业内贸易的程度越高,贸易的产品也更相似;G-L 指数越接近 0,说明产业间贸易程度越高,双方的贸易具有较强的互补性;若 G-L 指数大于 0.5,表示该产业的贸易模式中以产业内贸易为主;G-L 指数小于 0.5 则以产业间贸易为主。

旅游服务贸易全球化、自由化是世界经济发展的必然趋势。中国旅游服务贸易部门是最早对外开放的部门之一,但由于各国旅游服务产业发展水平与阶段不同,旅游服务贸易的开放和控制程度是不同的。国际货币基金组织(IMF)对一国服务贸易的开放度提供了计算公式:

$$TSO = (X_i + M_i) / GDP$$

其中,X_i、M_i 分别表示旅游服务贸易的出口总额和进口总额,GDP 为国内生产总值。

不同的开放程度对旅游服务贸易国际竞争力产生的不同影响可以通过竞争力评价指数从不同侧面反映出来。这里综合利用 TC 指数、RCA 指数、$NRCA$ 指数、$G\text{-}L$ 指数以及开放度 TSO 指标对主要发达国家和新兴国家旅游服务贸易部门竞争力状况做出一个综合的分析。

虽然旅游服务贸易部门在国内服务贸易所有部门中具有较强的竞争优势,但从国际比较来看(图 3 - 12、图 3 - 13),中国旅游服务贸易竞争力水平略高于金砖国家中的俄罗斯和巴西,大致与印度处于同一个水平,而与发达国家如美国、法国、意大利等相比差距依然巨大。2008 年,美国、法国和意大利三国旅游服务贸易出口的国际市场占有率合计 24.9%,占整个旅游出口市场的近四分之一(表 3 - 10)。

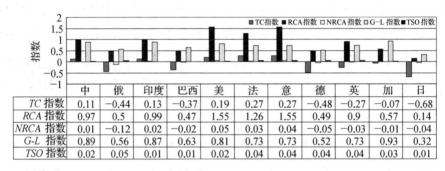

	中	俄	印度	巴西	美	法	意	德	英	加	日
TC 指数	0.11	−0.44	0.13	−0.37	0.19	0.27	0.27	−0.48	−0.27	−0.07	−0.68
RCA 指数	0.97	0.5	0.99	0.47	1.55	1.26	1.55	0.49	0.9	0.57	0.14
$NRCA$ 指数	0.01	−0.12	0.02	−0.02	0.05	0.03	0.04	−0.05	−0.03	−0.01	−0.04
$G\text{-}L$ 指数	0.89	0.56	0.87	0.63	0.81	0.73	0.73	0.52	0.73	0.93	0.32
TSO 指数	0.02	0.05	0.01	0.01	0.02	0.04	0.04	0.04	0.04	0.03	0.01

图 3 - 12　2000 年主要国家旅游服务贸易竞争力的相关指数

	中	俄	印度	巴西	美	法	意	德	英	加	日
TC 指数	0.06	−0.35	0.11	−0.31	0.23	0.13	0.2	−0.39	−0.31	−0.28	−0.44
RCA 指数	0.54	0.48	0.88	0.53	1.56	1.5	1.46	0.49	1.02	0.61	0.24
$NRCA$ 指数	0.00	−0.05	0.02	−0.02	0.04	0.02	0.03	−0.04	−0.04	−0.02	−0.02
$G\text{-}L$ 指数	0.94	0.65	0.89	0.69	0.77	0.87	0.8	0.61	0.69	0.72	0.56
TSO 指数	0.02	0.02	0.02	0.01	0.02	0.03	0.03	0.04	0.04	0.03	0.01

图 3 - 13　2008 年主要国家旅游服务贸易竞争力相关指数

从比较优势指数(TC 指数)来看,由于金融危机的影响,2008 年比 2000

年略有下降,但数值仍然远远高于中国的 *TC* 指数值;从显示性比较优势指数(*RCA* 指数)来看,美、法、意三国的 *RCA* 指数集中于 1.25—2.5 之间,说明具备很强的国际竞争力,而中国则略低于邻国印度,2008 年中国该指数下降幅度很大,与印度的差距甚至出现增大趋势;从产业内贸易指数(*G-L* 指数)来看,中国略高于印度,也高于英、法、意等发达国家,更加接近于 1,说明中国与伙伴国的旅游服务贸易互补性较差。进一步讲,即旅游服务产品的同质化倾向较为严重,旅游服务贸易的差异性较小,旅游服务产品相似度较高。

受国际贸易"比较优势"思维的影响,中国一直将旅游资源丰富、劳动力成本优势作为旅游业发展最大的"比较优势",相应地大力开发廉价旅游资源,并以中低端旅游产品如长途跋涉型观光旅游产品为主要出口产品,但此类旅游产品主要以劳动、资源等中低端旅游生产要素为比较优势,忽视了诸如良好的旅游管理、旅游服务质量、高科技旅游产业要素的培育,导致中国旅游出口商品结构具有"比较优势陷阱"的特征:出口过度集中于低技术含量、低端旅游生产要素产品,而优秀的旅游管理人才、高品质的旅游资源、专业技能训练有素的旅游服务人员等比较优势相对较弱。为此,旅游大国地位确立之后,迈向旅游强国之路还需要不断延展、深度挖掘旅游服务产品各个环节的比较优势源泉,并将比较优势转化为现实竞争优势,避免陷入"比较优势陷阱"。

第四章

中国旅游服务贸易发展的影响因素

　　第三章主要从时间、空间两个维度对中国旅游服务贸易发展结构问题做出了详细判断和分析,并对中国旅游服务贸易国际竞争力现状做出了对比与分析。而结构总是由不同组成要素间的互相作用和联系构成的,对中国旅游服务贸易竞争优势的追求终归要回到对其结构基本构成要件的考察与分析上。GATS定义旅游服务贸易有四种不同的提供模式,本书认为各种不同提供模式之间并不存在本质区别,其最基本的要素构件不会超越经济增长模型中的生产要素类别,如资本、劳动力、技术、管理等要素。与经济增长模型强调的要素不同,旅游服务贸易主要以过境消费方式为主,对资源类生产要素要求较高,这也是普通生产函数经常忽略的一个生产要素类别。由于提供的旅游产品生产要素构成比例不同造成了旅游服务贸易四种提供模式的差异,进而决定了一国旅游服务贸易发展的时空结构,也决定了一国旅游服务贸易国际分工地位和竞争力的大小。

第一节　旅游服务贸易发展影响因素的理论框架

　　商业存在是由资本的跨国流动,也即国际直接投资而形成的经营实体。国际贸易与国际直接投资是国际经济两种不同的分工方式,经典国际贸易理论的一个重要假设前提是国际间没有生产要素自由流动。根据要素均等化定理(H-O-S定理),基于产品分工的国际贸易活动将会导致贸易参与国生产要素价格的完全均等,商品贸易可以替代资本生产要素的国际流动,因而也就不需要有国际直接投资。之所以经典国际贸易理论(商品或货物贸易理论)并没有对国际直接投资解释的理论,是因为国际投资属于资本生产要素的跨国流动,与经典国际贸易理论的假设前提相悖。传统国际贸易理论与国际直接投资理论建立在完全不同的两个分析框架内,国际贸易与国际直接投资理论研究长期处于隔离状态。[①] 但随着 18 世纪以来资本跨国流动的日益增长,并与国际贸易活动同时存在并相互交叉,国际贸易理论与国际直接投资理论逐渐走向融合。尤其是国际分工的界线日益模糊,产品内部分工及生产要素分工已部分取代传统的产品间分工,产品及要素都被纳入跨国公司全球生产链,要素优势替代了传统国际贸易理论的产品优势。[②] 国际经济分工的许多现象都需要综合运用国际贸易与国际投资理论来解释。1994 年,GATS 框架明确将"商业存在"提供模式涵括在服务贸易概念范围内,因而对旅游服务贸易的理论解释必须在国际贸易理论与国际直接投资理论之间找到平衡和兼容点。

一、国际贸易相关理论与跨境旅游服务贸易

(一) 现代比较优势理论与旅游服务贸易

以 H-O 理论为基础形成的现代比较优势理论认为贸易的基础和源泉来源于要素禀赋差异。要素禀赋包括两个基本概念,即要素丰裕度和要素密集度。要素丰裕度是指一国拥有各种可用生产要素间的相对丰裕关系,有两种常见度量方法:一是各种要素存量实物量的比率;二是要素相对价格。在劳动(L)和资本(K)两要素前提假设下,一国要素丰裕度的实物形态就是该国可用的资本存量和劳动存量的比率(TK/TL),即人均资本存量;要素丰裕度的相对价格衡量方法就是考察两国封闭条件下劳动和资本的相对价格,即利率(r)和工资率(w)的比率(w/r)。要素丰裕度关键在于其相对性,主要体现在两个方面:首先,不能根据可用要素的绝对存量来判断一国的要素禀赋,而是两种可用要素存量的相对比率;其次,不能根据一

---

① 陈宪,谭智勇."商业存在"与"跨境贸易"在 GATS 下的融合.世界经济研究,2003(07):56-61.
② 张为付.国际直接投资(FDI)比较研究.北京:人民出版社,2008:27-28.

国不同可用要素存量间的相对比率来确定该国是资本相对丰富还是劳动相对丰富,要和贸易伙伴国进行对比才能够得到。要素密集度是指产品生产过程中不同投入要素间的比率。在劳动(L)和资本(K)两种要素假定下,要素密集度可用生产过程中使用的资本与劳动比($k_i = K_i/L_i$)来表示,也即用人均资本消耗量来衡量。这也是一个相对量,如果生产技术不变,即每种产品生产过程中所使用的资本/劳动比率固定不变,那么只要直接比较资本/劳动比率就可以区分是劳动密集型产品还是资本密集型产品,但产品生产过程中劳动和资本往往在一定程度上可以相互替代。[①]

绝对优势和比较优势理论坚持技术差距论,认为劳动是唯一的生产要素,这样,生产技术差异就具体化为劳动生产率差异,因而劳动生产率差异便成为国际贸易的一个重要原因。狭义要素禀赋论是指赫克歇尔和俄林的H-O理论,认为现实生产中投入的生产要素不仅包括劳动力,而且包括其他诸如资本等多种要素,而投入两种生产要素则是生产过程中最基本的条件。该理论突破了单纯从技术差异角度解释国际贸易的原因,认为成本差异来源于要素禀赋差异。上述三种理论通常称为传统比较优势理论,都以各国生产同一产品的价格或成本差别作为国际贸易的原因和动力,即从生产成本角度去分析国际贸易的原因和基础,因而其理论渊源没有根本性变化。

在H-O理论基础上扩展形成的现代比较优势理论则突破了传统比较优势理论诸多缺陷,在一般均衡框架中系统地表达了比较优势理论,改变了传统比较优势理论部分前提假设(见表4-1),从更加现实的角度分析国际贸易的原因和基础。现代比较优势理论对传统比较优势所做的扩展主要有:突破传统比较优势单从生产成本角度分析的局限,寻求从供给和需求因素两个方面、静态比较优势和动态比较优势两个维度来构建解释现实国际贸易原因的标准研究范式。

---

① 李辉文.现代比较优势理论研究.北京:中国人民大学出版社,2006:26-43.

表4-1　传统与现代比较优势理论的主要前提假设对比

传统比较优势理论		现代比较优势理论的扩展
技术差距论	要素禀赋理论	
两个国家,两种商品,一种劳动要素	两个国家,两种商品,资本和劳动两种要素,要素密集度不逆转	要素丰裕度和密集度可动态变化
生产技术的绝对或相对差异	生产技术相同	可以存在技术差距
规模报酬不变,机会成本不变	规模报酬不变,机会成本递增	规模报酬不变或递减,机会成本递增
要素国内流动,国际不流动	要素国内流动,国际不流动	要素国内流动,国际不流动
需求无差异,无运输成本等交易成本	需求无差异,无运输成本等交易成本	需求偏好存在差异,无运输成本等交易成本
完全竞争市场	完全竞争市场	完全竞争市场

注:作者整理。

　　前文指出,旅游服务贸易传统研究视角往往集中于从需求角度来预测国际旅游流量的大小,并将所有旅游目的地国家看作一个均质空间,旅游产品无差异,这种假设导致的结果是,过于关注旅游客源国市场变化,往往忽略目的地国自身比较优势的构建,很多国家和地区为迎合旅游市场需求而不顾成本盲目开发同质旅游产品,不仅会造成巨大的人力、财力、物力浪费,也会破坏当地旅游资源禀赋条件。从现代比较优势分析框架可知,国际旅游等方式的服务贸易产品与货物贸易品一样,需要从更加一般性分析框架来构建旅游服务贸易的基础。但是一个重要现实是,旅游服务贸易的四种提供模式中,过境消费方式的旅游服务贸易对旅游资源的依赖是非常强的,而旅游资源常常具有一定垄断性,并不完全是比较优势理论假设的完全竞争市场状态。因而对于旅游服务贸易影响因素的分析,必须从更加现实的不完全市场竞争去解释。胡颖、韩立岩(2008)研究了旅游产业内贸易的影响因素发现,旅游产业内贸易现象呈现出不断上升的趋势,而这种产业内贸易现象是比较优势理论产业间贸易角度无法解释的,因而也需要对现有贸易理论的来源进行扩展。

(二) 新贸易理论与旅游服务贸易

新贸易理论是以规模经济、差异产品和不完全竞争为基础的贸易理论，该理论认为不完全竞争是国际贸易的直接原因。新贸易理论的前提假设与现代比较优势理论及传统贸易理论的不同点主要在于三个方面：首先是不完全竞争代替完全竞争市场假定；其次是生产规模报酬递增代替规模报酬不变假定；最后是用产品差异性代替同质性假定。就理论前提假设条件而言，现代比较优势理论假设完全竞争、规模报酬不变或递减和机会成本递减、产品同质等内容，而新贸易理论则强调报酬递增、不完全竞争、产品差异化等假设，两者更多的是相互补充而不是替代关系。就理论所要解释的贸易现象来看，现代比较优势理论能够较好地解释因要素禀赋或者偏好等方面差异所引起的产业间贸易，这部分贸易一般发生于经济发展水平差距较大的国家之间，而新贸易理论则针对要素禀赋、偏好和技术水平等经济结构与发展水平较为接近国家间的产业内贸易进行解释。就理论渊源来讲，新贸易理论的主要思想实际上已经在现代比较优势理论中提出，新贸易理论只是放松了现代比较优势理论的三个假设条件，实质上是比较优势理论的动态化。[1] Grossman & Helpman(1989)也认为，这种源自规模经济的优势也是一种比较优势，与李嘉图先天获得的优势不同，它是一种后天获得的比较优势。新贸易理论并没有抛弃传统贸易理论的真知灼见。[2] 由此可见，新贸易理论与现代比较优势理论并没有本质上的冲突，可以相互补充地对现实贸易现象做出解释。

中华人民共和国成立至改革开放初期，中国旅游服务贸易主要以入境旅游为主，目的也较为明确，即更多地赚取外汇来购买必要的其他商品。因而这段时期的旅游服务贸易具有产业间贸易的特点。随着经济全球化和区域经济一体化的发展，中国及世界各国的贸易开放度大大提高，中国经济实力也大幅度提升，旅游需求日益旺盛，产业内旅游服务贸易现象随之逐渐普遍。

---

① 张伟,张梅蓉.后发优势——后发国家对外贸易的新解释.云南师范大学学报(哲学社会科学版),2003(1):24-28.

② 克鲁格曼.流行的国际主义(中译本).北京:中国人民大学出版社/北京大学出版社,2000.

因而对于旅游服务贸易现实的发展就必须以一种动态眼光来看待,必须从产业间贸易理论向产业内贸易理论扩展,必须从以自然、人文旅游资源禀赋为主的静态比较优势向以技术发展、管理质量提高等为主的动态比较优势方向转变,以一种创新姿态去解释、引导旅游服务贸易健康发展。

(三) 竞争优势理论与旅游服务贸易

竞争优势理论主要解释企业或行业国际竞争力的来源,竞争优势理论直接构成一种国际贸易理论,可以将比较优势与竞争优势两种理论的对比放在国际贸易理论总体框架下进行。[①] 比较优势理论与竞争优势理论的区别与联系一直是国内外经济学家研究的热点。[②] 虽然波特(2002)指出竞争优势与比较优势是相互对立的范畴,并将取代比较优势理论,但是很多学者并不认同这样的观点。熊贤良(1991)认为,比较优势揭示了一国在现存资源和供求力量作用下的最优贸易状态,而这种最优状态及贸易利益的最终实现要看拥有比较优势的产品是否具有竞争优势,比较优势必须要转化为竞争优势才能实现贸易利益。[③] 洪银兴(1997)认为,以比较优势为基础的国际分工格局中,国际贸易的主要目的是互通有无,而现代国际竞争必须在已有的比较优势上致力于创造国际竞争优势。[④] 符正平(1999)认为,比较优势的内涵是不断发展的,古典经济学时期的比较优势以比较成本为基础,强调劳动价值论;新古典经济学时期的比较优势重点在于机会成本,强调市场交换关系而非劳动价值论的生产关系,这一传统一直延续至今;当代经济学阶段则强调比较优势的内生性与动态性。比较优势与竞争优势是互补的。[⑤] 比较优势强调一般均衡框架下的价格机制,而竞争优势则强调一般非均衡框架下的非价格机制,强调钻石模型各要素间的整体配合。谢娟(2001)强调出口竞争力的形成必须

①　林毅夫,李永军.比较优势、竞争优势与发展中国家的经济发展.管理世界,2003(07):21－155.
②　王世军.综合比较优势与实证研究.北京:中国社会科学出版社,2007:58.
③　熊贤良.比较优势与竞争优势的分离和结合.国际贸易问题,1991(06):10－15.
④　洪银兴.从比较优势到竞争优势——兼论国际贸易的比较利益理论的缺陷.经济研究,1997(06):20－26.
⑤　符正平.比较优势与竞争优势的比较分析——兼论新竞争经济学及其启示.国际贸易问题,1999(08):1－5.

将比较优势转化为竞争优势。① 林毅夫(2003)认为,比较优势与竞争优势并不对立,比较优势理论和竞争优势理论都肯定生产要素在企业和产业竞争力形成过程中的作用,良性的同业竞争以及相关产业发展必须遵循经济活动比较优势原则。②

根据竞争优势理论钻石模型,旅游服务贸易竞争力取决于以下四个基本因素:

(1)生产要素条件。它既包括一国的自然旅游资源等天然禀赋资源,也包括一国后天创造的人文旅游资源,竞争优势将前者界定为初级要素,而将后者称为高级要素,而且更加强调后者的竞争优势,这就要求一国在进行旅游产品开发时必须在尊重初级要素比较优势的前提下更加注重旅游吸引物的创新。

(2)需求条件。在波特的钻石模型中,需求条件主要指本国的需求结构与规模,但讨论旅游服务贸易必然涉及贸易对象国的需求市场,因而此处的需求条件与波特提出的不同,主要强调国外旅游客源市场的需求影响因素。

(3)相关旅游支持产业,包括上游供给产业及其他相关产业的国际竞争优势情况。这些产业可以根据旅游卫星账户的特征产业和相关产业来界定,如食、住、行、游、购、娱等行业,批发零售业,等等。

(4)旅游企业战略、结构与竞争程度,包括旅游企业的形成与组织管理方式、竞争激烈程度、创新与企业家才能等。

四方面因素相互作用、良性搭配共同构成一个动态竞争优势的形成机制。此外,在四大要素之外还存在两大变数,即政府与机会。机会是无法控制的,政府政策的影响也是不可忽视的。这两个变数将在下文构建的旅游服务贸易的折衷分析框架中给予适当归类。

二、国际直接投资理论与商业存在旅游服务贸易

在国际直接投资理论正式诞生之前,经济学家们一般运用国际间接投资

---

① 谢娟.比较优势与竞争优势的对比研究.国际经贸探索,2001(04):2-83.
② 林毅夫,李永军.比较优势、竞争优势与发展中国家的经济发展.管理世界,2003(07):25-26.

理论和国际贸易理论解释国际直接投资实践,但国际间接投资、国际贸易各有其运行规律和机制,因而难以对前者做出科学解释。[①] 经济学理论对国际直接投资的正式研究始于 20 世纪 60 年代,代表理论有垄断优势论、生命周期理论与小岛清理论、市部化理论以及国际生产折衷理论。[②] 现代国际直接投资理论的重大转折改变了传统国际间接投资理论、国际贸易理论中市场完全竞争假定,取而代之以市场不完全竞争假设。主流国际直接投资理论大致沿着两条主线发展:第一条主线以产业组织理论为基础,研究跨国公司对外直接投资的决定因素和条件,将对外直接投资视为企业发展到一定阶段和具有某种垄断优势时的必然选择,以垄断优势论、内部化理论为代表;第二条主线以国际贸易理论为基础,强调一国资源禀赋的差异也是国际直接投资的决定因素,以产品周期理论、小岛清的边际产业扩张论为代表。到了 20 世纪 70 年代后期,不同流派的国际直接投资理论出现了互相融合趋势,以邓宁的国际生产折衷理论为代表。折衷论认为国际直接投资由垄断优势、内部优势和区位优势等三组变量共同决定,三组变量的不同组合决定了跨国公司在出口贸易、直接投资与许可证贸易间的选择。邓宁综合吸收了其他理论观点,比较系统地解释了国际直接投资的决定因素。

随着对国际贸易和国际直接投资现象认识的不断深化,人们逐渐发现国际贸易和国际直接投资实际上是同一企业面临的不同选择,这些选择包括出口贸易、直接投资与许可证贸易。一些学者试图在国际贸易理论与国际直接投资理论之间寻找一种综合分析框架,虽然目前还没有形成一个广泛接受的理论体系,但这种探索代表了理论发展的方向。[③]

在 1994 年签订的《服务贸易总协定》中,商业存在被正式纳入服务贸易统计范围,旅游服务贸易也将包括由商业存在提供的旅游服务内容,而旅游商业存在作为国际直接投资的一种,自然也必须在国际直接投资理论框架下进行解释。但是旅游服务贸易还包括其他三种提供模式,因而也在客观上要求建立涵盖国际贸易相关理论和国际直接投资理论的折衷框架来综合分析

① 李东阳.国际投资学教程.2 版.大连:东北财经大学出版社,2003:72 - 73.
② 欧阳桃花,江达明.国际直接投资理论的演变与发展.中南财经大学学报,1996(01):45 - 50.
③ 吴先明.国际贸易理论与国际直接投资理论的融合发展趋势.国际贸易问题,1999(07):1 - 6.

四种提供模式的决定因素。

三、影响旅游服务贸易发展的"四元优势"折衷框架

为什么在很多"新"贸易理论产生的情况下比较优势理论仍然流行,依然占据贸易理论的主导地位? 为什么不同贸易理论能够同时并存? 贸易理论的各种实证检验都证明了不同的贸易理论都有其存在的合理内核。"我们很难期望仅仅通过一种理论来解释所有的贸易现象。"[①]引而申之,可以运用多种理论来解释同一类贸易现象。这就为构建旅游服务贸易折衷理论框架寻找到了一个原则性依据。根据 GATS 的界定,旅游服务贸易包括四种模式,其中跨境交付、过境消费和自然人移动三种模式的旅游服务贸易称为跨境旅游服务贸易,适用于贸易相关理论解释;商业存在形式的旅游服务贸易是传统商品贸易理论所无法解释的,必须运用国际直接投资理论来进行解释。

对里昂惕夫之谜的解释,开辟了国际贸易理论研究的崭新道路,国际贸易理论在不断与现实接近的过程中开始突破新古典贸易理论的前提假设,国际贸易理论与国际直接投资理论的假设前提趋于统一。[②] 国际直接投资与比较优势理论融合的表现:一是弗农产品周期理论中"成熟"阶段和"标准化"阶段中的国际直接投资的产生;[③]二是表现在小岛清比较优势理论中国际直接投资流向的决定因素。[④] 只要国家间生产要素和经济资源不能完全流动,一国就可以通过充分利用比较优势获取竞争优势来发展经济。[⑤] 竞争优势中"产品差异化战略"构成了新贸易理论的内容。[⑥] 对于国际直接投资与竞争优势的关系,波特于1990年3月在《幸福》杂志上发表《为什么一些国家获胜》一文指出:一个国家要想在全球竞争中战胜对手,国内需要有激烈竞争,国内竞争可以促进企业的国际直接投资,从而提高企业国际竞争力。[⑦] 因而对于旅

---

① 林毅夫,李永军.比较优势、竞争优势与发展中国家的经济发展.管理世界,2003(07):25.
② 吴先明.国际贸易理论与国际直接投资理论的融合发展趋势.国际贸易问题,1999(07):1-6.
③ 吴先明.国际贸易理论与国际直接投资理论的融合发展趋势.国际贸易问题,1999(07):1-6.
④ 黄河.论国际贸易理论与国际直接投资理论在比较优势下的融合.国际经贸探索,2002(02):11-14.
⑤ 霍建国.运用比较优势获取竞争优势——借鉴国家竞争优势理论调整我国外贸发展思路.国际贸易,2003(10):14-16.
⑥ 林毅夫,李永军.比较优势、竞争优势与发展中国家的经济发展.管理世界,2003(07):25.
⑦ 欧阳桃花,江达明.国际直接投资理论的演变与发展.中南财经大学学报,1996(01):45-50.

游服务贸易影响因素的分析可以在波特的竞争优势理论、邓宁的国际生产综合理论、现代比较优势理论以及新贸易理论基础上进行综合。

从生产要素的条件来讲,传统比较优势理论认为应按照低成本战略进行国际交易,照此观点,我国目前拥有丰富的劳动力资源优势,中国贸易的竞争优势应以劳动密集型产品为主。比较优势理论指导下的国际贸易适用于经济差距较大的发达国家与发展中国家的经济交往,但往往会使发展中国家陷入"比较优势陷阱",这可以从第三章中国旅游服务贸易的特征事实中看出。由于发达国家与发展中国家要素禀赋和劳动生产率差异较大,两者的产业间贸易理应占据世界贸易主导地位,但 20 世纪 60 年代以来的国际贸易现实出现了两个新趋势:一是发达国家间贸易成为国际贸易的主要部分,二是产业内贸易比例上升很快。这些现象难以通过传统比较优势理论得到解释,因此,比较优势也出现了两个方面的扩展。一是动态化,表现之一是要素范围的扩展,由先天形成的比较优势向后天创造的比较优势扩展,即比较优势的源泉不仅是以自然资源、劳动力等先天要素为基础,波特将之称为初级要素,而且也包括技术、知识等可以后天创造的要素禀赋,波特将之称为高级要素。动态化的表现之二是以产品生命周期论为代表的比较优势在不同阶段的调整过程。二是产业间向产业内扩展,以不完全竞争为基础的新贸易理论及竞争优势理论为产业内贸易现象做出了很好的解释,补充了比较优势理论指导的产业间贸易理论,使生产要素方面的解释形成了较为完整的理论体系。因而生产要素方面将包括来自比较优势、竞争优势、新贸易理论等方面的指标,具体包括资源、劳动力、资本、技术等方面。前两者是先天性比较优势的基础或源泉,在竞争优势理论中属于初级要素;后两者是后天形成的比较优势基础或源泉,在竞争理论中属于高级要素。这样,旅游服务贸易要素方面的影响因素将包括旅游资源、劳动力、资本、技术等内容。

比较优势理论往往侧重于要素供给因素,而将"需求偏好相同"作为既定前提。但该假设条件在现实中难以满足,尤其是国际经济环境正逐渐由"卖方市场"向"买方市场"转变,"需求"开始成为一个独立变量进入经济学家的视野。[①]

---

① 阳中良.需求贸易理论与我国的绿色贸易战略.现代经济探讨,2006(09):68-72.

关注国际贸易需求方面的理论代表主要有相互需求理论、需求偏好相似理论、新贸易理论、国际生产折衷理论、国家竞争优势理论，等等。相互需求理论由约翰·穆勒提出，是李嘉图比较优势理论重要的说明与补充。相互需求理论是指由供求关系决定商品价值的理论，约翰·穆勒认为，国内贸易和国际贸易都是商品交易，一方出售商品时也就变成了购买对方商品的手段，也即一方的供给也就构成了对对方商品的需求，因而供给与需求就是相互需求。约翰·穆勒的相互需求理论突破了李嘉图等人以劳动价值论为基础的贸易理论，开始从交换价值的角度研究贸易发生的原因，认为贸易条件的变化不仅来自供给方面，也受到来自需求方面的影响。[①] 在此基础上，阿弗里德·马歇尔运用几何方法对约翰·穆勒的相互需求原理做出了进一步说明与分析，并提出了著名的提供曲线来说明贸易条件的决定与变动。[②] 相互需求理论开创了从需求角度研究国际贸易的先河，但真正从需求角度探讨国际贸易产生原因的是林德的代表性需求理论。[③] 对于生产成本差异的解释，以 H-O 为代表的理论认为，生产成本差异源自要素禀赋差异，需求重叠理论则认为生产成本差异来自要素的需求差异，而对要素需求的差异是对最终产品的需求差异导致的，对最终产品的需求差异又是因为各国消费偏好不同、收入水平不同、文化差异等因素导致的。林德的理论综合考虑了本国和外国的需求。竞争优势理论虽然考虑到需求条件方面的因素，但这种需求条件主要来自国内需求方面。

本书主要讨论旅游服务贸易，对竞争优势理论的需求方面做出一些调整，即综合考虑国内和国外两种需求指标。在分析中国区域旅游服务贸易发展问题时，假定所有区域面对的旅游服务贸易对象是一个整体，即共同的客源市场，国际旅游客源或投资在中国区域内进行分布时将会考虑到各地的经济发展状况或旅游市场氛围，因此，国外需求间接转化为国内需求。对于国内需求主要考虑国内旅游出游率，因为可以将国内旅游作为国际旅游市场的先行指标来考虑，国内需求不仅能使本国经济形成一定规模，也能促进国内

---

① 王永昆.相互需求论(一)——西方国际贸易理论介评第三讲.国际贸易,1987(03):53-55.
② 王永昆.相互需求论(二)——西方国际贸易理论介评第四讲.国际贸易,1987(04):55-57.
③ 阳中良.需求贸易理论与我国的绿色贸易战略.现代经济探讨,2006(09):68-72.

旅游企业在各个方面持续改进[①]；在将中国作为一个总体区域进行分析时，假定国内市场需求均质统一，跨境旅游服务贸易的国内需求将统一于国外需求指标，这些指标来自旅游服务贸易对象国，可综合采用林德模型内的指标以及竞争优势理论相关指标，如国外的收入水平、消费偏好、经济发展水平等，但内向旅游投资所考虑的需求因素没有变化。

　　对于产业及企业的讨论将放在一个体系内考量，因为竞争优势理论的主要讨论对象是企业或行业竞争优势问题，属于产业组织理论体系范畴，而比较优势理论主要讨论整体产业状况。本书采取一个折衷办法，将竞争优势企业和产业两个方面的内容融合成产业优势，并认为竞争优势是对比较优势向企业层面的一个深化和扩展。旅游产业方面的指标体系将包括竞争优势理论所述的相关及支持产业，公司战略、组织以及竞争等层次的内容。其中相关及支持产业将涉及产业集聚度指标，产业集聚度来源于波特竞争优势理论相关支持产业方面的内容，包括上游供给产业和其他相关产业。竞争优势理论非常强调产业集群对于企业和产业创造竞争优势的重要性，并指出产业集群的出现必须遵循比较优势原则，在违背比较优势的经济发展战略下，具有良好发展前景的产业集群很难出现；相关及支持产业还包括与旅游业相关联的其他产业的贸易发展对旅游服务贸易的带动效应，例如，货物贸易发展带来的旅游人员流动以及相关服务贸易所带来的旅游人员流动等。

　　企业层面主要涉及市场集中度指标，市场集中度来源于竞争优势理论的同业竞争。波特认为，只有在该行业符合比较优势原则时，同业间良性的市场竞争才能够实现。[②] 主流国际直接投资理论中垄断优势和内部化优势也都是针对企业层面的讨论，垄断优势表现为企业独占某些无形资产的优势和规模经济所产生的优势，从而形成垄断性的市场结构。而旅游服务贸易的提供主体为企业或相关产业，即使是自然人移动方式的旅游服务贸易也依赖于一定的企业，所以主要考虑市场集中度和产业集聚度两个关键性指

　　[①]　霍建国.运用比较优势获取竞争优势——借鉴国家竞争优势理论调整我国外贸发展思路.国际贸易,2003(10):14-16.

　　[②]　林毅夫,李永军.比较优势、竞争优势与发展中国家的经济发展.管理世界,2003(07):21-155.

标,但考虑到旅游统计数据的限制,暂不考虑市场集中度指标。新贸易理论则强调规模经济也可以使产业获得比较成本优势,因而产业基础方面的内容也将包括规模经济因素,这也是国际直接投资理论中垄断优势的重要来源。但一般认为,市场结构变量中市场集中度是规模经济、行业壁垒(进入、退出壁垒)、市场容量的函数,它们是正相关关系。因而旅游服务贸易的产业基础将重点考虑以下三个指标:产业集聚度、产业发展阶段、相关贸易部门发展。

竞争优势理论中的政府和机会等方面将统一放在交易效率框架内进行讨论。波特认为,政府的角色是特殊要素的创新,强化产品、安全与环境标准,以及限制垄断、鼓励竞争等,因而可以归入交易效率范畴。目前有关交易成本的定义往往是描述性或概括性的,并没有转变为可操作的标准,此外,生产成本、交易成本和管理成本混合在一起,很难对交易成本进行单独估计,而交易效率概念可以在一定程度上缓解直接衡量交易成本的困难。[①] 交易效率由新兴古典经济学家杨小凯于 1988 年提出,是指完成一笔交易所需要的时间或单位时间内完成交易的次数,经济体中交易效率的变化可由基础设施变化(如交通条件和通信设施的改善等)和制度性变化(如更加有效的产权保护制度的实施等)引起。[②] 赵红军(2005)认为,交易效率由三个方面组成:一是政府及政府治理或相关的制度、法规措施;二是通信科技、电子商务等;三是教育水平、文化程度、识字率等。[③]

此外,根据交易成本概念,运输成本也是构成交易成本的重要内容,运输成本在国内表现为交通基础设施方面的建设,在国际上则表现为两国运输距离远近或运输成本大小。因而,对旅游服务贸易交易效率的影响因素将主要考虑以下五个方面内容,即运输成本或以运输距离代替、基础设施水平(以基础设施水平指数来衡量)、政策环境(以贸易开放度来衡量)、电子商务水平(指网络化水平)及教育文化水平(加权平均计算)。需要说明的是,在分析中

---

① 刘向丽.国际贸易的交易成本研究.北京:经济科学出版社,2009:85.

② [澳]杨小凯,黄有光.专业化与经济组织——一种新兴古典微观经济学框架.北京:经济科学出版社,1999:35.

③ 赵红军.交易效率:衡量一国交易成本的新视角——来自中国数据的检验.上海经济研究,2005(11):3-14.

国区域旅游服务贸易交易效率时,假定各区域间也面临同样的需求市场,旅游客源或投资在中国区域内分流或布局时的交通运输成本主要取决于各区域交通基础设施水平,即国内交通运输成本;在将中国作为一个总体区域进行分析时,交通运输成本将不仅取决于国内总体交通基础设施水平,同时也会涉及国际交通运输成本问题,表现为中国与旅游服务贸易伙伴间相对距离的远近。

根据国际生产折衷理论,企业可以根据三优势论的具体情况选择国际生产方式:如果企业只拥有所有权优势,则只能选择对外技术转让形式参与国际经济竞争;如果企业同时拥有所有权优势和内部化优势,则最好选择对外贸易方式参与国际经济竞争;如果企业同时拥有所有权优势、内部化优势和区位优势等三种优势,则对外国际直接投资方式是参与国际经济活动的最佳方式。[①] 而所有权优势与前文所述生产要素条件属于同一范畴,内部化优势可以认为属于竞争优势理论中产业或企业层面的内容,区位优势则与交易效率相对应,同时考虑需求条件,便可以构建旅游服务贸易的折衷分析框架(图4-1)。

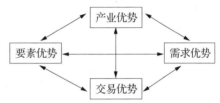

图 4-1　旅游服务贸易"四元优势"折衷框架

折衷框架主要包括四个方面内容(表4-2):要素优势,主要指生产要素方面的禀赋条件,既包括初级要素也包括高级要素;产业优势,主要指产业链或企业层面的条件,产业方面的因素有相关贸易部门的发展带动效应、产业集群效应等;需求优势,主要来自旅游服务贸易交易对象的需求因素,重点强调贸易对象国的需求条件,如收入水平、消费偏好等,本书将国内旅游的发展作为旅游服务贸易的先行指标来加以重点考虑;交易优势,主要来自国内影响交易成本的因素,如基础设施水平、政策环境、运输成本(双方的距离远近)、教育文化水平、电子商务水平等。

表4-2 旅游服务贸易"四元优势"框架及指标体系

"四元优势"	主要决定因素
要素优势	资源
	劳动
	资本
	技术
产业优势	产业发展阶段
	产业集群情况
	相关贸易部门发展
交易优势	交通运输成本(分国内、国际)
	基础设施水平(旅行社、饭店)
	政策环境
	电子商务水平
	教育文化水平
需求优势	收入水平(分国内、国际)
	消费偏好(分国内、国际)
	旅游市场(分国内、国际)

资料来源:作者编制。

对于国际贸易现象,古典贸易理论、新古典贸易理论、新贸易理论以及新兴古典贸易理论都强调比较优势对于一国贸易的基础作用,这些基础作用可以来自传统贸易理论的技术差异,可以来自新古典贸易理论的要素禀赋差异,也可以来自新贸易理论的规模经济及不完全竞争。但是这些理论都是在一般均衡经济学分析框架内进行的,主要考虑因价格差异导致的贸易现象。竞争优势理论和国际直接投资理论则突破了这一分析框架,尤其是波特的竞争优势理论认为除了价格因素外,非价格因素诸如各种政策搭配关系等等也可以成为国际贸易的原因。因此,对于国际贸易的分析必须从一般均衡分析框架下的价格因素向非价格因素扩展,才能更加清晰地理解国际贸易的发生。对于旅游服务贸易来讲,涉及自然人移动、商业存在等以要素流动为基础的贸易方式,而各国对于要素流动的限制非常复杂,服务贸易壁垒森严,已经使得以价格差异为基础的贸易行为发生了严重扭曲。而对过境消费方式的旅游服务贸易来讲,很难用价格差异来解释旅游者花费巨大的交通成本前往遥远国家旅游的现象。因而对旅游服务贸易现象的解释必须在更加开放的分析框架内考虑。可以说,旅游服务贸易分析的折衷分析框架是一般均衡分析框架与非一般均衡分析框架的综合;是对价格因素和非价格因素的折衷考虑;是国际贸易相关理论与国际直接投资理论的折衷;也是比较优势理论与竞争优势理论的折衷。

第二节　中国旅游服务贸易发展的影响因素及测度指标

　　折衷框架不仅考虑了生产与需求两个方面因素,而且也分析了中观层次产业结构方面的影响因素以及影响供给与需求匹配的交易效率因素。折衷分析框架的具体内容及相应指标实际上涵盖了与市场有关的价值链层次、产品层次、企业层次、产业层次和国家经济层面的主要决定因素,覆盖了影响旅游服务贸易发展的大部分变量。本节将对四种旅游服务贸易模式分别详述。

　　虽然大量文献研究表明比较优势法则可以适用于服务贸易,但理论界在研究服务贸易的比较优势时依然借鉴货物贸易的比较优势指数与研究方法来进行判断。而 GATS 认为服务贸易拥有跨境支付、境外消费、商业存在、自然人移动四种提供模式,服务贸易或旅游服务贸易的模式要比只通过跨境交付提供模式的货物贸易复杂得多。因此,必须注意以下几点:第一,旅游服务贸易存在四种提供模式,每种提供模式都会存在进出口交易,因而每种模式会有相应的比较优势,不能仅凭一种模式的比较优势来得出片面的结论;第二,旅游服务贸易四种提供模式之间可能存在着替代或互补(蒙英华、黄建忠,2008),因此,当某种提供模式的比较优势发生变化时,其他几种提供模式的比较优势也将发生变化,而这无法通过传统的国际贸易比较优势研究方法进行判断;第三,BOP 口径统计的旅游服务贸易数据涉及跨境贸易,属于居民与非居民间的交易,商业存在模式的旅游服务贸易发生于同一国境内的居民与非居民之间,此类交易不涉及跨境交易,需要专门的账户进行统计,传统的国际贸易比较优势指数并不涉及此类数据的分析与计算。为了全面、真实地反映旅游服务贸易的比较优势情况,本节首先对"四元优势"框架进行分解,对其测度指标及计算方法做出分析,进而尝试从旅游服务贸易提供模式的角度对服务贸易比较优势的影响因素进行分析。

一、"四元优势"框架及测度指标体系

"四元优势"综合框架包括要素优势、需求优势、产业优势和交易优势四个方面。"四元优势"是对传统国际贸易理论及现代国际贸易理论的综合,是一般均衡分析框架向非均衡分析框架的拓展。它既考虑了供给层面的因素,也考虑了来自需求方面的因素,将微观企业、产业层面和宏观政策环境层面的因素进行了综合,将价格因素和非价格因素进行了综合。"四元优势"框架仍然认为资源的禀赋差异是绝对的、普遍的、长期的,资源空间分布的不均衡导致了各区域的生产方式和产业结构的较大差异。[①] 旅游资源差异是旅游分工的前提和基础,也是区域旅游比较优势形成的基础,但现实中要素的区际流动削弱了资源禀赋差异导致的比较优势,资本、技术等非自然资源在生产和贸易中的作用越来越大,已经成为现代区域分工的基础性要素。总体来讲,旅游服务贸易的原因和分工基础在"四元优势"框架下拥有更加广泛的优势基础,较为全面地概括了旅游服务贸易的影响因素。

本书采用标准化计分评价法计算各个省份相应指标的相对优势大小及排序。设某个评价指标为 x_i,其标准分数为 z_i,则 $Z_i = (x_i - \bar{x}_i)/\sigma_i$,其中,$\bar{x}_i$ 为第 i 个指标的平均值;σ_i 为第 i 个指标的标准差。标准化计分评价特点是:标准分数消除了指标的计量单位,依据指标值和指标分布而定;标准分数一般在 -5 至 5 之间连续变化,既将各指标值压缩到同一数量级,又对指标值变化的反应极为灵敏,弥补了综合评分法的缺陷;标准分具有"广义位次"的意义。但标准分有正有负,因而常常做出如下的变换:

$$s_i = 50 \pm 10z_i$$

这样 $s_i \in [0,100]$,全部为非负数。在此基础上,如果知道 x_i 指标的权

---

① 孙翠兰.区域经济学教程.北京:北京大学出版社,2008:186.

数 w_i,则综合评价分数为:

$$S = \sum_{i}^{m} w_i s_i$$

(一) 要素优势及其测度指标

要素优势主要源自旅游资源、劳动、资本和技术等四个方面优势。资源一直是旅游业发展的主要依赖要素,很多经济落后地区依靠丰富的旅游资源发展旅游业并获得了第一桶金,但资源依赖型旅游发展的经济带动效应非常有限,[①]必须从更广阔的要素基础上去寻找旅游业的可持续发展支撑。Sharpley & Telfer(2002)指出,旅游发展及其政策的研究缺乏理论支撑,往往就旅游论旅游,导致旅游发展方向与社会发展目标相偏离,因而必须跳出就旅游论旅游。《服务贸易总协定》从更加广泛的意义上定义了旅游服务贸易的内涵,为旅游概念的延伸和扩展提供了可借鉴的研究框架。从旅游服务贸易的四种提供模式中可以发现,旅游发展所依赖的要素不仅仅是传统意义上的旅游资源禀赋优势,而是基于资源、劳动、资本和技术等多种要素优势基础上的综合优势体系,这样便为单纯旅游资源依赖型旅游业发展模式找到了可借鉴之路。

1. 资源禀赋优势的测度指标

受旅游时间和最大信息收集量原则影响,国际旅游者在进行旅游空间决策时往往倾向于选择拥有较高级别旅游资源的地方作为旅游目的地。这种特征在国内旅游者的出游特点中也有表现,国内旅游者往往流向中心城市、国家级风景名胜区或历史文化名城等拥有高等级景区的地方,而对级别较低的旅游景点兴趣不大。王凯(1999)选取了国家级风景名胜区、国家级自然保护区、国家级森林公园、国家历史文化名城、全国重点文物保护单位等五项占主导地位的旅游资源,在此基础上计算出各地区旅游资源的绝对丰度、相对丰度、总丰度、组合指数及整体优势度等几项指标,最后对各地区旅游资源赋存的基本状况做一个大致的描述。黄成林(2001)选取中国具有国际或国内

---

① 徐红罡.资源型旅游地增长极限的理论模型.中国人口·资源与环境,2006(5):35-40.

统一入选标准和可比性的三类六种主要旅游资源作为比较对象,分别是:综合旅游资源,主要包括世界遗产地和国家重点风景名胜区两种;人文旅游资源,主要包括国家历史文化名城和全国重点文物保护单位两种;自然旅游资源,主要包括国家级自然保护区和国家森林公园两种,增加了世界遗产一项。由于分析的对象是旅游服务贸易,本书着重考虑世界遗产地、国家4A级以上风景名胜区旅游资源。由于不同种类、不同级别旅游资源所具备的旅游吸引力不同,因此,采用赋分法计算各地区旅游资源禀赋条件得分,具体计算公式为 $S_{ij} = \sum_j X_{ij} W_{ij}$,其中,$S_{ij}$ 为旅游资源禀赋得分;X_{ij} 表示第 i 个地区第 j 种类型旅游资源的数量;W_{ij} 表示第 i 个地区第 j 种类型旅游资源的权重赋值,每种旅游资源类型的赋分值如表 4 - 3 所示。

表 4 - 3　不同类型旅游资源的权重赋分值

旅游资源类型	权重赋值(W_{ij})
世界遗产地	9
历史文化名城	7
优秀旅游城市	5
5A 级景区(点)	3
4A 级景区(点)	1

基于各地旅游资源的总体分值(S_{ij}),可以计算出各个省市旅游资源禀赋标准得分(s_{R_i})及各个省市旅游资源综合优势系数。

2. 劳动禀赋优势的测度指标

劳动禀赋优势一直是中国参与国际分工的重要比较优势源泉之一。它不仅表现在旅游业的发展过程中,也表现在其他参与国际分工的环节中。发展劳动密集型为主的产业是中国近期发展阶段的现实选择。劳动禀赋优势与劳动力的规模、数量、人员结构、工资水平、人员素质等等都密切相关。在相当一段时期内的中国要素资源禀赋结构中,资本稀缺和劳动资源相对丰裕的现实仍然将客观存在,按市场供给和需求决定的资本价格会相对较高,而劳动力价格应该相对便宜,在一个较充分的竞争市场中,要素的相对价格已能够比较准确地反映要素的相对稀缺性。因此,本书主要采用旅游从业人员数量、旅游从业人员平均工资两个指标来衡量旅游业劳动力禀赋优势情况。

3. 资本禀赋优势的测度指标

资本优势是旅游产业比较优势的重要来源之一，旅游资源深层次开发需要强大的资本作为后盾，尤其对中、西部地区的旅游开发就更需要大量资本作为支撑，资本市场将成为中、西部地区旅游资源开发乃至中国旅游业进一步发展的支撑。对于资本要素禀赋优势，一般可以用资本使用成本（即贷款利率）、总资本占平均国内生产总值的比重来测度。这里采用旅游固定资产存量来衡量旅游资本原始禀赋状况。

4. 技术禀赋优势的测度指标

技术禀赋优势采用劳动生产率指标，因为劳动生产率反映产业的生产技术和经营管理水平。

（二）产业优势及其测度指标

产业优势主要表现在产业发展的阶段特征、结构特征两个方面。经济学家克拉克（J. B. Clark）指出，随着经济不断发展，人均国内生产总值的提高，劳动力在一、二、三产业中的比重表现为由第一产业向第二产业，再由第二产业向第三产业转移的趋势，即配第-克拉克定理。库茨涅兹则通过对世界各类产业占国民收入比重的变化进一步证明了配第-克拉克定理。当国际贸易发展现实逐渐由产业间贸易向产业内贸易、产品内贸易逐渐深入的时候，产业经济学的内容便成为贸易理论中的重要组成部分。保罗·克鲁格曼提出了相似条件下的地域分工理论，认为国家或地区间由于分工形成的贸易，特别是要素禀赋相似国家或地区间形成的同类产品贸易，是这些国家或地区根据规模收益递增原理发展专业化的结果。一旦特定产品的专业化生产格局或者产业集聚形成以后，这种格局将通过贸易不断积累并发展，具有较强的"路径依赖"。[①] 此外，旅游是个黏合剂，人员流动不仅会促进彼此贸易和经济的发展，更能增进相互了解和理解，扩大更大范围的合作；相反，贸易与经济的发展也会为旅游合作与发展提供良好的外部环境或带来直接的人

---

① 马中东.分工视角下的产业集群形成与演化研究.北京：人民出版社，2008：60.

员流动。因此,具体可用产业发展阶段性结构指标、产业集群指标和相关贸易指标三个指标来测度旅游发展的产业优势度。

1. 产业结构发展阶段优势的测度指标

以第三产业占整体产出的比重来衡量地区产业发展的阶段和结构特征。一般来讲,第三产业比重越大,地区经济发展阶段越高。

2. 产业集聚优势的测度指标

产业集聚(Cluster)用产业集聚度来测量,最基本测度产业集聚程度的指标是区位商指标。区位商指标是以现有统计数据为基础而计算出各区域不同产业的相对份额指标,据以反映各地区不同产业的市场竞争力,达到识别地区比较优势的目的。区位商越高,说明该地区产业集聚程度也相对较高。

3. 相关贸易部门优势的测度指标

相关贸易部门优势指标选取货物贸易额来测度,因为贸易所带来的人员流动往往是国际旅游发展的重要影响因素。此处的货物贸易额区分为总体货物贸易额和外资企业货物贸易额两个指标。

(三) 交易优势及其测度指标

交易优势主要包括四个方面内容,分别是基础设施、政府治理(政策环境)、电子商务水平和教育文化水平。交易优势是从交易过程角度分析参与主体的综合比较优势,对具体产业交易优势研究的文献不多。本书对交易优势的内涵主要集中于交易成本或交易费用高低来评价旅游服务贸易参与主体的交易优势。根据新制度经济学关于交易成本的解释,影响交易成本的因素主要包括以上四个方面内容。本书在分析影响旅游服务贸易交易成本因素时也选取以上四个指标,并认为这几个代表性指标将会直接影响旅游服务交易成本的大小和交易效率的高低。

1. 旅游交通基础设施优势的测度指标

基础设施是保证国家或地区社会经济活动正常运行的公共服务系统,不仅包括公路、铁路、机场、通讯、水电煤气等公共设施,即通常所称的基础建设(physical infrastructure),同时也包括教育、科技、医疗卫生、体育、文化等社会事业,即社会性基础设施(social infrastructure)。此处所讨论的基础设施是指前者,主要是指公路、铁路、机场等公共设施,因为可进入性对于旅游业发展至关重要。这样,基础设施(infrastructure)优势系数的计算内容将包括民航、铁路、等级公路及水运四个指标。由于不同类型交通设施对于旅游服务贸易的重要性不同,因此,采用赋分法计算各地区交通基础设施条件得分,具体计算公式为 $I_{ij} = \sum_j X_{ij} W_{ij}$,其中 I_{ij} 为交通基础设施得分。本书采用不同类型交通部门的职工人数来反映各地区相应交通部门的优势,即 X_{ij} 表示第 i 个地区第 j 种类型交通部门的职工人数,W_{ij} 表示第 i 个地区第 j 种类型交通部门的权重赋值,每种交通设施类型的赋分值如表 4-4 所示。基于各地交通设施的总体分值(I_{ij}),计算出各个省市交通设施的标准得分(s_{R_i})及各个省市的交通设施的综合优势系数。

表 4-4　不同类型交通基础设施的权重赋值表

旅游资源类型	权重赋值(W_{ij})
民航	7
铁路	5
公路	3
水运	1

2. 旅行社接待设施优势的测度指标

旅行社是负责招徕接待国际旅游者的传统部门,其中国际旅行社和国内旅行社为国际旅游者所提供的服务也有所区别。虽然旅游服务贸易的发展已经突破了通过旅行社才能成行的传统,但是旅行社在旅游服务贸易中的地位仍十分重要。由于不同类型旅行社对旅游服务贸易的重要性不同,此处也采用赋分法计算各地区旅行社接待设施条件,具体计算公式为 $T_{ij} = \sum_j X_{ij} W_{ij}$,其中 T_{ij} 为旅行社接待设施得分。本书采用不同类型旅行社的数量来反映各地区相应的接待优势,即 X_{ij} 表示第 i 个地区第 j 种类型旅行社数量,W_{ij} 表示第 i 个地区第 j 种类型旅行社的权重赋值,每种旅行社类型的赋分值如表 4-5 所示。基于各地旅行社的总体分值(T_{ij}),计算出各个省市旅行社接待设施标准得分(s_{R_i})及各个省市的旅行社接待的综合优势系数。

表4-5 不同类型旅行社设施的权重赋值表

旅游资源类型	权重赋值(W_{ij})
国际旅行社	3
国内旅行社	1

3.酒店接待设施的测度指标

由于不同类型的酒店对于入境旅游消费者的重要性不同,也采用赋分法计算各地区酒店接待设施条件,具体计算公式为 $H_{ij} = \sum_j X_{ij} W_{ij}$,其中 H_{ij} 为酒店接待设施得分。本书采用不同星级酒店数量来反映各地区相应酒店接待设施优势,即 X_{ij} 表示第 i 个地区第 j 种类型酒店数量,W_{ij} 表示第 i 个地区第 j 种类型酒店的权重赋值,每种星级酒店类型的赋分值如表4-6所示。基于各地酒店的总体分值(H_{ij}),可以据此计算出各个省市酒店接待设施的标准得分(s_{R_i})及各个省市的酒店接待的综合优势系数。

表4-6 不同星级酒店接待设施的权重赋值表

旅游资源类型	权重赋值(W_{ij})
五星级酒店	7
四星级酒店	5
三星级酒店	3
二星级酒店	1
一星级酒店	1

4.旅游政策环境优势的测度指标

政府环境优势采用旅游总收入占当地国民生产总值的比重来评价。本书认为,如果一地区对旅游业发展给予政策倾斜则会在旅游业发展业绩中得到反映。

5.旅游电子商务优势的测度指标

旅游电子商务指标选取各地区电信业务量表示,可以大致反映一个地区网络化水平以及电子商务发展水平。

6.旅游教育水平优势的测度指标

教育水平的提高可以降低交易过程中的成本,从而提高交易效率。教育降低交易成本、提高交易效率的机制首先在于它提高了人们学习各种与旅游生产、交易活动有关的知识和技能,其次也使个人能够更加有效地参与旅游经济活动过程。Schultz(1961)早就指出了教育上的投资将会使生产效率提高,也会使交易效率提高,从而提高国民收入。本书将教育水平指标设定为各地区旅游院校学生接受教育的总年限,分别将不同级别教育类型的学习年限乘以相应在校生人数并相加得到旅游教育水平优势的基础数据,然后根据上文的比较优势计算公式得到优势系数。

(四) 旅游需求优势及其测度指标

对旅游需求进行分析时,贸易理论及竞争优势理论往往偏重于讨论贸易对象国的需求因素。本书主要讨论中国旅游服务贸易的发展问题,将国内旅游作为国际旅游市场的先行指标来考虑,侧重于国内需求指标。

1. 收入水平优势的测度指标

以人均 GDP 来表示,包括国内和国外收入水平。以中国作为整体研究对象时,贸易东道国和对象国的收入水平都将进行重点考虑。而在对中国各省际地区进行分析时,由于国内各区域所面对的贸易对象国市场可以看作同质的,因而不做重点分析,只考虑国内各区域的收入水平。

2. 需求偏好优势的测度指标

由于旅游消费的数据有限,因而分析旅游需求偏好时,以城镇居民的文化娱乐消费支出比重来替代。

3. 国内旅游先发优势的测度指标

对于旅游市场而言,一般国内旅游市场流量波动的时候也能够反映出国外需求的波动,因此,以国内旅游出游率作为国际旅游服务贸易的先行指标。

二、不同模式旅游服务贸易影响因素的经济分析

(一) 跨境交付旅游服务贸易发展的影响因素

跨境提供,又称为跨境交付,简称模式 1。这种旅游服务贸易提供模式

并不涉及旅游服务供求双方地理空间移动。旅游服务消费提供方可以在本国境内通过邮政、广播电视、卫星通信、因特网等现代通信传媒为旅游服务消费者提供旅游服务,不涉及人员、资金等生产要素流动。跨境提供通常的形式主要有远程旅游咨询与管理培训、网络旅游目的地信息查询、预订、支付和结算、网络旅游营销、网络旅游客户关系管理、虚拟旅游服务,等等。

从贸易活动的角度来看,跨境交付方式的旅游服务可以在多个环节实现,可以大致从两个不同的层次加以分析,较低层次如旅游电子商务信息查询服务、旅游预订服务等,较高层次则可以利用网络等手段提供旅游服务贸易活动的全过程,即实现网络化信息流、资金流和部分物流的调动,从寻找旅游客源市场开始,直到完成支付、结算、售后服务等旅游服务全过程。虽然可以通过电话或者传真方式提供简单的旅游服务,但这里讨论的跨境提供模式主要是以旅游电子数据交换(EDI)方式和互联网网络方式为旅游服务贸易基本的现代技术手段。

一般而言,当服务生产更加依赖于技术或设备时,服务供需双方面对面接触的必要性将逐渐减少,跨境提供模式的旅游服务形式克服了不可分离性和非标准化特征,远距离的出口就成为合乎需求的国际市场进入方式。

对于旅游服务企业而言,通过跨境交付方式出口的好处主要表现在:第一,可以为旅游消费者提供标准化的服务供给,保证旅游服务内容及标准一致性;第二,跨境提供所依赖的网络技术传播手段可以使旅游服务提供主体获得较低的成本优势;第三,网络技术方便了旅游服务供给方与中间商的联系通道,也使旅游服务提供者与消费者实现了直接互动,消费者可以选择个性化的旅游服务产品定制服务;第四,跨境提供需要强大网络数据技术的开发投入,而单体旅游服务提供者无法承担这样巨额的费用,因此,诞生了一批旅游服务产品不同环节的旅游服务外包业务,延伸了旅游服务产品价值链。

由于旅游服务一般具有生产消费同时性、旅游服务不可分离性等特点,因而仅从销售环节获益的出口形式并不是旅游服务贸易的主要方式,其过程往往伴随着过境消费、商业存在等方式。

从要素基础来讲,电子商务技术和国际外包活动等新型商务实践的发展大大促进了跨境提供服务贸易的发展。① 旅游服务提供主体可能拥有较为核心的管理和技术,对旅游资源的要求并不严格,主要基于旅游目的地资源信息、咨询、预订等售前售后服务进行,旅游服务提供主体需要先期的巨额投入成本。相对而言,关注此种模式的消费者对旅游服务提供方的信誉及品牌知名度非常关注,要求也比较高。对于跨境提供模式的旅游服务贸易主体,一般是联结生产商和消费者的平台,其市场占有率和品牌知名度一旦确立,将会产生规模经济效应和范围经济效应。

就以运输和传递费用与成本为基础的交易效率而言,跨境提供是最便捷和最经济的一种服务提供模式。一方面,服务的消费者和提供者不必承担像其他三种服务提供模式下一方或双方必须流动才能提供或接受服务所产生的费用或成本,如在境外消费模式下消费者流动到服务提供者的提供国,在商业存在模式下服务提供者以设立新商业实体形式流动到东道国,在自然人移动模式下服务提供者以自然人身份流动到东道国提供服务。另一方面,由于提供者和消费者都不必流动,跨境提供实际上为消费者和提供者节省了大量时间和资源,而收益并不一定会逊色于其他的服务提供模式。因而此种方式的旅游服务传递费用会维持在一个较低水平。

随着电信技术的发展,远距离交易变得越来越普遍,因为他们向顾客提供了方便和高效的服务传递。例如,个人电脑和网络使得企业可以将他们的服务定制化,同时也降低了顾客与服务人员面对面交流的次数。而交易成本往往与交易次数或者频率成正比。交易次数减少意味着交易成本降低。以跨境交付旅游服务贸易中的旅游电子商务中间商为例。在旅游服务中间代理商没有出现时,旅游服务消费者需要与旅游服务生产者一对一进行交易,若有 n 个旅游服务提供者和 n 个旅游消费者的话,最多交易次数可达到 $n \times n$ 次。随着旅游服务中间商的出现,中间商对旅游服务生产商进行整合,多个生产商与一个中间商相联系,而中间商则对应多个旅游消费者,这样,交易次数将减少至 $n+n$ 次(图 4-2 左);而以旅游电子商务为基础的跨境提供模式则进一步对中间商进行整合,交易次数将进一步减少,并且旅游消费者可以在网络上

---

① 郭根龙,冯宗宪.过境交付服务贸易的发展及其影响.国际贸易问题,2006(02):59-63.

进行垂直搜索并比较旅游服务提供商的多种信息,搜寻效率和搜索成本大大降低(图4-2右)。

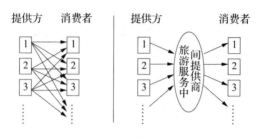

图4-2 旅游服务中间商在减少交易次数(降低交易成本)上的作用
注:根据科特勒(1996)编制。

跨境提供的基础是网络经济,梅特卡夫(Metcalfe)法则认为"网络的价值等于网络节点数的平方",也就是说,网络价值以用户数量平方的速度增长。梅特卡夫法则表述了一种网络外部性效应,描述了某项技术或产品随着使用者增多而不断增值的特性。它在理论上揭示了随着成本投入、用户数量不断增加,收益将呈二次方增长。与传统物质商品相比,旅游服务产品作为一种信息服务产品,可以低成本复制和传播,而信息所包含的价值并不因为大量复制与传播而降低,共享的人越多则网络效应就越大。与边际成本递减相对,收益二次方增长效应与边际成本递减效应共同造就了跨境提供模式旅游服务贸易的规模报酬递增性。而跨境提供企业主体一旦因某种初始条件优势积累起更多资源、经验和能力,则其在此后竞争过程中将会由于此前所积累的资源和能力而易于获取更多资源和机会,这就是网络经济马太效应法则。[①] 马太效应也说明了网络经济对于企业的技术外部经济效应,其低成本复制与传播也决定了该模式市场垄断力量不如其他三种提供模式对市场的控制。

(二)过境消费旅游服务贸易发展的影响因素

过境消费,简称模式2。根据GATS的规定,即"在一成员领土向任何其他成员的服务消费者提供服务"。由境外消费提供模式的定义可知,这种旅

---

① 巫宁,杨路明.旅游电子商务理论与实务.北京:中国旅游出版社,2003:9.

游服务贸易提供模式并不涉及旅游服务提供者地理空间位置移动,而旅游服务消费者则需要跨境移动。

过境消费方式旅游服务贸易的关键在于旅游提供者不可移动,旅游服务不可运输,若要招徕并吸引大量的消费者前来消费,必须拥有核心旅游吸引物。旅游资源是发展入境旅游的客观基础,从全国总体范围来分析,入境旅游发展的决定因素主要是省区经济发展水平、对外开放度、交通等基础设施水平。[①] 这就需要在旅游资源建设上保持强劲竞争力,势必要先进行一系列基础设施建设、资源开发、人员培训、广告投入等多项耗费成本的努力。只有拥有良好的目的地资源品牌、较高的服务质量信誉、规范化的管理,旅游服务消费者才有可能跨境移动前来体验服务。

就运输成本而言,对服务提供者来说,旅游服务不能被运输,旅游服务消费者必须移动才能实现旅游服务交易。因而,对于提供者而言,此种服务提供模式的运输成本始终为零,或处于非常低的水平。

从交易成本来看,境外消费服务提供方往往采用现场宣传、促销方式,相对于跨境提供,交易成本略高。若旅游消费者数量在合理的管理容量之内,此种服务提供模式所耗费的管理成本等交易成本将随旅游者数量的增加而呈现递减态势,对于服务提供者来说,所付出的管理成本几乎不变或者缓慢递减。因为境外消费模式是四种旅游服务贸易提供模式中唯一一种无法排除本国旅游消费者的方式,即使没有境外旅游消费者前往消费,旅游服务提供者依然要花费几乎同样的成本以满足本国消费者的需求。因此,最初的边际交易成本为向下微倾的曲线,但是随着旅游消费者数量不断增加,其规模超过接待容量时,旅游服务提供者将由于人手缺乏、管理负荷加重等原因出现明显的交易成本递增现象。此外,旅游消费者对当地社区的负面影响都将使得交易成本线表现为向上倾斜的曲线,总体来看,过境消费方式旅游服务贸易提供者交易成本曲线呈"U"形。

境外消费方式提供的旅游服务产品不可移动,旅游服务提供者无须跨越国境而仅在国内提供服务,对国内的环境和政策非常熟悉,处于主动地位,开

---

① 赵东喜.中国省际入境旅游发展影响因素研究——基于分省面板数据分析.旅游学刊,2008(1):41-45.

展服务贸易的风险很小。若所提供的旅游品牌较好、服务质量较高、知名度较大,则会产生巨大的正面宣传效应,往往会对旅游服务消费者产生很大的跨境消费吸引力,从而带来较高的收益。但过境消费毕竟是人与人的交往,其服务提供多数是"一对一"的形式,属于劳动密集型服务产品,因而其边际收益曲线在接待容量之内将呈现明显的规模报酬递增现象,但如果超过了接待可容纳的规模,则服务质量也将难以保障,总收益水平将随着边际成本的递增而出现递减。

(三)商业存在旅游服务贸易发展的影响因素

商业存在,简称模式 3。根据 GATS 的规定,即"一成员的服务提供者通过在任何其他成员领土内的商业存在提供服务"。这种旅游服务贸易提供模式涉及旅游服务提供方的地理空间移动。对于商业存在形式的服务贸易,发达国家与发展中国家学者的观点并不相同。按照 GATS 的观点,国际服务贸易应包括由服务业商业存在,即服务业 FDI 企业所完成的贸易。这显然与货物贸易是不同的,服务业 FDI 在 GATS 框架下是服务贸易的一种重要方式,促进服务业投资自由化是理所当然的。结果显然有利于发达国家,因为发达国家服务业的发达程度以及资本实力显然不是一般发展中国家所能匹敌的,其推行全球范围内的服务贸易自由化和服务投资自由化显然符合 GATS 的规定。而发展中国家很多学者则认为,服务贸易与对外投资有明显不同,对外投资是生产要素的跨国流动,而服务贸易主要关注作为生产结果的服务产品的跨国流动,而不是生产投入要素的流动,因此,服务贸易不应当包括生产资本等要素的跨国转移。若海外的商业存在不生产服务产品,只是起到服务承接或传递功能的话,则不应当将其视为服务贸易的海外存在,只应算作服务贸易的海外辅助机构;如果该机构生产服务产品,才应当作为服务贸易的海外商业存在。①

但这种争议并不影响研究进程,首先,已有的旅游服务贸易统计主要基于 BOP 口径的跨境旅游服务贸易概念,这种统计数据不包括旅游服务业模

---

① 郑长娟.服务企业的国际市场进入模式选择.杭州:浙江大学出版社,2006:18.

式3的数据;其次,关于旅游服务贸易商业存在形式的统计数据目前只有美国等很少几个国家公布,更多国家只能从服务业的对外投资数据中大致反映出来。本书主要基于跨境旅游服务贸易和旅游服务贸易商业存在两个方面来考量旅游服务贸易问题,商业存在仍然采用GATS第28条所定义的范围来研究,即指任何类型的商业或专业机构,包括为提供服务而在一成员领土内(1)组建、收购或维持一法人,或(2)创建或维持一分支机构或代表处。鲜有涉及服务产品的流动。

商业存在是一种典型的跨国直接投资行为。Hymer(1976)指出,跨国公司对外直接投资是市场不完全的产物,是企业拥有垄断优势的结果,诸如规模经济、技术垄断、商标、产品差别以及政府课税、关税等限制性措施引起的偏离完全竞争的市场结构,垄断优势使企业拥有对外投资能力。[①] Kindleberger(1969)指出了这种垄断优势的多种形式:一是来自产品市场不完全的优势,如产品差别、商标品牌等;二是来自生产投入要素市场不完全的优势,如特殊的管理技巧、技术诀窍、融资能力等;三是企业所拥有的规模经济效应,这里将之放入内部化优势板块。

Dunning(1977)提出的折衷理论认为,只有所有权优势和内部化优势两个变量还不足以解释对外直接投资,必须综合考虑区位优势。绝大部分服务业直接投资都是市场寻求型的,[②]又称为需求导向型,以进入东道国客源市场为主要目标。这可以从中国旅游服务外向FDI分布中看出,多数以旅行社、饭店业为主,这些旅游服务跨国企业显然并不以旅游资源为投资对象,而是以寻求客源市场为主。对于旅游服务提供者而言,商业存在提供模式可以是除了资源和劳动等要素以外的其他优势的综合产物,如首先会考虑需求优势,即东道国市场条件;其次是交易优势,如东道国市场开放度、政策环境情况、基础设施条件等。

就运输成本而言,旅游服务提供者在国外建立商业存在之后,所有已经发生的母国至东道国间的运输费用将逐渐分摊在商业存在的整个核算期间,

---

① HYMER S. International Operation of National Firms: A Study of Dirrect Foreign Investment. Cambridge: MIT Press,1976.

② 杨春妮.全球服务业直接投资.北京:中国经济出版社,2007:41.

随着接待量的增加,分摊的运输费用将降至很低,但相对于过境消费模式略高。旅游服务国外商业存在营业以后的运输成本与过境消费方式旅游服务提供者一样,将不再通过移动位置来为国外旅游消费者提供服务,运输费用为零。总体来看,边际运输成本将呈现递减趋势,但略高于过境消费情况下的运输成本。

关于交易成本,因为商业存在本身就是一种投资行为,旅游对外直接投资的风险要远远大于其他三种形式的贸易模式,因而在对外投资决策前一般需要进行许多准备工作,如对东道国大量的分析和调查,将存在的风险、可能的收益、各种政策背景和环境等方面因素进行综合考虑。而在国外商业存在建立之后,必须处理好与当地社区、地方政府、行业协会等诸多主体间的关系,必须耗费较大的管理成本才能保持海外商业存在的持续运营。因而商业存在模式的交易成本是四种提供模式中最大的一种。但是随着海外商业存在逐渐融入当地社区,并得到东道国的认可,这种交易成本也将呈现缓慢下降趋势。

旅游服务海外商业存在作为一种企业主体,有其自身的企业边界,在此边界以内,边际成本将递减,总收益在最初的边际成本与边际收益相等时(MC＝MR)实现盈亏平衡,而在第二次相等时则实现总收益最大化。而一旦超越企业的最大边界,那么其边际成本将出现递增,总收益水平出现递减态势。

(四) 自然人移动旅游服务贸易发展的影响因素

自然人移动,简称模式4。根据 GATS 的规定,即"一成员的服务提供者在任何其他成员境内以自然的存在提供服务"。GATS 涉及自然人移动的规定有第1条(范围和定义)、第5条之二(劳动力一体化协定)、第16条(具体承诺)、第19条(逐步自由化)和第28条(概念界定),还有一个《关于在本协定下提供服务的自然人移动的附件》。这些规定确立了服务贸易总协定关于自然人自由流动的框架规则。

此种旅游服务贸易提供模式涉及旅游服务提供者地理空间的移动,包含两层含义:一方面,母国旅游服务提供者作为独立的自然人个体前往东道国为服务消费者提供服务,如旅游服务提供者作为咨询顾问、管理培训者进入东道国境内提供服务;另一方面,旅游服务提供者个人可作为母国服务提供企业或机构的雇员进入东道国境内提供服务。自然人存在模式只涉及服务消费国中的非长期就业,在国家承诺中,临时身份一般为两年到五年不等,且根据流动的自然人类型不同而不同。

从要素优势角度分析,目前大多数国家允许自然人移动的范围包括一些高级管理人员、技术人员等,因而其掌握的管理技巧、技术诀窍等是必要的条件,对于没有依附于公司企业的自然人来说,其对区位优势的要求非常必要,因为合适的客源市场是其提供旅游服务的前提,这一点与商业存在相似。

就运输费用与成本而言,自然人移动主要是以个体方式进入东道国提供服务,与服务消费国相关组织和机构达成协议后,自然人可以个人或团体方式前往消费国,所需的运输成本为每个人跨国移动所需交通工具的费用,包括机票、火车、汽车票等。

至于交易成本,主要是自然人搜索信息的成本、办理相关出入境手续所产生的费用。对于自然人移动,各国都设置了较为严格的进入壁垒,因而交易成本很高。

就运输成本与交易成本来讲,将维持在一个较高水平,因为自然人移动很少存在像其他三种提供模式那样的规模,规模经济效应不明显,分摊成本可以说是四种模式中最高的一种。

GATS 成员以及各个国家都对自然人移动有着严格限制,存在一系列互不相同的法规,实现大规模跨境流动几乎不可能。此外,这种提供模式的交易过程一般都是双方个体直接接触,交易覆盖范围十分有限,无法造成大的影响并扩大规模,一般而言,收益是比较低的。这可以分两个方面来考虑:如果自然人移动是个体行为,则自然人主体理性决策行为必然是收益大于成本;如果自然人属于公司雇员性质,则公司将根据整体利益来考虑,此时对于自然人主体来说,其成本与收益间的关系不好确定,因为保持公司的整体利益是关键,个别自然人移动如管理培训、咨询顾问等有可能被纳入公司其他业务的附属品来看待,即当作成本来进行核算。

三、不同模式旅游服务贸易影响因素的动态演进

(一) 要素优势源泉的动态扩展

比较优势学说告诉我们一国参与国际分工的基础和源泉是相对他国而言的独特优势,而现有旅游业发展理论多以旅游资源比较优势为核心。其中代表性的观点有:第一种是旅游资源说,认为发展国际旅游业的基础在于旅游资源,而旅游资源具有不可移动性、垄断性等特点,从而吸引旅游者从异地向资源所在地移动;第二种是旅游吸引力说,尤其以引力模型为代表,认为某时期从客源地到目的地的旅游流量与客源地人口规模、财富或旅游偏好以及目的地吸引力成正比,与客源地到目的地间的距离成反比。引力模型的核心仍以旅游资源为基础。但从第三章中的分析可知,过于强调旅游资源的核心地位已使中国旅游业的发展出现"比较优势陷阱"特征。

要素比较优势的动态化表现在两个方面。表现之一是旅游吸引物范围的扩展,由先天形成的比较优势向后天创造的比较优势扩展,即比较优势的源泉不仅包括自然资源、劳动力等先天基础要素,波特将之称为初级要素,而且也包括技术、知识等后天创造的要素禀赋,波特将之称为高级要素。根据第二章中旅游服务贸易的分类,旅游服务贸易按照要素密集度可以划分为资源密集型旅游服务贸易、劳动密集型旅游服务贸易、资本密集型旅游服务贸易和技术-知识密集型旅游服务贸易,四种类型的旅游服务贸易在层次上是一种由初级到高级的分布。而要素密集度的演进过程正是要素范围不断扩展的反映。伴随着人们消费水平的不断提高以及游客审美情趣的不断提升,旅游吸引物正逐渐由实体要素向无形的意境转化,更多类型的旅游吸引物(并不只是旅游资源实体)正不断出现,并正在改变和扩展传统旅游资源的范围,而单一依靠传统旅游资源的贸易模式也正在向以多种旅游吸引物为基础的贸易模式拓展。①

要素优势动态化表现之二是以产品生命周期论为基础的比较优势在不

---

① 梁峰.旅游活动审美化倾向及旅游业要素变化趋势分析.经济论坛,2009(10).

同阶段的调整过程。在某些阶段,发展中国家发展旅游业受资金短缺、人才匮乏、信息阻塞、交通不便等现实因素制约,只能利用现有的具有比较优势的旅游资源,如优美的自然旅游资源和悠久的历史文化旅游资源等。但过分强调旅游资源禀赋优势是一种短视行为,必须根据经济发展阶段或者旅游经济发展的内、外部条件来适时改变旅游服务贸易发展模式。如果一味强调比较优势而没有全面考虑本国或地区发展旅游业所面临的竞争、国内外旅游消费需求、世界旅游消费市场偏好等方面的变化趋势,必然会带来过度竞争或者恶性竞争。

(二)"四元优势"间的动态调整

传统国际贸易理论通常将"需求偏好相同"作为既定前提假设,但该假设现实中难以满足,尤其是国际经济正逐渐由"卖方市场"向"买方市场"转变,"需求"开始成为一个独立变量进入经济学家视野。[①]

从贸易理论角度来看,影响旅游服务贸易发展的"四元优势"经历了一个由过度强调供给向兼顾需求拓展的过程,最终形成了一般均衡贸易分析框架;而如果从旅游业理论发展角度来看,基于需求角度定义的旅游则呈现出相反的发展方向,即由过度强调需求逐渐向兼顾供给拓展的过程,从而形成了旅游经济分析的一般均衡框架。但两者都是在一般均衡框架下分析旅游经济问题,忽略了非一般均衡因素。竞争优势理论的出现则打破了这一传统经济学研究视角,为分析旅游服务贸易问题提供了一个更加广泛的理论基础,它将影响旅游服务贸易发展的非价格因素,如产业发展因素、企业竞争情况、政府治理效果等都纳入了贸易理论研究框架。本书主要从贸易理论角度来研究旅游服务贸易的发展问题,因而从这个角度来讲,"四元优势"框架的内部动态演化过程大致有三个方向:首先是从要素优势向需求优势的扩展,从而延伸至供和求两个方面;其次是由产业向企业深化,将规模经济因素纳入分析框架;最后是从一般均衡框架向非均衡框架延伸,将运输成本、政策环境等交易优势纳入分析框架。

---

① 阳中良.需求贸易理论与我国的绿色贸易战略.现代经济探讨,2006(09):68-72.

（三）旅游服务贸易不同提供模式间的动态调整

根据前文的分析,旅游服务贸易依赖的要素优势正经历从低级要素依赖向高级要素依赖转化。根据 GATS 分类形成的四种贸易提供模式对不同要素的依赖程度,旅游服务贸易基础也存在明显差异:跨境提供模式的旅游服务贸易主要以技术比较优势为基础,过境消费方式的旅游服务贸易主要以资源比较优势为基础,商业存在形式的旅游服务贸易主要以资本优势为基础,而自然人移动方式的旅游服务贸易则主要以高层次的人力资源比较优势为基础。可以根据不同提供模式所依赖的要素基础的演化趋势对四种旅游服务贸易提供模式的演变趋势做出分析。从要素优势基础的变化来看,旅游资源、劳动等低级要素依赖型正向资本、技术、知识等高级要素依赖型扩展,与之相应的过程是,以过境消费提供模式为主的传统旅游服务贸易正逐渐向自然人移动、跨境交付和商业存在形式的旅游服务贸易扩展,旅游服务贸易模式出现了多样化并存局面。其中,过境消费依然是最主要的旅游服务贸易提供模式,根据国家旅游局《关于大力发展入境旅游的指导意见》,入境旅游是中国最大的国际服务贸易领域,并且入境旅游发展态势良好,客源全球化进程加快;①自然人移动方式的旅游服务贸易涉及要素流动,而各国对于劳动力要素流动的限制和壁垒非常多,因而此类旅游服务贸易规模非常小,目前自然人移动主要集中于旅游服务企业中高级管理人员的短期流动;商业存在方式的旅游服务贸易则与国际直接投资紧密联系,涉及资本要素的国际流动,目前只有极少数国家进行了相关统计,但商业存在仍然将成为旅游服务企业获取国际市场利益的主要海外生产方式;关于跨境交付方式的旅游服务贸易,它与信息技术关联紧密,对传统旅游业价值链以及对旅游服务贸易的影响也较大。

跨境提供模式的旅游服务贸易发展正在推动传统旅游价值链变革。众所周知,以团队包价旅游为主的大众旅游产品一直是旅行社最主要的旅游产品形式。这种旅游批发零售业务并不截然分开的经营方式最早始于国旅、中

---

① 钱春弦.我国已经成为全球第四大入境旅游接待国.中国经济网.(2007 – 01 – 14)[2009 – 01 – 10]. http://www.ce.cn/xwzx/gnsz/gdxw/200701/14/t20070114_10083532.shtml.

旅、青旅三大旅行社,由三大旅行总社将旅游团队批发到全国各地,再由各地接分支社负责接待,由此形成了旅行总社为上层批发商,各省市分支旅行社为中间代理商或下层零售商的金字塔型旅游营利结构。计划经济背景下,这种模式在很大程度上奠定了旅游批发商的地位,夯实了金字塔的基础,培养了大批优秀的旅游人才,并形成了以经营团体观光旅游产品为主的接待网络(图4-3)。

图4-3　传统旅游价值链系统的核心环节

但该种旅游经营模式存在过多的中间代理环节,旅游消费者获取旅游目的地信息的渠道单一。从经济学角度来讲,旅游产品被批发后,旅游中间商和零售商的行为就决定了旅游产品质量的高低,而在有限信息条件下,过多的中间代理行为导致旅游行业普遍存在着逆向选择或道德风险问题。

而跨境提供模式旅游服务贸易的发展为旅游产品生产商、中间代理商提供了标准化的业务流程改造,并建立了相应的旅游系统管理软件包,如全球分销系统(GDS)、中央预订系统(CRS)、旅游目的地管理系统(Destination Management System,DMS)等。这种旅游服务贸易的发展使传统旅游生产分销链系统产生分离,旅游生产商开始直接面向旅游者,旅游生产商与旅游中间商之间的紧密供求关系开始松动。如此,在旅游价值链上的每个环节,旅游生产、旅游中间商与旅游消费者间都存在着市场交易行为,形成了一种错综复杂的新型旅游价值链体系,而这种体系没有像传统供应链那样具有清晰的从生产商到最终旅游消费者的流程。相反,它显示了在供应商和旅游消费者间可能存在的各种路径(图4-4)。

图 4－4 新型旅游价值链系统的核心环节

在此背景下,旅游服务贸易提供方基于电子数据交换和互联网技术信息系统服务平台,为境外旅游消费者提供专业化的旅游服务。由此产生了基于提供方不同分工环节的旅游服务外包行为和基于旅游者需求角度的个性化旅游定制服务。

第三节　旅游服务贸易发展影响因素的经验研究

本节内容主要分为两个部分:首先,对中国旅游服务贸易发展的影响因素进行省际区域层次和全国总体层次的静态分析,主要分析"四元优势"框架下各种指标的静态赋存情况,进而运用灰色关联分析方法对众多影响旅游服务贸易发展的影响因素进行检验,分析各种因素影响旅游服务贸易发展程度的大小,即各种指标与旅游服务贸易发展的关联度;其次,运用因子分析方法对旅游服务贸易发展影响因素进行主成分分析,提取一些重要因子,并分析这些因子的时变特征。

一、数据说明及"四元优势"指标统计分析

对于省际区域旅游服务贸易发展影响因素的量化分析是基于前文第二节中的"四元优势"指标体系,提取"四元优势"指标体系中的二级指标和个别三级指标。指标及原始数据来源参见表 4－7。样本区间取 1999 年至 2007年。在对省际区域进行定量分析时,根据前文标准分计算方法将所有指标进行标准化转换并作为各省际区域相关指标比较优势的代理变量,目的在于使各变量处于同一比较基线。

表4-7 旅游服务贸易发展影响因素的"四元优势"指标体系说明

一级	二级	三级	单位	原始数据来源
要素优势	旅游资源优势(F1)	自然文化双重遗产	处	国家旅游局网站
		自然遗产	处	国家旅游局网站
		文化遗产	处	国家旅游局网站
		历史文化名城	个	国家旅游局网站
		优秀旅游城市	个	国家旅游局网站
		5A级景区(点)	个	国家旅游局网站
		4A级景区(点)	个	国家旅游局及相关网站
	劳动优势(F2—F3)	旅游从业人员	人	《中国旅游统计年鉴》
		旅游人员平均工资	元	《中国旅游统计年鉴》
	资本优势(F4)	旅游固定资产存量	万元	《中国旅游统计年鉴》
	技术优势(F5)	旅游劳动生产率	万元/人	《中国旅游统计年鉴》
产业优势	阶段优势(F6)	第三产业比重	%	《中国统计年鉴》
	集群优势(F7)	旅游总收入区位商	无量纲	《中国旅游年鉴》
	相关贸易优势(F8—F9)	地区贸易额	万美元	《中国统计年鉴》
		外资贸易额	万美元	《中国统计年鉴》
交易优势	交通设施优势(F10)	航空职工人数	万人	《中国统计年鉴》
		铁路职工人数	万人	《中国统计年鉴》
		等级公路职工人数	万人	《中国统计年鉴》
		航运职工人数	万人	《中国统计年鉴》
	旅行社接待优势(F11)	国际社	家	《中国旅游统计年鉴》
		国内社	家	《中国旅游统计年鉴》
	饭店接待优势(F12)	五星	座	《中国旅游统计年鉴》
		四星	座	《中国旅游统计年鉴》
		三星	座	《中国旅游统计年鉴》
		二星	座	《中国旅游统计年鉴》
		一星	座	《中国旅游统计年鉴》

一级	二级	三级	单位	原始数据来源
	政策环境优势(F13)	旅游总收入占地区 GDP 比重	％	《中国旅游年鉴》
	电子商务优势(F14)	电信业务量	亿元	《中国统计年鉴》
	旅游教育优势(F15)	高等院校学生学年数	人年	《中国旅游统计年鉴》
		中等职业学校学生学年数	人年	《中国旅游统计年鉴》
需求优势	收入水平优势(F16)	人均 GDP	元	《中国统计年鉴》
	需求偏好优势(F17)	城镇居民文化娱乐消费支出	元	《中国统计年鉴》
	需求氛围优势(F18)	城镇居民国内旅游出游率	％	《中国旅游统计年鉴》

注：作者编制。

关于具体指标的计算过程，采取学界较为常用的假设，即旅游资源有等级之分，旅游服务贸易所依赖的交通方式存在差异，不同类型旅行社和酒店的作用也不同，因此，在对这些指标进行处理时，赋予其不同的权重并以指数形式表达。对于教育优势指标的处理采用更加科学的方法，即以在校学生数量乘以相应类型的学习年限（人年数）来表达。所有各年份、各区域旅游服务贸易发展影响指标的标准分计算结果见附录 3。

对于旅游服务贸易发展影响因素的优势分析以相应的标准分为基础，比较分析各个区域相应"四元优势"指标的赋存情况。这主要是因为旅游服务贸易主要以过境消费方式为主，旅游者作出出游决策时在很大程度上依赖于对旅游目的地的大概了解，并不计较比较优势大小，因而通常只需进行整体绝对优势分析。

从区域横向比较来看，以 1999 年至 2007 年间相应指标的"众数"来表示各区域在该指标上的赋存情况，分析对象为以国际收支口径的入境旅游为主的跨境旅游服务贸易类型，原因是中国目前还没有对旅游服务贸易提供的四种模式进行时间序列方面的分别统计。

要素优势方面，从图 4 - 5（左）可以看出，就旅游资源禀赋（F1）来讲，江苏、山东、四川、河南、广东、浙江等地区的旅游资源基础较好，而上海、天津、宁夏和青海等地区的旅游资源存量较少；广东、北京、江苏、浙江、山东、四川等地区在旅游从业人员规模和数量（F2）上较大，尤其以广东最多，而西藏、青

海和宁夏三地的旅游从业人员非常少;从旅游从业人员工资方面来看(F3),
上海为全国最高,而山西、河北、吉林、安徽、河南、湖北等地则处于底层;旅游
业资本规模(F4)最为集中的是三大区域,即上海、广东、北京,旅游资本缺乏
最为明显的地区集中在中、西部地区,如青海、宁夏、西藏等地;旅游技术储备
方面(F5)最为强势的是上海和北京两地,其次是基本处于同一层次的江苏、
浙江、重庆、广东、山东和福建,而其他区域则处于更为次级的层次,以旅游劳
动生产率为代表的技术优势的分布与中国经济区的划分基本一致。

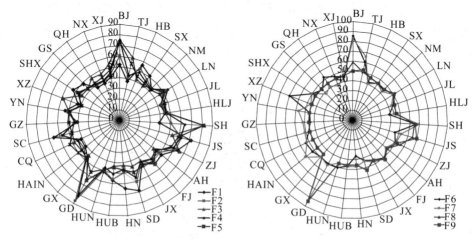

图 4-5　区域旅游服务贸易发展的要素优势与产业优势分析

　　产业方面的横向比较可以参考图 4-5(右),主要体现于旅游业产业结构
基础及支持系统,如第三产业在地区经济中的比重(F6)不仅可以反映该地区
对服务业部门发展的态度,也可以为旅游服务贸易发展提供产业后盾,其中
北京、上海的服务产业背景及发展阶段分别位于全国前两位,而河南、贵州的
服务业则处于全国最末两位;在旅游服务贸易发展的地理空间分布特点上,
往往会产生集聚效应,正如第三章中分析的那样,可能是 H-H 集聚,也可能
是 L-L 集聚等,通过对集群情况(F7)的分析可以发现,北京的旅游集聚效应
最为明显,其次是天津、上海、海南,集群效应最弱的是宁夏和甘肃两地;货物
贸易的发展往往能够促进人、财、物的频繁交流,这种交流也是引发旅游服务
贸易产生的重要原因,相关贸易中的各地区贸易额规模(F8)以广东为全国之
最,上海和江苏其次;货物贸易的另外一个比较明显的现象是外资贸易额规模

方面(F9),非常明显地集聚在广东、上海和江苏等地,三个地区分别位于珠江三角洲和长江三角洲,而珠三角、长三角也是中国区域经济最为发达的地区。

旅游交易优势(图4-6左)主要强调促进旅游服务贸易交易的发生以及减少交易成本方面的措施和政策。交通方面(F10)条件较好的主要是辽宁、黑龙江和河南等地区;在旅行社接待规模(F11)方面,以山东、江苏、浙江、北京等地区为代表,这些地区由于地处经济相对发达区域,接待游客规模较大,因而在接待机构的设置上规模也较大;酒店接待设施的配置(F12)方面也以广东、北京、江苏、浙江四地为最;对于旅游业的政策(F13),通常以地区的旅游总收入占该地区GDP的份额为基础来反映区域对于旅游业发展的扶持力度,其中北京旅游方面的政策最为宽松,上海、天津和海南其次;在旅游服务贸易内涵及表现模式不断扩展的形势下,以互联网技术为平台的旅游业电子商务(F14)发展迅速,并逐渐成为旅游咨询、预订、交易的重要平台,网络化程度较高的地区往往能够有效提高旅游交易水平及降低交易成本,反映出地区旅游业发展的交易效率,该方面以广东省为典型,其次为浙江省;而北京、广东和四川等地在旅游人才培养方面(F15)优势较大。

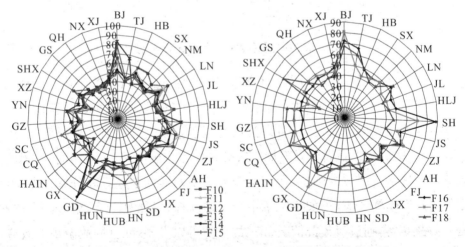

图4-6 区域旅游服务贸易发展的交易优势与需求优势分析

需求优势方面,通常包括国内需求和国外需求两个部分,但在研究中国旅游服务区域问题时,假设客源在区域间的分散主要依赖国内旅游需求方面的指标变化,可将这些指标作为国外旅游消费者的先行指标,因为旅游需求

在本质上基本相同,所以此处主要分析国内需求方面的指标,包括收入水平
(F16)、需求偏好(F17)和需求氛围(F18)等。收入水平较高的区域为上海、北
京、天津、广东、浙江、江苏等地,收入水平较低的区域主要有中、西部地区的
广西、贵州、甘肃、宁夏等地;旅游需求偏好较为强烈的区域主要有北京、广
东、上海等地;而旅游需求氛围较浓烈或需求氛围较好的地区主要有陕西、北
京、天津、重庆、广东等地区,这些地区相对于全国平均水平来讲,旅游出游率
较高。一个有趣的现象是,陕西省地处西部地区,其城镇居民出游率与经济
水平相比较来看,要明显高于全国平均水平,因此,旅游氛围的形成可能还会
涉及除经济因素以外的,如区域文化背景等方面的因素。

二、旅游服务贸易发展的影响因素——基于灰色关联法的检验

(一) 模型及研究方法

旅游业是一个包含多种行业的复合型产业,由于旅游系统涉及的变量较
多,难以运用普通计量方法分析。对这一系统的经典分析方法是层次分析法
(AHP),即通过分层构建相关因子权重并累加的方法得到一个反映评估对象
水平的综合系数。但影响旅游业发展的诸因子与旅游业间的关系相对复杂,
且内部各因子间近似一种错综复杂的网状系统,因而不适宜采用层次分
析法。[①]

邓聚龙 1982 年提出的灰色系统理论是一种运用特定方法描述信息不完
全的系统并进行预测、决策、控制的崭新系统理论,主要解决那些包含未知因
素的特殊领域的问题。在控制论中,通常用"黑"表示信息未知,用"白"表示
信息已知,而"灰"则表示部分信息明确、部分信息不明确,因此,信息完全明
确的系统通常称为白色系统,信息未知的系统通常称为黑色系统,而部分信
息明确、部分信息不明确的系统通常称为灰色系统。灰色系统理论以小样
本、信息不完全的灰色系统为研究对象,并通过对已知信息的分析挖掘来对
系统运行演化规律做出正确描述和有效监控。

---

① 梁艺桦,杨新军,马晓龙.旅游业发展影响因子灰色关联分析.人文地理,2006(02):37-44.

在灰色系统理论中,灰色关联分析方法主要研究方法或模型基础。其基本原理是根据统计数列的几何关系或者是数列曲线的几何相似程度来判别因素间的关联程度,目的是寻找系统中各因素间的主要联系,并得到影响目标值的主要因素,从而分析目标事物的主要特征。由于灰色关联分析主要是根据序列发展趋势做出相应的分析,因此,对样本量要求不高,同时也不要求数据服从典型的分布函数,并且计算量较小,是一种相对简单、可靠的分析和确定系统因素间影响程度或因素对系统主行为贡献度的分析方法。

灰色关联方法及理论目前已经广泛运用于经济社会等各个领域,主要依据空间理论的数学基础,并根据规范性、对称性、整体性和接近性四原则,确定参考数列(母序列)和比较数列(子数列)间的关联系数和关联度。[1] 它是对某一发展变化系统动态过程的量化分析,根据灰色关联度的数值大小排序来描述因素间的相关程度,可以找出影响事物发展变化的主要因素。其计算方法及步骤为:

第一步,确定参考数列和比较数列(即母数列和子数列)。本书集中分析中国旅游服务贸易,因而母序列是旅游服务贸易的代表指标数列,记作 F_0,如外汇收入数列、旅游投资数列或者入境旅游人次数列等;而子数列则对应前文"四元优势"分析框架中所涉及的指标数列,记作 F_i,其中 $i=1、2、\cdots n$,n 为子数列个数。

第二步,对参考数列和比较数列进行标准变换。标准变换过程有"均值法""最大值法"等,但只需要这几个数列用同一种方法归一即可,目的在于保持数据的量纲统一,使各自变量能够在同一比较标准上。以原数据中的旅游服务贸易母数列为基点,该列数据都除以基点数据得到新数列 F'_{it} 矩阵,计算公式如下:

$$F'_{it} = \frac{F_{it}}{F_{0t}}, i=0,1,2,\cdots,n$$

$t=1,2,\cdots k$,i 为子数列编号,t 为时间年份。

第三步,计算绝对差数列 F''_{it}。在经过标准变换的 F'_{it} 矩阵中分别以子

---

① 张浩,安玉发.基于灰色关联分析的我国农产品出口结构优化研究.国际贸易问题,2009(06):11-15.

数列减去母序列相关数据并全部取绝对值,即矩阵元素为$|F'_{it}-F'_{0t}|$,得到绝对差数列矩阵F''_{it},并得到所有子数列各个时刻的绝对差的最大值$\max_i$ $\max_t|F'_{it}-F'_{0t}|$和最小值$\min_i\min_t|F'_{it}-F'_{0t}|$。

第四步,计算灰色关联系数ρ。灰色关联系数的计算公式为

$$\rho_{0i}(t)=\frac{\min_i\min_n|F'_{it}-F'_{0t}|+\theta\max_i\max_t|F'_{it}-F'_{0t}|}{|F'_{it}-F'_{0t}|+\theta\max_i\max_t|F'_{it}-F'_{0t}|}$$

其中,$\rho_{0i}(t)$为时刻t指标i与旅游服务贸易发展的关联系数。θ称为分辨系数,通常在$(0,1)$间取值,通常取$\theta=0.5$,θ取值越小越能提高关联系数间的差异。

第五步,计算关联度r_{0i}。通过第四步求出的灰色关联矩阵求出各子数列与母数列间的关联程度。关联度可以采用加权法求出。这里运用平均值法,即

$$r_{0i}=\frac{1}{N}\sum_{t=1}^{N}\rho_{0i}(t)$$

r_{0i}即为子数列i与母数列0间的关联度,N为子数列的长度。

第六步,对关联度进行排序。为准确评价及理顺各子数列对母数列的关联影响程度,需将关联度以大小排序,称为关联序。关联度越大,说明比较数列与参考数列变化态势比较一致,对参考数列的影响便会越大。

(二)省际区域数据灰色关联度结果分析

虽然各地区资源赋存情况以及各指标优势存在差异,但要分析各指标对旅游服务贸易发展影响力的具体大小,需要进一步验证。通过灰色关联分析方法可以处理多变量间关联度的大小,直观地对影响旅游服务贸易的所有因素进行量化分析。在前文各地、各年份、各指标标准分计算的基础上,表4-8列出了所有因素对旅游服务贸易关联度的数值,数据区间为1999年至2007年,区域对象为除港、澳、台以外的31个省市地区。在对参考数列进行选择时,可以运用不同的旅游服务贸易模式变量,如跨境交付、过境消费、自然人移动或商业存在等,但由于统计数据限制,此处选择国际收支口径的跨境旅游服务贸易,大致

包括除商业存在以外的其他三种模式的旅游服务贸易。这里不做区分,主要分析旅游服务贸易出口变量,即入境旅游外汇收入作为参考数列或母数列,其他18个变量(见表4-7)作为比较数列或子数列,经过计算后的各子数列与母数列间的关联度系数列于表4-8中,表中数据已按第三章的区域划分办法进行了分类汇总。

表4-8 省际旅游服务贸易发展影响因素的关联度矩阵

指标	东部地区										中部地区					
	闽	琼	津	浙	粤	苏	冀	京	鲁	沪	赣	湘	晋	皖	鄂	豫
F1	0.84	0.7	0.58	0.53	0.47	0.46	0.45	0.42	0.42	0.37	0.86	0.82	0.59	0.57	0.5	0.41
F2	0.59	0.79	0.7	0.52	0.81	0.66	0.56	0.59	0.57	0.51	0.75	0.87	0.83	0.75	0.53	0.7
F3	0.9	0.94	0.53	0.48	0.47	0.74	0.65	0.79	0.78	0.52	0.86	0.87	0.59	0.7	0.74	0.8
F4	0.6	0.91	0.74	0.68	0.7	0.75	0.67	0.83	0.66	0.8	0.86	0.86	0.86	0.93	0.63	0.88
F5	0.71	0.61	0.64	0.6	0.4	0.84	0.82	0.69	0.8	0.6	0.69	0.76	0.71	0.71	0.84	0.74
F6	0.73	0.55	0.61	0.65	0.37	0.53	0.64	0.52	0.7	0.8	0.74	0.77	0.78	0.69	0.74	0.57
F7	0.79	0.37	0.43	0.77	0.37	0.68	0.64	0.56	0.72	0.84	0.79	0.88	0.79	0.9	0.81	0.88
F8	0.77	0.98	0.84	0.87	0.87	0.61	0.56	0.53	0.77	0.87	0.95	0.92	0.92	0.93	0.97	0.98
F9	0.84	0.95	0.74	0.82	0.9	0.5	0.92	0.4	0.79	0.9	0.92	0.93	0.91	0.93	0.97	0.98
F10	0.46	0.46	0.65	0.5	0.46	0.78	0.39	0.45	0.58	0.44	0.68	0.62	0.36	0.8	0.39	0.35
F11	0.72	0.7	0.73	0.5	0.51	0.51	0.47	0.64	0.39	0.62	0.82	0.89	0.73	0.64	0.73	0.56
F12	0.73	0.84	0.7	0.42	0.78	0.59	0.7	0.69	0.63	0.56	0.92	0.78	0.89	0.79	0.55	0.7
F13	0.79	0.37	0.43	0.77	0.37	0.68	0.64	0.56	0.72	0.84	0.79	0.88	0.79	0.9	0.81	0.88
F14	0.93	0.73	0.83	0.56	0.86	0.78	0.55	0.43	0.61	0.55	0.91	0.84	0.88	0.83	0.76	0.61
F15	0.71	0.76	0.78	0.71	0.47	0.61	0.8	0.61	0.61	0.62	0.7	0.77	0.84	0.82	0.54	0.66
F16	0.92	0.92	0.43	0.65	0.41	0.84	0.75	0.76	0.8	0.46	0.91	0.89	0.91	0.84	0.93	0.96
F17	0.72	0.85	0.79	0.51	0.56	0.76	0.67	0.63	0.76	0.82	0.75	0.67	0.85	0.77	0.88	0.88
F18	0.7	0.91	0.54	0.69	0.43	0.42	0.7	0.74	0.64	0.46	0.63	0.72	0.66	0.87	0.83	0.75

指标	西部地区												东北地区		
	藏	桂	甘	黔	陕	渝	蒙	滇	新	川	青	宁	吉	辽	黑
F1	0.88	0.86	0.79	0.75	0.74	0.69	0.63	0.63	0.58	0.54	0.47	0.43	0.87	0.82	0.76
F2	0.74	0.67	0.84	0.88	0.87	0.82	0.61	0.77	0.79	0.67	0.57	0.53	0.92	0.82	0.77
F3	0.55	0.66	0.85	0.92	0.74	0.86	0.69	0.79	0.4	0.95	0.73	0.71	0.92	0.97	0.92
F4	0.8	0.73	0.86	0.87	0.91	0.85	0.6	0.8	0.87	0.7	0.69	0.6	0.95	0.74	0.83

指标	西部地区												东北地区		
	藏	桂	甘	黔	陕	渝	蒙	滇	新	川	青	宁	吉	辽	黑
F5	0.77	0.81	0.84	0.74	0.87	0.64	0.56	0.8	0.66	0.91	0.72	0.67	0.83	0.77	0.85
F6	0.4	0.72	0.85	0.83	0.83	0.57	0.73	0.77	0.78	0.92	0.52	0.66	0.92	0.84	0.55
F7	0.86	0.72	0.66	0.66	0.86	0.64	0.57	0.52	0.73	0.86	0.73	0.53	0.92	0.87	0.71
F8	0.98	0.79	0.95	0.98	0.88	0.96	0.92	0.77	0.88	0.99	0.92	0.87	0.96	0.95	0.92
F9	0.95	0.83	0.93	0.95	0.89	0.98	0.93	0.77	0.9	0.99	0.85	0.81	0.95	0.92	0.89
F10	0.55	0.77	0.95	0.76	0.58	0.78	0.49	0.88	0.69	0.79	0.41	0.36	0.73	0.49	0.35
F11	0.66	0.78	0.8	0.69	0.91	0.73	0.65	0.78	0.82	0.79	0.49	0.4	0.92	0.58	0.8
F12	0.72	0.8	0.83	0.77	0.88	0.79	0.56	0.52	0.77	0.85	0.54	0.48	0.94	0.76	0.86
F13	0.86	0.72	0.66	0.66	0.86	0.64	0.57	0.52	0.73	0.86	0.73	0.53	0.92	0.87	0.71
F14	0.78	0.82	0.89	0.93	0.92	0.93	0.79	0.86	0.89	0.82	0.65	0.63	0.93	0.81	0.8
F15	0.77	0.73	0.77	0.85	0.9	0.59	0.51	0.79	0.53	0.55	0.64	0.59	0.9	0.62	0.85
F16	0.95	0.58	0.83	0.75	0.8	0.91	0.81	0.63	0.68	0.91	0.97	0.94	0.9	0.81	0.8
F17	0.7	0.74	0.81	0.81	0.92	0.57	0.82	0.9	0.55	0.85	0.66	0.8	0.72	0.65	0.67
F18	0.45	0.69	0.72	0.58	0.43	0.48	0.63	0.58	0.56	0.75	0.54	0.58	0.78	0.79	0.65

注：各字母代码具体含义同表4－7，地区简称参见附录4。

通过对比四大区域关联度矩阵表可以发现几个显著特点：第一，区域对外贸易指标与旅游服务贸易关联度在各个区域都表现出最为强烈的关系，这个结果说明，中国对外贸易所带来的人流中成为旅游者的比例较大，也可以说旅游与对外贸易有着互为促进的作用，贸易的溢出效应中有很大部分为旅游行业所吸收；第二，相对于其他三个区域，东部地区对旅游资源（F1）的依赖性较低，而西部地区则主要依赖旅游资源条件；第三，四大区域旅游服务贸易的发展与地区收入水平呈现较为紧密的联系。以上几点可以概略反映目前中国旅游服务贸易发展影响因素的几个重要特征，即商品贸易发展、地区收入水平等是旅游服务贸易发展的共同性原因，在区域层面上，影响旅游服务贸易发展的因素呈现出区域性。为进一步揭示这种区域性差异，下面将通过因子分析法来具体验证。

三、旅游服务贸易发展的影响因素——基于因子分析法的检验

(一)模型及研究方法

经济领域中的研究往往需要对研究对象的多个变量进行大量观察,并收集大量数据以便分析和寻找规律。但众多指标间通常并不相互独立,存在一定相关关系,为了简化,往往在众多指标中寻找少数几个综合性指标来反映原来指标的主要信息,这些综合指标称为因子。因子分析可以通过下面的数学模型来表示:

$$\begin{cases} x_1 = a_{11}F_1 + a_{12}F_2 + \cdots a_{1m}F_m + a_1\varepsilon_1 \\ x_2 = a_{21}F_1 + a_{22}F_2 + \cdots a_{2m}F_m + a_2\varepsilon_1 \\ \cdots \\ \cdots \\ x_n = a_{n1}F_1 + a_{n2}F_2 + \cdots a_{nm}F_m + a_n\varepsilon_1 \end{cases}$$

上式中,$x_1, x_2, x_3, \cdots, x_n$ 分别为原有的 n 个变量,是均值为 0、标准差为 1 的标准化变量;$F_1, F_2, F_3, \cdots, F_m$ 分别为 m 个因子变量,一般来讲,$m < n$,表示为矩阵形式:

$$X = A \cdot F + \alpha_{ij}\varepsilon$$

其中,F 为因子变量或称为公共因子;A 为因子载荷矩阵;α_{ij} 是第 i 个原有变量在第 j 个因子变量上的负荷;ε 为残差因子,是原有变量不能被因子变量所解释的部分。

因子分析的基本步骤如下:

第一步,确定原数据是否适于因子分析。分别对各年份影响旅游服务贸易发展的因素进行因子分析合适性检验,检验标准主要依赖于 KMO(Kaiser-Meyer-Olkin)统计量和 Bartlett's 球形检验统计量。KMO 是取样适当性统计量,KMO 值越大表示变量间共同因素越多,越适合进行因素分析。根据 Kaiser 的观点,KMO>0.9 时非常适合因素分析,KMO>0.8 时很适合,KMO>0.7 时比较适合,KMO>0.6 时一般适合,KMO>0.5 时粗略适合,

KMO<0.5 时不适合。Bartlett's 球形检验统计量可以用来判断变量是否是多变量正态分布,也可用来检验相关系数矩阵是否适合进行因素分析,显著性水平为 0.05,原假设为相关矩阵没有共同因素存在,不适合因子分析。

第二步,构造因子变量,从相关矩阵或协方差矩阵中提取主成分。主成分是原始变量的线性组合,能够保持原来变量最多的信息,即让主成分保持最大的方差。主成分分析可以使用协方差矩阵和相关系数矩阵进行分析,一般情况下,如果原始变量单位不同,较适合采用相关系数矩阵,提取主成分后会使各主成分方差最大且彼此之间相互独立,即直交。

第三步,利用 Varimax 法(方差极大法)旋转使因子变量更具解释性。第二步提取的主成分往往同时在很多个原始变量上有较大的权重,不是任何一个变量的典型代表,因而会使某个因子变量的含义非常模糊。而因子分析的理想情况在于,个别因子负荷量不是很大就是很小,因子变量含义清晰,此时便可以通过因子矩阵的旋转来进行。

第四步,计算因子变量的得分。因子变量确定以后,对每一原始数据在不同因子上的权重就是因子得分,它和原变量的得分相对应。有了因子得分,便可以在此基础上进行进一步分析。

前文运用灰色关联法主要基于对所有指标变量进行了分析,但由于各指标间存在着各种关联,因而不具直观性,只能概览性地认识旅游服务贸易影响因素的总体特征,而因子分析则可以大大简化指标以便进一步详细分析。本节将通过因子分析法对"四元优势"指标体系进行精简,运用 SPSS11.5 软件提取代表性因子,然后根据各指标的因子综合得分来判别和分析旅游服务贸易发展影响因素的动态变化情况。研究样本为 31 个省市的相关指标,数据区间仍然为 1999 年至 2007 年。

(二)"四元优势"综合框架的总体实证分析

四元综合优势代表某个区域旅游服务贸易发展所有影响因素的总和,是一个较为综合的指标体系,基本可以反映一个地区发展旅游服务贸易的潜力或竞争力的大小。对其总体的分析即是对"四元优势"指标体系的综合实力进行评价,以发现区域性消长关系以及区域间旅游服务贸易发展潜力和竞争力的变化情况。先对各年份因子分析适用性的相关统计量进行检验,结果参见表 4 - 9。

表 4 - 9　1999—2007 年旅游服务贸易影响因素的 KMO 和 Bartlett's Test 检验结果

年份	检验统计量及显著水平			
	KMO 统计量	Bartlett's 球形检验统计量		
		Approx. Chi-Square	df	Sig.
1999	0.761	1 093.843	153	0
2000	0.671	1 083.353	153	0
2001	0.701	1 049.023	153	0
2002	0.755	1 089.007	153	0
2003	0.576	1 124.425	153	0
2004	0.743	1 059.391	153	0
2005	0.675	1 038.572	153	0
2006	0.746	981.142	153	0
2007	0.723	983.37	153	0

从表 4 - 9 中的检验结果来看,KMO 统计量大多处于 0.7 以上,而 Bartlett's 球形检验统计量给出的相伴概率都为 0,小于显著性水平 0.05,因此拒绝原假设,认为适合进行因子分析。接下来,运用主成分分析法分别对各年份所有指标变量进行主成分萃取,在如何给定权重方面,一种是主观人为给定,另一种是客观地通过数据本身所蕴含的信息来给定权重,主成分分析法就是将重要变量适当地给予较大权重,将不重要的变量给予较小权重。设定提取因子数目为 6,分析结果如附录 5 所示。可以发现,6 个因子对各个年份中所有指标变异量的解释都超过了 90%,而习惯上如果累计贡献率达到 85% 以上就意味着这几个主成分已经能反映原有变量的绝大部分信息,可见 6 个指标基本可以作为原有指标的综合因子。

为使因子更具解释性,利用方差极大法对因子载荷矩阵进行旋转,旋转对于本书并无必要,但为了深入研究的需要,此处依然按照因子分析法常规步骤进行旋转,得到旋转后因子载荷矩阵,进而得到因子得分矩阵。在因子得分矩阵的基础上,对每个地区的所有指标进行综合得分计算。6个因子分别按各自特征值(见表4-10)加权汇总得到每个地区的四元综合优势总体得分矩阵(见附录6)。

表4-10 1999—2007年各年份相应因子得分的权重赋值表

指标 \ 年份	1999	2000	2001	2002	2003	2004	2005	2006	2007
因子1	5.719	5.434	5.551	5.690	4.785	5.811	5.785	5.301	4.072
因子2	5.255	4.843	5.359	5.307	4.371	4.440	4.560	4.267	3.696
因子3	1.602	2.481	2.223	2.846	4.050	4.066	3.422	3.254	3.467
因子4	1.599	1.818	1.327	1.265	1.820	1.275	1.092	1.519	2.860
因子5	1.487	1.248	1.176	1.210	1.150	0.707	0.874	1.469	1.177
因子6	1.184	1.101	1.064	0.566	0.587	0.515	0.843	0.585	1.143

为了更加直观地看到各个区域旅游服务贸易发展潜力和竞争力变化及消长关系,截取1999年和2007年两个年份来做对比分析。从图4-7中可以分析得到,在整体旅游服务贸易发展的潜力及竞争力分布上,东部地区占有绝对优势地位,尤其以北京、广东两个地区的优势最为明显,上海其次;从旅游服务贸易发展潜力及竞争力的发展趋势来看,东部地区的北京、天津、上海、福建、广东、海南等地区旅游服务贸易发展潜力及竞争力都有不同程度的下降,而山东、江苏、浙江、河北等地区则略有提高,尤其以浙江最为显著,但从东部地区整体来看,河北和海南两地的旅游服务贸易的优势尚不明显。中部地区,除了湖北以外,山西、安徽、江西、河南、湖南等地区的旅游服务贸易发展潜力及竞争力都有较大幅度提高。东北地区,辽宁具有一定的旅游业发展基础优势,但东北地区整体旅游服务贸易发展潜力及竞争力没有发生显著变化。西部地区,旅游服务贸易发展优势主要集中于陕西、四川、云南、广西和重庆几个地区;但从旅游服务贸易发展潜力及竞争力的发展趋势来看,宁夏、青海和广西三地的优势略有下降,而提升幅度最快的是四川和贵州两个地区。

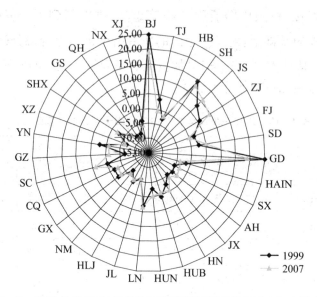

图4-7 1999年和2007年各地区旅游服务贸易潜力及竞争力的变化

(三)"四元优势"综合框架的分项实证分析

运用同样的方法、步骤及实证过程分别对"四元优势"综合框架各分项综合得分进行计算,得到各分项优势的得分矩阵,进而对每种优势分别进行讨论。将全国省市自治区分为四大经济区域,各区域及省际要素分项优势得分矩阵计算结果见附录7。选取1999年和2007年两个年度作为比较数列,分别以要素优势综合得分、产业优势综合得分、交易优势综合得分和需求优势综合得分为指标,来分析各种类型优势的变化情况(表4-11)。

表4-11 1999年和2007年"四元优势"各分项优势综合得分及变化情况

区域	省市	要素优势			产业优势			交易优势			需求优势		
		1999年	2007年	变化	1999年	2007年	变化	1999年	2007年	变化	1999年	2007年	变化
东部	京	6.17	6.34	0.17	6.85	6.72	-0.13	7.94	5.77	-2.17	5.23	5.54	0.31
	津	-0.78	-1.13	-0.35	2.85	1.10	-1.75	-1.27	-2.23	-0.96	2.16	2.37	0.21
	冀	-0.66	0.39	1.05	-1.58	-2.23	-0.65	0.56	-0.03	-0.59	-0.60	-1.25	-0.65
	沪	5.55	6.80	1.25	5.32	5.63	0.31	3.82	1.61	-2.21	5.02	4.95	-0.07
	苏	3.80	4.86	1.06	1.31	4.20	2.89	5.72	5.27	-0.45	0.19	1.35	1.16

（续表）

区域	省市	要素优势			产业优势			交易优势			需求优势		
		1999年	2007年	变化	1999年	2007年	变化	1999年	2007年	变化	1999年	2007年	变化
	浙	2.90	3.59	0.69	−0.24	1.31	1.55	2.40	4.63	2.23	2.36	2.02	−0.34
	闽	1.04	−0.39	−1.43	0.77	0.29	−0.48	0.38	−0.24	−0.62	0.38	0.84	0.46
	粤	2.32	2.29	−0.03	−0.23	−0.70	−0.47	1.94	4.44	2.50	1.39	−0.16	−1.55
	鲁	7.43	5.16	−2.27	9.27	7.50	−1.77	9.00	9.60	0.60	2.81	3.48	0.67
	琼	−0.86	−1.74	−0.88	0.95	0.01	−0.94	−2.10	−1.99	0.11	−0.63	−1.41	−0.78
中部	晋	−2.07	−1.47	0.60	−0.97	−1.21	−0.24	−1.55	−0.44	1.11	−1.35	−1.39	−0.04
	皖	−1.15	1.17	2.32	−1.94	−1.16	0.78	−1.12	−1.30	−0.18	−1.12	−1.17	−0.05
	赣	−1.60	−2.23	−0.63	−0.92	−1.87	−0.95	−1.79	−1.09	0.70	−1.81	−1.36	0.45
	豫	−1.70	0.56	2.26	−1.80	−1.96	−0.16	1.36	1.86	0.50	−1.15	−1.43	−0.28
	鄂	0.29	−0.92	−1.21	−1.26	−0.99	0.27	1.27	0.64	−0.63	−0.33	−0.44	−0.11
	湘	0.31	−0.68	−0.99	−1.23	−1.13	0.10	−0.41	0.14	0.55	−0.29	1.26	1.55
东北	辽	−0.35	0.28	0.63	0.14	−0.14	−0.28	3.65	3.23	−0.42	0.00	−0.55	−0.55
	吉	−1.40	−2.28	−0.88	−1.77	−1.49	0.28	−1.81	−2.48	−0.67	−1.36	−1.56	−0.20
	黑	−2.31	−1.91	0.40	−1.89	−1.97	−0.08	0.71	−1.02	−1.73	−1.22	−1.48	−0.26
西部	蒙	−3.50	−2.49	1.01	−2.22	−1.87	0.35	−2.84	−2.38	0.46	−0.85	−0.20	0.65
	桂	−0.71	−0.71	0.00	−0.88	−1.42	−0.54	−0.79	−1.56	−0.77	−0.89	−0.27	0.62
	渝	−2.54	−1.19	1.35	−0.45	−0.34	0.11	−1.81	−1.91	−0.10	1.34	−0.21	−1.55
	川	1.94	2.46	0.52	−1.54	−0.77	0.77	0.01	2.97	2.96	−0.06	−0.31	−0.25
	黔	−2.41	−2.04	0.37	−1.76	0.95	2.71	−3.58	−1.26	2.32	−1.13	−0.12	1.01
	滇	2.57	−0.60	−3.17	−0.84	−0.53	0.31	1.50	0.05	−1.45	0.16	−1.23	−1.39
	藏	−1.70	−3.25	−1.55	−0.10	1.58	1.68	−4.66	−3.91	0.75	−3.33	−3.14	0.19
	陕	0.05	−1.38	−1.43	−0.55	−1.45	−0.90	−0.79	−0.85	−0.06	0.09	0.28	0.19
	甘	−2.05	−2.41	−0.36	−1.98	−1.98	0.00	−3.11	−3.63	−0.52	−0.82	−0.43	0.39
	青	−3.61	−3.25	0.36	−0.90	−1.96	−1.06	−4.87	−5.19	−0.32	−2.06	−1.06	1.00
	宁	−3.27	−2.98	0.29	−1.42	−2.16	−0.74	−4.93	−5.97	−1.04	−1.54	−1.39	0.15
	新	−1.71	−0.83	0.88	−0.98	−1.97	−0.99	−2.84	−2.76	0.08	−0.59	−1.52	−0.93

　　总体来看，东部地区四种优势的得分普遍高于中部、西部、东北地区。要素优势、产业优势和需求优势方面皆以北京、上海、广东三地最高；交易优势则以北京、江苏和广东三地最高。

1. 要素优势变化方面

中部地区的安徽、河南两个地区的要素优势上升最快,也即两地旅游服务贸易的优势逐渐向要素优势扩展;西部地区的内蒙古、重庆两地的要素优势提升也非常明显;东部地区的河北、上海、江苏的要素优势也得到了稳步的拓展。但一些地区要素的基础优势也出现了下滑,其中西部地区的云南、东部地区的广东两地要素优势下降较快。从区域比较的角度来看,中部、西部、东北三个区域的要素优势在近 10 年的时间内得到了普遍发挥,要素优势正变得越来越显著。

2. 产业优势变化方面

东部地区的江、浙两地旅游服务贸易发展的产业支持力度渐强,上海次之,而东部其他地区的产业优势都有不同程度的下降,这一特点也说明了以上海、江苏和浙江为中心的长三角地区产业正逐渐偏重于第三产业,服务业的发展环境正在逐渐形成,这与目前长三角地区产业转移的特征非常符合。中部、西部和东北三大区域产业优势大多都为负值,说明旅游服务贸易发展的产业环境仍然薄弱。换个角度说,这些地区的产业结构仍然以第一产业、第二产业为主,第三产业的发展尚未形成整体气候。但其中也有部分地区形成了产业优势,包括贵州和西藏两地,在近些年的发展中,旅游服务贸易发展的产业环境逐渐形成,产业优势逐渐显现。

3. 交易优势变化方面

虽然北京、上海、广东的优势地位没有变化,但北京和上海两地的交易优势出现了较大幅度下降,这一现象与两地的交通拥挤状况不无关系。但东部地区的山东和浙江,以及西部地区的四川和贵州等区域的交易优势提升幅度较大,正成为促进当地旅游服务贸易发展的新兴优势基础。中部地区的交易优势普遍得到了改善,尤其以山西为最。

4. 需求优势变化方面

东部地区占有绝对优势地位,整体需求优势强劲,尤其以江苏为最,需求优势主要表现在国内旅游这一先行指标上,国内旅游整体环境的形成有利于推动旅游服务贸易的发展,江苏需求优势的提高与居民收入水平不断提高以及国内旅游业发展密不可分。西部地区在这一指标上普遍得到了提高,说明中国西部大开发政策实行的效果已经实实在在地体现到旅游服务贸易发展方面,居民收入、居民出游率提高已经成为当地旅游服务贸易发展的有利因素。

在"四元优势"动态变化上,通过图4-8的对比可以发现,不同区域在旅游服务贸易发展所依赖的优势基础上出现了不同的变化趋势。

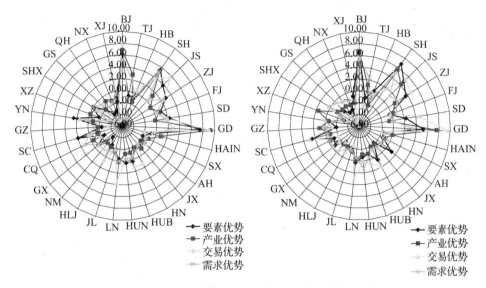

图4-8 "四元优势"不同分项优势间的动态变化对比

东部地区的北京更加侧重对产业优势的培育,而且北京、江苏两地一个值得注意的特点是倾向于旅游服务贸易发展诸种基础优势的平衡增长,即努力保持要素优势、产业优势和交易优势的均衡发展;浙江、山东、广东等地更加突出了交易优势地位;上海则更加注重要素优势的打造,但其交易优势地位下降明显,并成为旅游服务贸易发展的"瓶颈"。

中部地区的四元基础优势基本没有出现太大变化,但也有两个比较显著的现象,即安徽的要素优势基础更加突出,湖南的需求优势开始显现。东北地区在分项优势上也没有出现明显变化,一个可能的原因是,东北以建设老工业基地为目标,至2007年左右,东北地区对旅游服务贸易的发展并没有倾入太多关注,因而各项基础优势都没有太大进展。

西部地区出现较大变化的是西藏、贵州和四川三个地区。西藏、贵州的产业优势在其基础优势中更加突出,而四川则主要体现在交易优势方面。

　　区域旅游服务贸易发展所依赖的基础优势赋存和变化可以反映出不同区域旅游服务贸易影响因素的动态转换过程,一些区域在努力平衡旅游服务贸易发展的基础优势,一些地区在尽力扩展本来具有弱势地位的因素,而另一些地区的旅游服务贸易发展则出现了各种"问题"。

第五章

中国旅游服务贸易发展的经济效应

经济增长的源泉来自土地、资本、劳动以及技术进步等,经济增长过程中,生产不断调整,收入水平不断提高,从而影响消费结构及水平,这些因素都是影响国际贸易的重要变量。反过来,国际贸易发展同样也会对经济增长产生重要影响。没有贸易的情况下,消费可能性曲线受制于生产可能性曲线,贸易的发生使本国倾向于达到一条更高的社会无差异曲线,从而达到更高的福利水平,这是封闭经济无法做到的。

20 世纪 80 年代以来,世界服务贸易远远超过了一般货物贸易的发展,服务贸易与经济增长间的关系引起国内外学者的广泛思考。Ricard(1988)和 Kubo(1988)等学者从货物贸易适用性入手,在传统商品贸易理论模型中加入服务贸易参数,得出服务贸易促进经济增长的结论,如修正的 H-O-S 理论在传统的 H-O-S 模型基础上,加入技术差异和金融服务贸易等参数,得出了比较优势理论在服务贸易中的适用性结论,证明了服务贸易促进经济增长的命题。Heir(1985)、Samusen(1985)、Slapul(1985)等经济学家则基于规模经济和不完全竞争理论,得出了服务贸易促进经济增长的结论。Markusen(1986)借助垄断竞争学说得出结论:因为专业化受限,仅有货物贸易并不能保证生产效率,而服务贸易则可使专业化达到最大并保证帕累托效率。Francois & Schuknecht(1999)的实证研究也表明了服务贸易对经济增长有着很强的促进效应。

总之,20 世纪 80 年代至 20 世纪 90 年代末期,北美和欧洲普遍的观点是贸易自由化推动了经济增长。国际货币基金组织于 1997 年指出,发展中国家的外贸政策也是经济发展的重要影响因素。经合组织于 1998 年指出,更加开放和外向型经济体的发展胜过那些有着严格贸易和投资保护的经济体。[①] 直到世纪之交,Rodriguez & Rodrik(2000)运用内生经济增长模型得出结论,贸易自由化对经济增长的作用有可能是正向的,也有可能是负向的。[②]

国内学者对贸易与经济增长关系的研究大体始于 20 世纪 80 年代初期。对改革开放以来中国学术界关于贸易与经济增长关系的研究文献进行整理时发现,整个研究过程与中国对外贸易发展的实际过程相吻合,研究过程可以划分为两个时段,第一阶段自 20 世纪 80 年代始至 20 世纪末期,理论研究多侧重于西方相关理论的介绍以及对西方发达国家发展对外贸易的经验总结,针对对外贸易与经济增长关系研究的文献多数以定性分析为主;第二阶段大致始于 21 世纪初期,研究内容开始向进口贸易与经济增长关系、服务贸易与经济增长关系等方向扩展,研究方法逐渐向定量实证研究转变,研究模型出现了多样化趋势,但研究对象以商品贸易为主。总体来看,由于国家尚处于工业化中后期,进出口贸易主要以制成品为主,因此,商品贸易与经济增长的关系始终是改革开放以来理论界研究的重点。

综观国内外有关贸易与经济增长关系的研究,普遍存在的问题是没有对贸易带动经济增长的传导机制进行深入分析,也没有对国内经济部门接受刺激的反应机制和扩散机制进行专门研究。本章将在已有研究基础上,借鉴贸易理论及经济学相关理论建立旅游服务贸易经济效应的总体分析框架,并在此框架下分析旅游服务贸易影响经济增长的渠道和机制。

第一节　旅游服务贸易发展经济效应的理论框架

在旅游业发展过程中,社区居民对发展旅游业的态度以及旅游者对当地社区的影响必须得到有效评估才能保持旅游业的健康发展。[③] 旅游业可持续

---

① OECD. Open Markets Matter: The Benefits of Trade and Investment Liberalisation. Economic Outlook, 1998, 63.

② RODRIGUEZ F, RODRIK D. Trade Policy and Economic Growth: A Skeptic's Guide to the Cross-national Evidence. NBER Macroeconomics Annual, 2000: 261 - 325.

③ ALLEN L R, et al. The Impact of Tourism Development on Residents' Perceptions of Community Life. Journal of Travel Research, 1988, 27(1): 16 - 21.

发展总是在最大化旅游收益和最小化旅游成本过程中实现。旅游业发展为社区带来了就业机会,有时还成为社区经济发展的主要内容。但是旅游业发展对社区的影响仍然没有得到很好的研究。Kreag(2001)将旅游业的影响分为87项共计七个大类,包括经济、环境、社会文化、拥堵、服务、税收、社区态度等,并指出这些影响有积极的,也有消极的,必须最大化积极影响带来的利益,最小化消极影响带来的损失,这样便可实现旅游业对社区的促进作用。以往在对旅游业发展影响的研究中,多数偏重于旅游业经济影响,而忽略了很多其他方面的影响。

本书认为旅游服务贸易对于东道国的影响也涉及诸多方面,但主要通过三种渠道对东道国社区产生影响,分别是经济渠道、社会和文化渠道、生态环境渠道等(见图5-1)。旅游服务贸易四种提供模式对东道国社区的影响并不相同。从旅游服务提供者的角度来看,跨境提供模式旅游服务贸易不涉及旅游消费者和提供者的位置移动,产生的影响基本不包括环境方面的直接影响,而主要集中于经济、社会文化等方面;过境消费方式旅游服务贸易需要旅游消费者位置移动并前往东道国,将会通过经济、社会文化、环境三个渠道对当地社区产生影响;自然人移动和商业存在方式旅游服务贸易需要自然人前往国外或通过海外商业存在提供旅游服务,主要涉及经济方面的影响,也包括自然人自身所受到的社会文化方面的影响,环境方面的影响主要作用于贸易对象国。

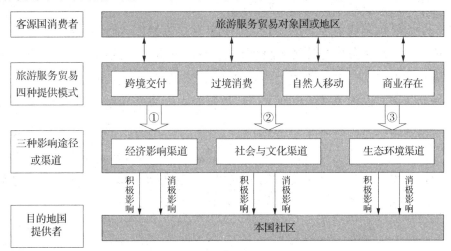

图5-1　旅游服务贸易对东道国社区的溢出效应示意图

当然并不是每种服务贸易模式都要经历同样的影响路径,但总体来说,所有旅游服务贸易模式对东道国的影响将主要集中于这三个渠道。这取决于当地社区旅游服务贸易提供模式的类型,但可以发现,每一种方式都会对社区产生或多或少的经济影响。这也是长时间以来人们关注的焦点,即主要集中于旅游服务贸易所带来的税收、劳动就业、外汇收入等,而旅游服务贸易对社区的经济影响(即图 5 - 1 中的渠道①)也是本书重点讨论的对象(图 5 - 2)。

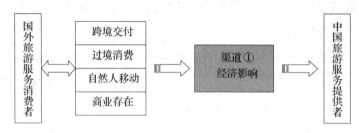

图 5 - 2　旅游服务贸易对东道国社区的经济影响示意图

一、旅游服务贸易影响经济增长的相关理论

相比于 200 多年的货物贸易理论研究史,服务贸易理论研究的时间就短得多。尽管商品贸易与经济增长关系的研究文献非常多,但贸易驱动经济增长的假说饱受争议,国际经济学、发展经济学以及新古典贸易理论对此分别有不同的阐述,何况服务贸易统计数据非常缺乏,更为服务贸易与经济增长间关系的讨论造成诸多不利条件。[①] 作为服务贸易的一种特殊类型,旅游服务贸易一直是服务贸易传统项目,以往对旅游服务贸易的研究主要集中于出入境旅游方式即过境消费方式的研究,对其溢出效应的分析也相应集中于消费者的移动。而在 WTO 框架下讨论旅游服务贸易溢出效应时,由于贸易概念及范围已经有了较大扩展,其溢出效应就不应局限于消费者的移动,也应研究提供者的移动或者两者都不移动的情况。也就是说,旅游服务贸易与经济增长间关系的讨论将涉及 GATS 框架下的四种提供模式,对于旅游服务贸易与经济增长关系的讨论必须建立在更加广泛的框架内。

---

① 庄丽娟.国际服务贸易与经济增长的理论和实证研究.北京:中国经济出版社,2007:1.

（一）经济增长及其决定因素的研究

经济增长是指一国潜在 GDP 或国民产出的增加,经济增长也可以看作生产可能性边界伴随着时间的向外推移,即当一国的生产可能性边界向外移动时,就实现了经济增长。[①] 对于生产可能性边界向外移动的力量来源,以哈罗德-多马模型为代表的古典经济增长理论认为主要来源于资本,即储蓄转化为资本的能力和资本产出率,因而资本积累处于决定性地位;以索洛-斯旺为代表的新古典经济增长理论将不能由劳动、资本投入解释的部分称为"索洛剩余"或称为"索洛残差",这个残差就是广义上的技术进步,因而技术进步对经济增长具有突出作用;以罗默、卢卡斯等为代表的新增长理论认为,技术不再是人类无法控制的外生变量,而是人类可进行投资的产物,新增长理论将知识、人力资本等内生技术变化因素引入经济增长模型中,提出要素收益递增假定,结果是资本收益率可以不变或增长,人均产出可以无限增长,并且增长可在长期内得到实现。

综观经济增长理论的发展,半个多世纪以来,现代经济增长理论经历了一条由外生增长到内生增长的演进道路,经济增长理论对不同生产要素作用的强调也有所不同。如果将经济增长理论再向前追溯和向后延伸的话,可以发现,虽然经济学家普遍认为经济增长应包括土地、劳动、资本、技术进步等要素,但早期经济学家如威廉·配第认为土地是财富之母,更加重视土地的作用;斯密以后的古典经济学家坚持劳动价值论,更加重视劳动对于经济增长的作用;现代经济学家更加关注资本对经济增长的贡献;当代经济理论特别是新增长理论更加重视技术进步对经济增长的重要作用;而以诺斯等为代表的新制度学派经济增长理论则认为经济增长的因素除了基本生产要素和技术以外,还有制度和体制方面的因素,并认为与技术进步相比,制度变迁是经济增长更为基本的原动力。可见投入要素的作用按第次经历了从土地→劳动→资本→技术→制度这样的变化路径,可以看出,对于经济增长源泉和动力的认识在不断扩展。后来,美国经济学家丹尼森和库兹涅茨进一步发展

---

① 保罗·萨缪尔森,威廉·诺德豪斯.经济学.18 版.萧琛,译.北京:人民邮电出版社,2008:484.

了经济增长的要素理论。20世纪70年代以后,丹尼森将索洛剩余进行了更加细致的量化,他运用因素分析法对美国1929—1957年经济增长进行了详细分析,并计算了各因素在经济增长中的作用。他把经济增长因素分为两大类,即生产要素投入和全要素生产率。生产要素投入包括就业人数和年龄性别构成、工作时数、就业人数的教育年限、资本存量的大小等四项内容;全要素生产率分解为资源配置的改善、市场范围和规模的扩大、知识的进展和在生产上的应用等三项内容。

新增长理论的出现标志着新古典经济增长理论与经济发展理论的融合趋势,显著特点是强调经济增长并不是由外部力量导致的,而是由经济体系内部力量(如内生技术变量等)导致的。新增长理论更加重视知识外溢,人力资本投资、研究和开发,收益递增,劳动分工和专业化,边干边学,开放经济和垄断等新问题的探索,为长期经济增长提供了一幅全新的蓝图。该理论自20世纪80年代产生以来,对世界经济增长尤其是对发展中国家经济产生了重要影响。新增长理论所揭示的不同于传统理论的经济增长机制及其政策含义也为开放型经济发展赋予了新的内容和形式,它强调国际贸易规模经济效应,也强调参与国际贸易可以形成"赶超效应"。传统经济增长理论对国际贸易仅从比较优势或要素禀赋理论角度进行解释而无法将贸易纳入经济增长模型中,但是新增长理论认为对外开放或参与国际贸易可以产生外溢效应,使知识和专业化人力资本能够在贸易伙伴国内迅速传递和积累,从而使贸易国的总产出水平提高,经济增长。同时,可以借机学习和吸收发达国家的先进技术,形成一种"赶超效应",向发达国家经济逼近。

要想全面阐释经济增长的因素,必须将以古典、新古典经济增长理论为代表的传统经济增长理论和以新增长理论、制度内生化增长理论为代表的现代经济增长理论结合起来;在分析经济增长原因时,应该综合考虑生产要素投入和全要素生产率两个方面的因素,并且需要强调全要素生产率中更加细致的内容;尤其是在经济全球化、区域经济一体化背景下,还必须综合考虑开放经济条件下的内源性增长因素(生产要素投入及国内全要素生产率)以及外源性增长因素(国外要素投入、外国技术及它们的外部效应)。

(二) 国际贸易影响经济增长的渠道与机制

通过对经济增长决定因素的分析可以发现,经济学家对经济增长的主要决定因素并不存在过多争议,普遍认为基本生产要素投入和全要素生产率是经济增长的重要决定条件,前者包括土地、劳动、资本、技术等;而后者则可以根据研究需要进行必要的扩充和细化,可以包括规模经济效应、制度因素、人力资本因素等。一般来讲,这些因素的变化将会直接导致经济增长的波动,而其他诸如贸易、分工等条件的变化也都会通过生产要素的变化间接影响经济增长。但在经济增长理论发展过程中,基本没有直接反映国际贸易的作用,因而迄今尚未形成统一的国际贸易促进经济增长的一般分析框架。① 贸易与经济增长关系的理论基准来源于多个角度,需要从其他相关经济理论的梳理中发掘贸易与经济增长间的关联。

在古典经济理论中,亚当·斯密认为分工和专业化生产可以促进劳动生产率的提高,从而增加国民财富。斯密认为通过国际间绝对优势进行的分工和国际贸易将会使各国的资源、劳动力、资本和技术得到最有效的利用,因为国际贸易为"剩余产品"找到了出路,可以充分利用开展贸易之前闲置的生产要素,达到提高资源配置效率、促进经济增长的目的。大卫·李嘉图利用比较优势原理述了分工和国际贸易促进经济增长的观点,与斯密所论述的贸易与经济增长的观点较为一致。两位经济学家都认为:贸易促进了分工,分工提高了效率,从而促进了经济增长。可以看出,贸易和分工导致了生产可能性边界的外移,从而达到促进经济增长的效果。

新古典经济理论的一个重大突破是将边际分析方法贯穿于经济分析的始终。这样新古典贸易理论便将比较优势的源泉从古典贸易理论中的这一唯一的生产要素扩展至劳动和资本两种甚至多种生产要素,并在生产要素投入与产出水平、要素供给与国际贸易间建立了一系列偏导数关系,从而建立了要素禀赋变动→比较优势变动→国际贸易结构变动之间的联系。即一国要素禀赋结构的变化会决定一国比较优势的动态变化,从而决定一国的贸易

---

① 庄丽娟.国际服务贸易与经济增长的理论和实证研究.北京:中国经济出版社,2007:60.

产品进出口结构。[①]

但通过比较古典、新古典经济理论发现,其对贸易与经济增长关系的讨论主要基于比较优势原理而进行,但不同的是:古典经济理论强调绝对优势与比较优势对经济增长的直接影响,可以称之为古典渠道;新古典理论强调要素条件对经济增长的间接影响,也可以说是根本性影响,新古典理论主要通过四大定理(S-S 定理、H-O 定理、H-O-S 定理和 R 定理)建立起要素条件与经济增长间的关联渠道,即新古典渠道。然而,古典、新古典理论并没有建立贸易与经济增长间直接的关联模型。贸易变量直接进入经济增长理论模型的代表是凯恩斯的国民经济核算恒等式以及新增长理论模型。

凯恩斯从国民收入恒等式 $Y=C+I+G+(X-M)$ 出发,认为国际贸易可以通过国际收支途径对国民收入和就业产生影响,并认为国际贸易净出口$(X-M)$的增长有利于国民收入 Y 的增长。同时,凯恩斯还推导出了对外贸易乘数,即出口所获得的外汇收入将会增加出口产业部门的收入和消费,从而引起出口相关部门收入的增加,这种不断累积的国际收入增加量将会数倍于出口量,但只有当贸易收支出现顺差时才会导致国民收入倍乘效应。

传统经济增长理论认为经济增长是由于经济系统外生因素导致的,例如,凯恩斯学派和新古典增长理论都认为一旦没有技术进步,经济增长就会停止。而新增长理论则认为经济增长是由于经济系统内生因素造成的,所以新增长理论又称为内生增长理论,新增长理论认为专业化知识和人力资本积累可产生总的规模收益递增,这便突破了传统经济理论规模收益不变的假定,从而为经济增长找到了持续和永久的动力源泉。[②] 新增长理论强调规模收益递增和外部性对经济增长的重要性,而积极参与国际贸易可以产生"外部效应",即加速知识、技术、人力资本等在贸易伙伴国内的积累,从而提高贸易国的总产出水平,促进经济增长。这样,贸易便直接进入经济增长模型并成为经济增长的一个重要变量,称之为新贸易渠道或者内生增长渠道。

综上所述,国际贸易与经济增长间的关联渠道或影响机制基本上可以归

---

① 庄丽娟.国际服务贸易与经济增长的理论和实证研究.北京:中国经济出版社,2007:61-62.

② 吴汉洪.新增长理论与国际贸易理论的发展.中国人民大学学报,1999(04):1-6.

纳为以下几点：

第一，以古典和新古典经济理论为代表的传统经济增长渠道（包括古典渠道和新古典渠道）。通过以比较优势为基础的国际贸易使国内分工能够在国际范围内延伸，使世界范围内的资源配置效率得到了提高，从而使各国的生产和消费增加，进而带动经济增长。

第二，以新增长理论为代表的内生化经济增长渠道（新贸易渠道或内生增长渠道）。贸易所带来的外部性使所有参与国际贸易的生产要素收益得到了提高，产生的规模收益效应带动了经济增长。

第三，短期内贸易可能通过国民收入恒等式途径（可以称之为凯恩斯渠道）影响国民产出，即贸易可以通过影响消费、投资等间接变量来影响经济的短期波动，从而也能对经济增长产生一定影响。

二、旅游服务贸易发展经济效应的分析框架

我国还未完成服务贸易统计与《国际服务贸易统计手册》的完全对接，对服务贸易及国际旅游业的分析数据基本来自国际收支统计口径，即 BOP 统计口径。因而国内对旅游服务贸易与经济增长关系分析的数据基本上分为入境旅游、出境旅游两个方面，这两个方面分别对应旅游服务贸易出口和旅游服务贸易进口，很少涉及另外两种方式的旅游服务贸易（自然人移动和商业存在）。

对于入境旅游与经济增长间关系的研究文献大多偏重于定量实证研究，对出境旅游与经济增长关系的讨论则绝大多数从定性分析入手，而对两者关系的研究也出现了较大分歧。无论是国外还是国内，关于旅游服务贸易与经济增长的关系均存在着不同观点，甚至是截然相反的观点。产生这些争议的原因主要在于，这些理论和实证研究并没有对旅游服务贸易影响经济增长的传导机制进行深入分析。不管是"贸易是经济增长的发动机"还是"贸易是经济增长的侍女"，抑或"贫困化增长学说"，对外贸易与经济增长间总是存在着千丝万缕的联系，这种联系有直接的影响渠道，也会有间接的变量来承接这种经济效应。从上文分析可知，这种联系一般会通过以下几种渠道或机制来进行，即古典渠道、新古典渠道、内生增长渠道、凯恩斯渠道等。如果再加上

对外贸易转移效应与创造效应对一国经济产生的影响,便可形成旅游服务贸易经济效应的总体分析框架(图5-3)。

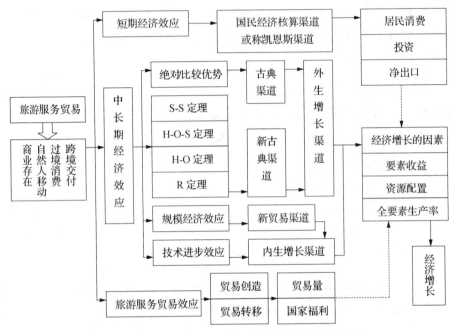

图5-3 旅游服务贸易发展经济效应的综合分析框架

从旅游服务贸易经济效应的总体分析框架(图5-3)可以发现,旅游服务贸易一般会通过三种机制来影响一国经济增长:一是旅游服务贸易短期影响机制,主要是通过凯恩斯渠道作用于经济增长的相关变量,凯恩斯主要分析消费与投资对国民收入的决定作用,而旅游服务贸易正是以消费和投资等中间变量对经济增长的决定因素产生影响进而作用于经济增长;二是旅游服务贸易的中长期影响机制,主要通过古典、新古典、新贸易理论等渠道作用于经济增长的相关变量,贸易理论主要从比较优势、要素禀赋、规模经济等入手来分析贸易的原因、基础或源泉,贸易主要通过产品或要素的国际流动来实现,贸易的最终目的是要为各国带来财富增长和福利改善,最终会对劳动、资本、技术等经济增长的直接决定因素产生影响,因而直接与经济增长建立关联;三是通过贸易效应(贸易创造和贸易转移效应)来改变贸易量或结构从而影响各国的福利水平,进而影响经济增长的决定因素,贸易效应属于短期效应的一种。

开放经济条件下,对外贸易部门可以成为一国国民经济的"吸收器",由此吸收的外汇还需要通过"分配器"在不同投资要素主体间(如社会成员或利益集团等)分配,再通过一个适当的"转换器"将要素收入或分配转换成消费或储蓄,传导至"产出器"或"储存器"形成最终经济产出,或为其他经济部门提供中间投入,最终对经济增长产生影响。因而要素投入不仅决定着贸易的规模与结构,也是经济增长最根本的决定因素,所有经济变量都将通过土地、劳动、资本、技术、制度等要素决定经济增长的实现。因而旅游服务贸易通过凯恩斯渠道(如消费与投资等)和贸易效应渠道(如贸易创造和贸易转移等)等短期经济变量影响经济波动的效果必然在长期以经济增长函数中要素变化或生产率的变化表现出来,也可以说,短期变量一定会汇总至影响经济增长的要素上来(见图5-3中的虚线表示)。

从旅游服务贸易定义来看,旅游服务贸易发生在旅游服务的提供者与消费者之间,可以有四种对应模式,这四种模式的效应并不等同,各有侧重。但出于统计数据的限制,本书重点考虑跨境旅游服务贸易形式。

第二节　旅游服务贸易发展对经济的影响机制

关于对外贸易与经济增长,早期经济学家认为顺差增加了国民财富从而促进了经济增长;凯恩斯则强调出口对经济增长的作用,并提出了国民经济恒等式来计量净出口对经济增长的贡献;古典经济学绝对优势与比较优势论认为,贸易与分工促进了贸易各方生产可能性边界的外移,从而实现了经济增长。从发达国家来看,对外贸易是影响经济波动的重要指标;从发展中国家来看,不少国家和地区将对外贸易作为重大国家发展战略。在国际分工合作不断加深的现实当中,对外贸易对经济增长具有显著作用,但衡量对外贸易对经济增长的作用是一个非常困难的问题,它不仅涉及技术性很强的统计问题,也会涉及一国政策取向。但总体来看,外贸与增长的关系大致沿着两条主线展开:一是数量增长,如规模速度增长,世界贸易排名或份额提高,贸易依存度提升等;二是质量和效益提高,即增长方式优化、贸易结构调整等。尤其是对于中国这一发展中国家来说,经历了从贸易大国向贸易强国的迈进,贸易增长方式将会变得越来越重要,如何客观地评价和衡量外贸对经济增长的贡献将会是一个非常重要的问题。

一、旅游服务贸易发展经济效应的短期机制

凯恩斯经济理论主要从"有效需求"方面论证经济波动的特征与原因。根据凯恩斯的理论框架(见表5-1),国民收入主要取决于消费与投资。消费取决于消费倾向和收入。消费倾向包括平均消费倾向和边际消费倾向。边际消费倾向与投资紧密联系并决定了投资乘数的大小。收入服从绝对收入假说条件。投资则取决于利率和资本边际效率。利率由三大流动性偏好(交易、预防、投机三大货币需求动机)及政府货币供应量决定。资本边际效率由生产技术决定并受资本预期收益率和资本内部报酬率影响。凯恩斯认为,边际消费倾向、资本边际倾向、流动性偏好等"三大基本心理因素"决定了国民经济周期波动的状态。

表5-1 旅游服务贸易发展的短期经济效应渠道

凯恩斯国民收入决定论	消费 C	消费倾向(c)	平均消费倾向($ac=C/Y$)
			边际消费倾向($mc=\Delta C/\Delta Y=dC/dY$)
		收入(Y)	
	投资 I	利率(i)	货币需求(L)(交易、预防、投机三大动机货币需求)
			货币供应量(M)
		资本边际效率(r)	预期收益率(r)
			资产收益率(R)(资本的内部报酬率)
	净出口 $X-M$	出口(X)	
		进口(M)	
贸易效应	贸易净效应	贸易创造(Trade creation)	
		贸易转移(Trade diversion)	

从短期渠道来看,凯恩斯认为一国经济增长主要取决于投资、消费和净出口三大需求因素,也即通常所说的拉动经济增长的"三驾马车"。分析旅游

服务贸易对经济增长的影响便可以从分析其与消费、投资和净出口间的关系出发。例如,旅游服务贸易与消费关系中对居民消费倾向的改变或影响;旅游服务贸易与投资关系中对固定资产投资的促进作用、基础设施的改进,等等;旅游服务贸易与净出口关系中贸易差额(国际收支)的影响,等等。

随着经济全球化进程的不断加快,区域经济一体化趋势日益明显,综观当今区域经济一体化组织,虽然差别很大,但都有一个共同点(亚太经济合作组织除外):对内开放,对外封闭。因而必然涉及贸易创造与贸易转移效应,区域经济一体化目的就是使特定的国家或地区利益最大化,这不仅要求注重内部效应,还要注意外部效应,以此来寻求最优解。

表5-1中贸易创造与贸易转移理论是分析自由贸易区和关税同盟得失的有效工具,最早由加拿大经济学家瓦伊纳在19世纪50年代初提出。瓦伊纳认为关税同盟不一定意味着向自由贸易过渡,因为它在伙伴国之间实行自由贸易,而对外部世界实行保护贸易,自由贸易和保护贸易相结合的格局会产生两种效果:贸易创造和贸易转移。关税同盟内部实行自由贸易,使国内成本高的产品为伙伴国成本低的产品所替代,原来由本国生产的产品现在从伙伴国进口,由此新贸易被"创造",本国可以把原来生产高成本产品的资源转向生产成本低的产品从而获益。同时,关税同盟对外实行统一关税,对第三国的歧视导致从外部进口减少,转为从伙伴国进口,贸易方向发生转变,产生"贸易转移",由原来从外部世界进口成本低的产品改为从伙伴国进口成本较高的产品,造成了一定损失。

由于各国贸易保护主义势力有所抬头,保障措施、反倾销措施、反补贴措施、绿色贸易壁垒、技术贸易壁垒增加,再加上自由贸易区的增加和扩大,产品由向一国出口转而向另一国出口的现象十分常见,成为国际贸易的一种常态,并影响一国的出口和整个国际经济秩序以及国际贸易自由化目标。本书所指的"贸易转移"主要指此种含义。

从短期来看,旅游服务贸易主要通过凯恩斯理论框架、旅游服务贸易创造和旅游服务贸易转移理论框架两种机制对国民经济相关变量产生影响。但本书暂不讨论贸易效应。

(一) 旅游服务贸易发展与消费

20 世纪 80 年代以前,对普通中国百姓来讲,出门旅游还是一个较为奢侈的想法,根据凯恩斯相关理论,可以重点从两个方面剖析:一方面,由于收入尚在温饱线上下徘徊;另一方面,由于旅游消费意识缺乏,旅游消费倾向很低。中华人民共和国成立至改革开放初期,旅游业主要作为中国外交事业的延伸和补充,承担着民间外事接待功能,尚不具备现代产业特征。由于受到种种限制,改革开放初期,国内旅游的方针政策是"不提倡、不宣传、不反对",国内旅游市场没有正式形成,旅游尚未进入普通民众视野。改革开放初期,在接待设施和交通条件非常落后的条件下,国家发展旅游业的重点是赚取外汇,因而形成了入境旅游"一枝独秀"的局面,入境旅游总体上保持了高速增长并成为改革开放一道靓丽的风景线。这段时期主要以接待海外入境旅游者为主,国内旅游仅有小规模差旅和公务活动,不存在严格意义上的出境旅游,旅游市场格局相对单一。进入新世纪后,国际经济环境和国内发展环境均发生了重大变化,国家把发展旅游业作为拉动消费和树立国际形象的重要产业。

改革开放以后,中国旅游业在不断产业化过程中逐渐走上了一条追赶世界旅游大国的道路,但与西方旅游发达国家有所不同:西方旅游发达国家一般都以国民旅游(包括国内旅游和出境旅游)作为旅游业发展的起点,而中国旅游业的发展次序则是先入境、后国内、再出境的顺序。因而在分析中国旅游服务贸易与消费的关系时,以入境旅游为代表的旅游服务贸易便成为居民旅游消费的重要影响因素。

根据凯恩斯线性消费函数可得:

$$C=C_0+mpc(Y-T)$$

其中 C_0 为截距项,或称为自发支出,内容包括除可支配收入以外的其他所有影响消费支出变量的作用。从消费函数可知,消费的决定因素主要包括两方面内容:一方面,当前可支配收入水平是决定一国消费的核心因素,是国民消费水平的主要决定因素;[1]另一方面是财富和其他影响,这又包括两种情

---

[1] 保罗·萨缪尔森,威廉·诺德豪斯.宏观经济学.18 版.萧琛,译.北京:人民邮电出版社,2008:100.

况,一种是如果居民拥有较多的财富则会导致较多的消费,另一种是如果消费者对未来预期更加乐观,则在给定可支配收入水平下,消费意愿会增加,在消费方程中的表现为截距项 C_0 增加。旅游业发端于入境旅游,是中国对外开放的先行者和推动者,而旅游服务贸易对居民旅游消费的影响主要表现在以下两个方面:一是国内旅游消费的变化;二是以出境旅游为代表的旅游服务贸易规模与结构的变化。

20 世纪 80 年代,旅游是重要的创汇产业。改革开放以来,无论是入境旅游人数还是旅游外汇收入都得到了巨大增长,为国家经济建设筹集了重要的外汇资金。在中国旅游服务贸易不断壮大的过程中,中国居民消费也经历着重要变迁。旅游服务贸易发展对中国公民的旅游消费观念产生了重要影响,带动了中国公民国内旅游以及出境旅游的兴起和发展,并推动中国从过去单一的世界旅游目的地向客源地转变。

1. 关于国内旅游

国内旅游从 20 世纪 80 年代中期快速崛起并加速发展。1993 年,国务院办公厅转发国家旅游局《关于积极发展国内旅游业的意见》,对国内旅游工作提出"搞活市场、正确领导、加强管理、提高质量"的指导方针,并自 1993 年起,国家旅游局每年委托国家统计局对大陆地区城镇居民国内旅游情况进行抽样调查统计。1993—2007 年的 15 年间,国内旅游人数从 4.1 亿人次增长到 16.1 亿人次,年均增速达到 10.3%,并从 2006 年开始,国内旅游达到了人均一次以上的旅游密度,国内旅游收入从 864 亿元增长到 7 771 亿元,年均增幅达到 17.0%,国内旅游市场发展不断深化。党的十七大提出坚持扩大内需特别是消费需求的方针,需要将促进经济增长的方式由主要依靠投资、出口拉动向依靠消费、投资、出口协调拉动转变。由此可以看出,国内旅游消费增长与党的方针政策内涵非常一致。

2. 关于出境旅游

出境旅游是旅游需求的延伸和升级,也是改革开放的必然结果。中国公民出境旅游自 20 世纪 90 年代中后期起蓬勃兴起,1990 年 10 月,率先开放中国公民自费赴新加坡、马来西亚和泰国等三国旅游;自 1997 年起,在试办港澳游、边境游基础上,正式开展中国公民自费出境旅游业务;至 2007 年底,已有132个国家和地区成为中国公民出境旅游目的地。中国不仅是世界上重要的旅游目的地,也是世界上重要的客源输出国。经过多年培育,中国旅游客源市场真正发展成为入境旅游、国内旅游、出境旅游三足鼎立的格局。

(二)旅游服务贸易发展与投资

从全球经济发展进程来看,发达国家消费主导型经济发展模式已经十分明显,大多数发展中国家虽然也向消费主导型经济模式转变,但从现阶段来看,仍然以投资主导型经济发展模式为主。[①] 中国自改革开放以来,一直将吸引外资作为重要经济发展政策,旅游服务贸易也作为补充外汇短缺途径而源起,因而在谈及旅游服务贸易时,必然涉及旅游投资问题。在直接投资方面,奉行"鼓励资本流入,限制资本流出"基本思路,对外资实行"超国民待遇"政策,外资在诸多优惠政策诱导下进入成本非常低,可以轻而易举地获得超额利润,刺激了全球范围内大量资本涌入中国。但对资本流出则采取了非常严格的管制措施。所以本书在分析旅游投资时,主要分析国外旅游资本的流入。还有一个重要原因是,对发展中国家来说,受到资金、技术和管理水平限制,其对外直接投资规模较小,吸引外国直接投资相对较多。因此,在国际直接投资(FDI)与贸易关系的研究中,发展中国家更加关注 FDI 流入对贸易的影响,即东道国角度的 FDI 流入与东道国对外贸易的关系。同样,作为对外直接投资主体,发达国家更加关注 FDI 流出对本国对外贸易的影响,即投资国角度的 FDI 流出与投资国对外贸易的关系。

国际直接投资和国际贸易分属于国际投资学和国际贸易学范畴,前者是指资本的国际流动,后者是指商品的国际流动。国际直接投资一般涉及投资国和东道国两个国家,对于投资国而言属于资本流出,对于东道国而言属于资本流入,所以联合国贸易与发展会议等国际经济组织在统计全球国际直接投资规模时,将国际直接投资分为国际直接投资流出(FDI outflow)和国际直接投资流入(FDI inflow)两个方面。前者表示一国对其他国家直接投资规模,后者表示一国所吸引的其他国家直接投资规模,两者都被称作

---

① 项俊波.结构经济学:从结构视角看中国经济.北京:中国人民大学出版社,2009:269-270.

国际直接投资。在国内,国际直接投资流出通常被称为对外直接投资;国际直接投资流入则称为外商直接投资,也称为外国直接投资。贸易与投资的关系自20世纪50年代以来逐渐成为国际经济学的热点问题,国际直接投资与国际贸易的紧密联系也得到了人们的普遍认可。20世纪90年代中期以后,投资与贸易的关系才引起国内经济学研究者关注,并在近些年得到了迅速发展,从而成为国际经济领域的研究热点。[①] 但无论是国际贸易理论还是国际投资理论,对投资与贸易的关系一直没有得出明确结论,投资与贸易关系的研究一直存在着"替代论"和"互补论"的争议。

中国积极有效地利用外资,是世界上吸收外资最多的国家之一,并正在成为发展中的对外投资大国。由于投资与贸易的互动和融合,因此,投资不仅加快了经济增长步伐,增加了就业,也使中国与各国或地区形成了共赢关系,为中国创造了更为有利的国际环境。旅游服务贸易促进了中国改革开放的进程,在转变观念、体制创新、管理方式和经营模式转变等方面都发挥了先导作用,通过旅游服务贸易的发展,中国对外贸易伙伴不断增加,率先走在促进经济发展的前列。国际贸易与投资关系的研究不仅是发展中国家外向型经济政策制定的基础,对中国经济可持续发展也具有重要现实意义。

利用国际资金、借鉴国际先进经验和技术始终是旅游业提高发展水平的一条捷径。根据商务部的统计数据,截至2006年底,中国旅游服务领域共计利用外商直接投资项目3 347个,合同外资累计金额达127.21亿美元,实际利用外资累计金额达到72.79亿美元。中国旅游业发展初期,旅游供给短线制约与国民经济短缺紧密联系在一起,突出表现为饭店短缺、交通紧张,以及旅游基础设施成为旅游业进一步发展的瓶颈。1981年,国务院《关于加强旅游工作的决定》指出:目前旅游接待条件较差,这个矛盾要逐步解决。1979年,中国出现了第一批中外合资项目,最早批准的三个合资项目都从属于旅游企业,旅游业成为对外开放的前沿。从20世纪70年代末到80年代末,中国旅游业利用外商直接投资共约50亿美元。通过对外资的大量引进,全国很多旅游城市和经济发达地区相继建设了一批新型旅游饭店,住宿接待设施

---

① 张鹏.外商直接投资与中国对外贸易关系研究.北京:经济科学出版社,2008:1-10.

紧张的状况得到一定程度缓解；同时外资进入也伴随着经营管理人员的流入，大大提高了中国旅游饭店经营服务水平，为中国旅游业长远可持续发展奠定了坚实基础。

20 世纪 80 年代中期以来，旅游工作的重点逐渐转移到旅游产业体系培育方面。1985 年，国务院在批转的国家旅游局《关于当前旅游体制改革几个问题的报告》中提出，要从只抓国际旅游转为国际、国内一起抓；从以国家投资为主建设旅游基础设施转变为国家、地方、部门、集体、个人一起上，自力更生与利用外资一起上；从主要搞旅游接待转变为开发、建设旅游资源与接待并举。该项指导方针积极促进并引导了各类资本向旅游业聚集，标志着中国旅游业进入全面构建旅游产业体系的新阶段。

中国旅游产业体系的培育经历了从计划到市场、从封闭走向开放的渐变过程。旅行社由高度计划到充分竞争，随后又放松了所有制的管制，允许民营资本进入。加入 WTO 以后，旅行社业开始面向世界开放，大大加快了旅游业国际化进程，目前我国旅行社业已经向境外资本和民间资本两个市场同时开放，市场竞争格局全面形成。

根据凯恩斯宏观经济学相关理论，投资的决定因素主要有三个：收入、成本和预期。中国旅游业作为对外开放的重要窗口，为外资进入提供了众多优惠政策环境和人文环境，外资进入成本低但收益非常高，因而获得了巨额超额利润，这种超额利润也成为进一步吸引外资进入的重要条件。因为跨国企业对投资中国旅游业的利润预期变得更加乐观，增强了企业的投资信心。以上三个决定因素和有利条件不仅吸引了大批外资进入中国旅游业，也吸引了国内众多民营资本和其他资本聚集于旅游行业。

（三）旅游服务贸易发展与国际收支

国际收支概念总是伴随着国际经济交易的发展而变化。资本主义原始积累时期，国际经济交易主要为对外贸易，因而国际收支概念即一国对外贸易的差额；金本位崩溃以后，演化为狭义的国际收支概念，即一国一定时期内的外汇收支；第二次世界大战后，国际经济交易内容和范围不断扩展，逐渐演变为各国普遍接受的广义国际收支概念，即一国一定时期内全部国际经济交易的货币价值总和。因而国际间的货币收支及其他以货币记录的经济交易共同构成了国际收支的主要内容。国际货币基金组织提出的国际收支定义为:国际收支是一种统计报表,系统记载了一定时期内经济主体与世界其他地方的交易,大部分交易在居民与非居民之间进行。由此可见,居民与非居民间的交易是国际收支的主要记录对象。而 GATS 对于服务贸易的四种提供模式中,商业存在形式的服务贸易类型并不包含在国际收支平衡表中,因为商业存在形式的服务贸易主要记录居民与居民之间交易。对于旅游服务贸易来讲,旅游商业存在所完成的旅游服务贸易也不包含在国际收支平衡表中,国际收支平衡表只能通过直接投资项目来间接反映旅游商业存在的大体情况。因而此处主要分析跨境旅游服务贸易(即国际出、入境旅游)对国际收支的影响,对于商业存在形式的旅游服务贸易只能通过直接投资来间接反映。

在国际收支平衡表中,旅游被统计在"经常项目"大项下"货物和服务"子项下"服务"中的第二项"旅游"项目中。由于入境旅游对应旅游服务出口,一般认为出口对于经济发展会起到明显的促进作用,因此,各国对入境旅游普遍采取鼓励政策;出境旅游对应旅游服务进口,其规模扩大将会增加外汇支出,因此,出于"奖入限出"导向的经济发展策略,一国一般会依据自身经济发展水平和阶段来调整出境旅游政策。从历史来看,中国入境旅游发展较早,国家一直非常重视入境旅游市场的宣传与开发,并在政策上给予较多倾斜。在特定历史时期,重商主义倾向的贸易政策为国家经济建设带来了重要的外汇资源。从中国目前的经济发展水平和阶段特点来看,对入境旅游的倾斜政策在相当长时期内是必需的。

第一,在国际收支的整体结构方面。国际收支平衡表主要包括四个项目:经常项目、资本和金融项目、储备资产、净误差与遗漏。1991 年以来的中国国际收支情况表明,除 1992 年、1993 年、1998 年之外,其余各年份国际收支均处于"经常项目顺差、资本和金融项目顺差"的"双"顺差格局。[①] 双顺差格局与中国长期以来吸引外资政策和出口导向政策密不可分,它为国家发展

---

　　① 蒲应,李莉.中国国际收支双顺差的研究进展.浙江金融,2007(3).

做出了重要贡献,但这种贸易格局饱受争议和批评。实际上,中国双顺差贸易格局在很大程度上是由外商投资企业"贡献"的,并且主要集中于商品贸易领域。如果将外商投资企业贸易顺差部分扣除,中国内资企业的贸易顺差将会非常低。中国的高额国际贸易顺差并不能真实反映中国从国际贸易中所获得的实际利益。因此,对于旅游服务贸易出口,仍然具备巨大发展空间。

第二,在服务贸易收支结构方面。目前中国贸易顺差的主要项目是货物贸易,中国出口的大量物品是低附加值劳动密集型产品,即用大量一般劳动出口换取外汇。但从国际贸易长远发展规律来看,服务贸易比重将会在未来国际贸易中占据更加重要的位置。而在服务贸易领域,根据比较优势理论,作为发展中国家的中国应利用劳动力资源比较优势从国际服务贸易中获得比较利益,而事实上,中国却在大量进口服务,服务贸易一直以来都处于逆差状态。这种严重不对称状态急需改变。而服务贸易中只有旅游这一项目在较长时期内保持了顺差,旅游服务贸易在中国服务贸易中的独特地位决定了它在目前阶段不应承担平衡国际收支顺差、调节国际贸易关系的功能,中国必须仍然以传统服务贸易项目作为基础或支撑。中国拥有发展旅游项目的丰富资源,而旅游服务贸易也将为中国成为世界服务贸易大国起着重要的支撑作用,旅游项目的国际收支顺差也将成为降低和扭转中国服务贸易国际收支逆差的关键项目。

第三,在中国经济发展的阶段特点方面。根据世界旅游市场发展一般规律,人均GDP超过3 000美元以上,洲际旅游需求才会兴盛。中国目前正处于工业化初始阶段,贫富差异仍然较大,且人均GDP不足1 800美元,从旅游市场发展的规律来看,尚不具备大规模发展出境旅游的经济基础。根据凯恩斯开放经济条件下的国民收入决定方程式:$Y=C+I+G+X-M$,投资、消费和出口一直是拉动经济发展的"三驾马车",而中国一直以投资和出口作为重点来带动经济较长时期的快速发展,其中,出口长期以来在中国经济发展中"一枝独秀"。就现阶段来讲,虽然东部地区经济相对发达,但中、西部地区发展仍然缺乏资金支持,因而资本注入以及出口拉动仍然不失为这些地区发展的重要推动因素,而相对于其他产业的发展,旅游业在这些地区的发展具有先天发展优势,旅游外商直接投资的进入以及旅游服务贸易出口可以成为平衡东、中、西部发展的重要工具。如果为了达到国际收支平衡目的,违反社会经济发展规律,人为扩大出境旅游规模,虽然短期内可以降低贸易顺差,但这并不是市场自发的结果,必然会损害社会整体利益,从而影响宏观经济和区域经济长远发展目标。日本、中国台湾地区大规模发展出境旅游时都处在经济发达阶段,并基本完成了产业结构的升级改造。

二、旅游服务贸易发展经济效应的长期机制

凯恩斯采用的是短期、静态均衡分析方法。现代经济理论认为,一国对外贸易对经济增长的贡献,可以从长期和短期两个角度来分析。短期来看,一国经济增长主要取决于投资需求、消费需求和净出口需求三个因素。但是如果从长期供给角度来分析,经济增长的主要因素则是要素供给增加和全要素生产率提高两大类。[①] 旅游服务贸易影响经济增长的渠道也不会超越这两个基本途径或渠道。根据一般性生产函数 $Q = f(N, L, K, E)$,其中 Q、N、L、K 和 E 分别代表某个时期的产量、投入的土地、劳动、资本、企业家才能等,生产函数可以描述各种投入要素使用量与利用这些要素投入所能生产出某种商品最大数量间的关系。在实际运用中,一般以柯布-道格拉斯生产函数(C-D 函数)$Y = AK^{\alpha}L^{\beta}$(A 代表综合技术水平,可以包括经营管理水平、劳动力素质、引进的先进技术等)最为多见。从 C-D 函数表达形式可以发现:经济产出一般从两个方面分析,一是要素收益方面(如固定资产收益、劳动者收益等);二是以经营管理水平等为主的全要素生产率水平。

下文将分别从这两大类变量出发,分析旅游服务贸易对经济增长变量的长期影响。贸易学家们一直比较关注国际贸易与要素所有者收益间的关系,不论是古典贸易理论、新古典贸易理论,还是新贸易理论、新兴古典贸易理论都有关于收入分配问题的解释。古典贸易理论和新古典贸易理论主要从要素收入方面来研究贸易与经济增长间的关系;而新贸易理论和新兴古典贸易理论则主要从全要素生产率角度,即生产函数中的 A 变量来分析贸易与经济增长间的关系,如人力资本、经营管理水平、技术溢出等。总体来看,古典、新

---

① 石传玉,王亚菲,王可.我国对外贸易与经济增长关系的实证分析.南开经济研究,2003(1):53-58.

古典贸易理论在论述贸易与经济增长关系时,将技术看成外生变量;而新贸易理论以及新兴古典贸易理论在分析贸易与经济增长关系时,则将技术等变量作为内生变量来考虑。但无论如何,贸易促进经济增长的渠道都不会超越要素与全要素生产率这两个最基本的渠道。

(一) 旅游服务贸易发展与要素报酬

对于贸易与要素间关系的讨论主要体现在古典与新古典贸易理论中。古典经济学家亚当·斯密和李嘉图对贸易与要素间关系的解释主要基于劳动价值论基础,古典贸易理论假定经济中只存在劳动这一种生产要素,各国贸易的基础是基于劳动生产率不同而引起的比较优势,而贸易对于经济增长的影响也主要通过劳动工资比率变化来体现。新古典贸易理论主要以要素禀赋为基础,认为国际贸易可以使贸易双方获利,新古典贸易理论还阐述了贸易与要素的关系,其中最具代表性的理论是要素禀赋理论(H-O 理论)、要素价格均等化定理(H-O-S 定理)、斯托帕-萨缪尔森定理(S-S 定理)和罗伯津斯基定理(R 定理)。

1. 古典贸易渠道

古典贸易理论的典型形式是 $2 \times 2 \times 1$ 模型,即两个国家(甲国,乙国),两种商品(商品 1,商品 2),一种生产投入要素——劳动(L)。由于只有一种生产投入要素,因而对于要素报酬的讨论主要集中于对劳动工资变化的分析。这里以李嘉图比较优势模型为基础讨论贸易对于劳动工资的影响。

贸易开放前,保持要素投入比例不变,就单位商品的劳动投入来讲,假定 $a_{甲,1}/a_{甲,2} < a_{乙,1}/a_{乙,2}$,就商品相对价格来讲,假定 $p_{甲,1}/p_{甲,2} < p_{乙,1}/p_{乙,2}$,可知,甲国在商品 1 上具备比较优势,而乙国比较优势在于商品 2。由于劳动要素在一国国内不同产业间自由流动,因而劳动工资在一国国内是相等的,这样,两国相对工资即 $w_甲/w_乙 = (p_{甲,1}/a_{甲,1})/(p_{乙,1}/a_{乙,1}) = (p_{甲,2}/a_{甲,2})/(p_{乙,2}/a_{乙,2})$;贸易开放后,甲、乙两国将按照比较优势来进行专业化生产,两国产品相对价格会出现均等化,而新的国际比较价格将介于贸易前各国比较价格之间,可得:

$$\frac{p_{甲,1}}{p_{甲,2}}<\frac{p_{世界,1}}{p_{世界,2}}<\frac{p_{乙,1}}{p_{乙,2}},\frac{a_{甲,1}}{a_{甲,2}}<\frac{p_{世界,1}}{p_{世界,2}}<\frac{a_{乙,1}}{a_{乙,2}}$$

贸易后世界相对价格将处于贸易前两国相关产业的相对价格之间,从而两国的劳动工资比率也会介于贸易前两国相关产业的劳动生产率之间。[①]

从旅游劳动角度分析中国旅游服务贸易,可以根据经验认为,丰富的旅游劳动力资源将会使中国以劳动资源依赖型的旅游产品获得比较优势,并会使得旅游从业人员劳动工资率趋于上升。

2.新古典贸易渠道

与古典贸易理论只有一种生产要素投入不同,新古典贸易理论(H-O理论)中出现了两个生产要素,它是典型的 $2\times2\times2$ 模型,两种要素可以是资本和劳动,也可以是土地和劳动等。在古典贸易理论中,贸易的原因在于劳动这个唯一的生产要素在两国使用效率上的差异,而 H-O 理论则将贸易的原因归咎于两国两种生产要素相对丰裕度上的差异。在新古典贸易理论看来,一国应该专业化生产并出口那些在生产过程中密集使用其要素丰裕的商品,进口那些密集使用其要素稀缺的商品。因为对于一国来讲,禀赋相对丰裕的某种要素相对价格较低,在生产过程中密集使用可使商品具备成本优势。要素禀赋理论并没有直接讨论收入分配问题,但 H-O 理论的相关推论涉及要素价格变化,即要素报酬变化问题,代表性学说有要素价格均等化定理(H-O-S定理)、斯托帕-萨缪尔森定理(S-S定理)和罗伯津斯基定理(R定理)。

H-O-S定理是萨缪尔森在 H-O 定理基础上发展起来的。H-O 定理认为国际贸易将导致各国生产要素相对价格和绝对价格趋于均等化,而 H-O-S 定理则更进一步认为要素价格均等化不仅是一种趋势,还是一种必然,国际贸易将使不同国家间同质生产要素的相对和绝对收益必然相等。根据 H-O-S定理,在只有劳动和资本两种生产要素的两个国家之间,贸易开放之前,劳动富裕的本国劳动相对价格低于资本富裕的外国;贸易开放之后,随着生产调整,两国富裕要素价格趋于上升,稀缺要素价格趋于下降,两国相对要

---

① 朱钟棣,王云飞.我国贸易发展与收入分配关系的理论研究和实证检验.北京:人民出版社,2008:16.

素价格间的差距逐渐减少,这种调整将一直持续至贸易均衡为止,即两国相对要素价格完全相等。若两国要素相对价格不等,则两国商品相对价格也不会相等,贸易不会达到均衡点。因此,H-O-S 定理认为在贸易实现均衡状态时,不仅两国商品相对价格会趋于相等,要素相对价格也会趋于相等,不仅如此,经过萨缪尔森发展的 H-O-S 定理进一步认为两国的每一种要素绝对价格也会趋于完全相等。在完全竞争市场条件下,旅游服务贸易开放后,在 H-O 定理假设前提下,所有旅游服务生产要素报酬的相对水平和绝对水平也将会趋于完全相等。

S-S 定理认为,贸易不断开放的经济体会出口密集使用其要素丰裕的商品并导致该出口商品价格趋于上涨,出口商品价格提高引起出口商品生产增加,从而引致此商品生产中密集使用的要素价格上升。例如,如果一国出口劳动密集型产品而进口资本密集型产品,则该国劳动工资率将会趋于上升而资本回报率会趋于下降。由该定理可知,贸易将会缓解该国要素收入间的差距。若将该定理所分析的要素进行扩展,则贸易会导致一些要素的价格上升和另外一些要素的价格下降。因此,在 H-O 定理假设条件下,贸易将会导致某些要素所有者收入上升而另一些要素所有者收入下降。[①] 对于旅游服务贸易来讲,中国旅游资源丰富、旅游劳动从业人员数量众多,可以设想,旅游资源要素收益及旅游劳动从业人员工资将会趋于上升,而以旅游资本、技术为代表的要素所有者收益将会趋于下降。当然,S-S 定理也可以从贸易引起要素需求增加角度进行分析,假定两种生产要素分别为熟练劳动力和非熟练劳动力,两个国家分别为熟练劳动力丰裕的外国和非熟练劳动力丰裕的本国。那么贸易发生后,对于发展中国家,贸易会增加对非熟练劳动力的需求,从而提高非熟练劳动力工资率,并且越是非熟练劳动力相对供给多的国家,对于非熟练劳动力工资提高越多,而熟练劳动力工资率将会降低。而如果将两种要素做出一些改变,如将熟练劳动力换成资本,分析的结论完全相同。[②]

---

① 朱钟棣,王云飞.我国贸易发展与收入分配关系的理论研究和实证检验.北京:人民出版社,2008:18-22.

② WOOD A, RIDAO-CANO C. Skill, Trade, and International Inequality. Oxford Economic Papers, 1999, 51(1): 89-119.

　　R 定理阐述的是,如果要素价格和商品价格均保持不变,一种生产要素数量增加而另一种生产要素数量保持不变时,那么密集地使用前者进行生产的产品数量将增加,而密集使用后者进行生产的产品数量将减少。如果深入分析这一定理可以发现,在要素和商品价格不变的条件下,一国比较优势并未因此发生改变,如果两种要素同比率增加,则要素增长的结果将是"中性"的;如果具有比较优势的产品所使用的要素存量增加,则不仅会导致生产中密集使用该要素的产品在产品产量中的份额增加,而且会导致这种产品产出绝对量增加,另一种产品的产出则绝对减少。R 定理表明要素禀赋的变化决定着资源配置的变化,也就是产业结构的调整。R 定理也有力地暗示了现代比较优势理论存在着动态变化的性质。[①] 旅游服务贸易所需要的生产要素并非一成不变,在旅游资源内涵不断拓展的条件下,新的旅游吸引物不断被创造或发现;在进行旅游国际交流时,先进管理技能和技术外溢效应也不断改变着不同旅游服务贸易提供模式的贸易量和贸易结构比重;随着改革开放的不断深化发展,外资和民间资本被不断引入旅游业,旅游业投资规模及存量规模都已经得到了很大改观。这些要素存量的动态变化直接影响中国旅游服务贸易的发展,同时这些生产要素的收入或者报酬也不断受到旅游服务贸易发展的调整。

　　对比以上国际贸易四大定理可以发现,H-O 定理和 H-O-S 定理直接涉及国际间要素和商品价格的变化趋势;S-S 定理和 R 定理则涉及国内要素价格变化间的关系。因而旅游服务贸易对国内旅游服务生产要素的影响可以在两个递进的步骤下进行:一是要素收益在国际间的传递;二是要素价格在国内各区域间的传递。

(二) 旅游服务贸易发展与全要素生产率

　　新古典贸易理论讨论了完全竞争、规模报酬不变条件下的国际贸易问题,新贸易理论则重点阐述了垄断竞争和规模经济条件下的国际贸易问题。从前文分析可知,经济增长就是经济实际产出的增长,或者说是生产可能性

---

① 李辉文.现代比较优势理论的动态性质——兼评"比较优势陷阱".经济评论,2004(1):42-47.

边界的外移。经济增长来源可以分为两类因素：一类是生产要素资源数量规模的增加；二类是生产要素、生产手段、生产模式或产品技术进步等因素引致的经济增长。第二类因素可以统称为技术进步因素，根据技术进步来源方式差异又可将经济增长划分为外生经济增长和内生经济增长两类。外生经济增长理论认为技术进步如天赐之物，是外生的，经济增长依赖于外生人口增长率和投资增长率等要素，以上古典贸易理论和新古典贸易理论皆属于外生经济增长类别；内生经济增长理论认为技术进步来源于经济活动本身，如研究与开发、教育与培训、干中学等，技术进步是内生的。如新贸易理论以及新兴古典贸易理论都属于内生经济增长类别。

从中国经济发展的现实来分析，单纯依靠要素增长，如投资推动的经济增长等，带来了诸多矛盾和摩擦，这种依靠消耗资源的要素投入型经济增长也会遭遇储蓄率和劳动力"红利"瓶颈。在经历了多年高速增长之后能否持续快速增长下去一直以来都吸引着很多经济学家和政策制定者们关注。尤以克鲁格曼为代表，其理论核心是如何衡量社会"全要素生产率"并指出全要素生产率对经济增长有更持久的影响力。而这种持续增长力必然由资本驱动型增长向创新驱动型增长转变，由投资型增长转向效率型增长，必须将全要素生产率内涵更加丰富化，必须关注依靠科技进步和加强管理来促进全要素生产率的提高。全要素生产率的增长来源于资源配置的改善、规模的节约和知识的进展。这应成为理解和分析中国经济未来增长机理的重要基础。从经济学角度来分析，在开放经济条件下，内需和外需是一国需求的重要组成部分，无论是发达国家还是发展中国家，对外经贸对经济增长的推动力都是显而易见的。一般来讲，一国在经济起飞阶段，对外经贸所起的作用较大；而当经济发展趋于成熟时，对外经贸的作用会相对下降，经济增长的动力将主要来自内需的扩大。但就目前来讲，作为一个发展中大国，中国在外贸出口和利用外资方面正面临一个结构调整期，外贸的作用不可忽视，更适合于新贸易理论的原则。

新贸易理论虽然扩大了国际贸易的原因和基础，但它没有考虑交易效率提高对贸易的作用。20 世纪 80 年代以来，以杨小凯为代表的经济学家运用超边际分析方法等现代分析工具发展出新兴古典经济学，将古典经济学中关于分工和专业化的思想运用到国际贸易解释中,形成了新兴古典贸易理论。该理论认为基于分工和专业化的内生比较优势演进是国际贸易发展的源泉,分工和专业化程度越高,生产效率就越高,但交易费用也随之提高,交易效率会降低,因而就产生了分工、专业化与交易费用的两难冲突。国际间分工的好处会被交易费用的提高削减,而交易费用与交易效率是负相关,国际贸易之所以在国内贸易之后发展起来,就是因为与国内贸易相比,国际贸易有额外的交易费用,如关税和其他贸易壁垒所产生的交易费用等。新兴古典贸易理论因此认为一国参与国际贸易的程度可用分工水平和交易效率来解释。一国最大化分工和贸易的好处,关键在于提高交易效率,通过分工创造内生比较利益,而不仅仅是依赖外生比较利益。①

通过以上分析可以发现,围绕国际贸易产生的原因和基础的探讨基本上与经济增长的"索洛残差"即全要素生产率内生化的讨论相互联系。对于全要素生产率所包括内容的不断拓展与分解过程,也是国际贸易促进经济增长渠道逐渐与全要素生产率所包含内容相互融合的过程。经济增长经历了从主要依赖劳动资源到依赖劳动和物质资源,再到依赖人力资本推动的技术进步等内生变量的过程,而不仅仅局限于外在的禀赋要素促进。

1. 新贸易理论渠道

传统贸易理论有一个非常重要的假设前提,即无论是要素市场还是商品市场都是完全竞争的,国际贸易中用来交换的商品是同质的,因此,传统贸易理论只是考虑行业间的商品交易。但传统贸易理论无法解释日益发展的行业内贸易现象,新贸易理论则通过产品差异、规模报酬递增、不完全竞争市场等很好地解释了这些现象。新贸易理论也涉及贸易与要素报酬间的关系,指出贸易的发展将会给各国带来好处:一是可以带来劳动实际工资的上升;二是可以为国内消费带来更多可选择的多样化商品。当然,与S-S定理所强调的不同,贸易开放不会造成本国稀缺要素收入降低,规模报酬递增的好处将会对所有生产要素收入起到提高作用,稀缺要素也不例外。由于出现时间较晚,新贸易理论有关贸易与要素收入关系的探讨只有为数不多的模型,其中

---

① 张明洲.新兴古典贸易理论中的交易费用与效率.商业时代,2007(28):26-28.

以 Brown,Deardorff & Stern(1993)分析北美自由贸易区(NAFTA)的模型最具代表性。[①] NAFTA 形成后,由于规模经济、不完全竞争和产品差异化等新贸易理论所强调的因素对实际工资的影响或多或少抵消了因 S-S 定理所预期的将会减少稀缺要素的实际工资。[②]

对于旅游服务贸易,服务因人而异,显然不具备完全竞争的特征,属于不完全竞争市场下的旅游服务商品交换。对于不同提供模式的旅游服务贸易,服务贸易所交易的商品也具有不同特征,例如,以跨境交付为主的旅游服务贸易更多地涉及网络技术、电子商务方面的技术,其成本随着消费者的增多而不断递减,技术进步效应和规模经济效应显著;对于以过境消费为主的提供模式,不同国家拥有类型迥异的旅游资源类型,产品的差异性导致了旅游产业内贸易现象。

古典、新古典贸易理论以及新贸易理论都论及贸易与收入的关系,但古典贸易理论适用于分析国家间的要素收入差距问题;新古典贸易理论中基于H-O 理论的 S-S 定理是直接分析贸易与要素报酬关系的经典理论,但它的成立需要严格的约束条件,即 H-O 理论的前提条件;新贸易理论则放宽了 S-S定理的假设条件,将规模经济、产品差异性以及不完全竞争等条件加入贸易与要素收入关系的分析中,使该定理更加适用于贸易现实的发展,但其分析思路依然没有超越 S-S 定理框架,某种程度上只是对 S-S 定理的发展。[③]

新贸易理论基于规模经济和不完全竞争视角对国家间产业内贸易进行了解释。规模经济可以来源于内部规模经济和外部规模经济两个方面,内部规模经济来自单个企业规模扩大而带来的收益递增,企业专业化生产不断扩大规模,形成少数垄断性企业和差异化产品,这样便形成了不完全竞争市场状态;外部规模经济则来自企业的集聚,集聚可以产生外部经济效应,降低生产成本,提高生产效率,从而为国际贸易提供与要素禀赋类似的基础动力和原因。

---

① 朱钟棣,王云飞.我国贸易发展与收入分配关系的理论研究和实证检验.北京:人民出版社,2008:29-34.

② BROWN D, DEARORFF A, STERN R. Protection and Real Wages: Old and New Trade Theories and Their Empirical Counterparts// New Trade Theories: A Look at the Empirical Evidence. Bocconi University, Milan,1993.

③ 朱钟棣,王云飞.我国贸易发展与收入分配关系的理论研究和实证检验.北京:人民出版社,2008:37.

从第三章中国旅游服务贸易发展空间特征分析来看,中国旅游服务贸易规模增长的过程也是其地理空间不断转移和集聚的过程,在此过程中,旅游服务贸易作为一个重要变量参与地区间经济发展的辐射和集聚效应,为带动区域经济和谐发展做出了巨大贡献。旅游服务贸易不仅为地区经济发展带来了巨大就业机会,也带动了地区经济增长软实力的提高。在与旅游者交流过程中,先进的技术人才和管理经验不断被当地消化,地区经济要素也在贸易过程中通过"干中学"过程不断吸收先进的发展理念,这些先进理念在参与地方经济发展过程中将会产生巨大的内生优势,会通过对经济要素潜移默化的影响来改变传统经济增长方式,优化地区经济结构。

2. 新兴古典贸易渠道

新兴古典经济学产生于20世纪80年代,以此为基础发展起来的新兴古典贸易理论依托新兴古典经济学的新框架,将贸易原因归结为分工带来的专业化经济与交易费用两难冲突相互作用的结果,为解释贸易产生的原因给出了新思路。新兴古典贸易理论重新考虑了亚当·斯密的绝对分工理论,并提出了与传统观点不同的看法,即斯密理论并非李嘉图先天比较优势的特殊情况,而是与其本质不同的后天内生绝对优势理论,所以斯密的理论更具一般意义。在以杨小凯为代表的新兴古典贸易理论学家来看,后天内生优势比先天比较优势更加重要。这样,新兴古典贸易理论从本质上说是一种内生动态优势模型,是贸易理论和贸易政策统一的模型,也是国内贸易和国际贸易统一的模型,能够整合各种贸易理论,是贸易理论的新发展。[①]

新兴古典贸易理论与新贸易理论都持内生优势观点,都假设不存在先天优势(如劳动生产率差异、资源禀赋差异等),专注于分析后天优势。它们的区别是,新贸易理论强调规模经济对贸易的影响,将分工和专业化等因素全部反映在规模经济因素里面;而新兴古典贸易理论则更多关注分工带来的专业化经济对贸易的影响,将分工和专业化因素进行单独考虑,并认为经济增长的促进因素是分工与专业化而非规模经济。新兴古典贸易理论解释了新贸易理论所不能解释的国内贸易向国际贸易演进的原因,这样国内贸易与国

---

①　杨小凯,张永生.新兴古典经济学与超边际分析.北京:中国人民大学出版社,2000.

际贸易之间便建立了自然联系。

新兴古典贸易理论对分工相关因素的讨论涉及众多变量,如产品种类、商业化程度、市场一体化程度、一国参与贸易程度、经济结构、收入分配、贸易政策等,这些变量在新兴古典贸易模型中都给出了解释,把内生性贯彻到底。由于新兴古典贸易模型中的内生比较利益来自后天,将会随分工的发展而不断被创造和增进,因此,新兴古典贸易理论模型是动态优势模型。

新兴古典贸易理论整合了各种贸易理论,重新阐释了绝对优势、比较优势等贸易理论中的核心概念,关键是新兴古典贸易框架中引入了交易费用,并对贸易问题进行了重新解释。因此,从某种角度来讲,该理论融合了各种贸易理论,与其他贸易理论相比,解释力和包容性更强。①

旅游的前提条件之一就是可进入性,随着旅游服务贸易提供模式的扩展,旅游服务贸易的前提条件也将不断扩展。跨境交付方式的旅游服务贸易由于网络效应影响,交易成本相对于其他三种提供模式较小,交易效率也最高;过境消费方式旅游服务贸易由于涉及旅游消费者的位置移动,以运输成本为代表的交易费用相对于其他提供模式来讲最高,并且以交通条件为首要因素的基础设施对此种旅游服务贸易方式具有很大影响,交易效率将成为重要的影响因子;自然人移动和商业存在方式的旅游服务贸易往往是市场寻求型的,交易成本的重要部分产生在先期的研究与后期的维持方面。因此,根据新兴古典贸易理论对交易费用与生产效率的权衡,旅游服务贸易的发展对地区经济发展的影响会主要集中在如何降低交易费用方面,因为分工带来的好处可以在前述其他贸易理论基础上进行分析,或者说可以在其他贸易理论模型的相关模型变量中得到反映,此处只关注交易费用。

第一,在基础设施方面,旅游服务贸易的发展可以对地区经济基础设施条件进行改善;第二,在制度方面,旅游服务贸易的发展将会促成交易环境的改善,例如,旅游治安环境、旅游招商引资政策等。

从贸易理论发展路径以及经济增长模型发展来看,贸易促进经济增长的理论渠道多种多样,各种渠道间的作用有增强作用,也有相互抵消的作用,但

---

① 李俊江,侯蕾.新兴古典贸易理论述评.江汉论坛,2006(09):30-33.

无论如何,各种理论与经济增长间的关系最终都将实际表现在对经济增长要素的客观影响方面,如对劳动就业的推动、对旅游投资的促进、对地区经济结构的影响、对旅游资源的品牌整合,等等。这种影响将在下一节的实证检验中进行详细分析。实证框架与第四章影响因素分析框架基本一致,原因是相关因素对旅游服务贸易的影响也会通过旅游服务贸易反馈至经济增长相关要素上。

第三节　旅游服务贸易发展经济效应的实证研究

旅游服务贸易发展的经济效应主要从以下几个方面进行检验:第一,从全国、区域重点等层次对旅游服务贸易与经济增长间的关系进行总体检验,试图检验这种经济效应确实存在;第二,在前文有关旅游服务贸易发展经济效应影响机制或渠道分析框架下对这种经济效应进行检验。

一、旅游服务贸易与经济增长关系的经验证据

通过近些年的数据发现,经常项目中旅游服务贸易进出口总额的比重从2001年的5.1%锐减至2007年的2.6%,旅游服务贸易进出口占服务贸易的比重也从2001年的43.7%下降至2007年的26.6%。传统旅游服务贸易主导地位正在悄然发生变化,旅游服务贸易对经济发展的贡献正在面临新的挑战。从这些变化中也会产生疑问:旅游服务贸易的发展对于经济增长的促进作用是否正在减弱或者依赖于一定的前提条件?

关于对外贸易与经济增长间关系的研究文献涉及的议题主要包括两个方面:一是对出口与经济增长间因果关系的讨论;二是对外贸与经济增长间关系的实际测算(林毅夫等,2001)。从古典经济学家到20世纪末期兴起的新贸易理论和新增长理论,研究贸易对于经济增长的促进作用一直是重要话题(包群等,2008)。而国内对贸易与经济增长间关系的研究大都是对D.H. Robertson(1937)提出的"外贸是经济增长的发动机"这一命题进行的检验。这方面的研究方法主要包括以下五种:简单回归分析法(陈华,2005);国民经

济核算恒等式法(贾金思,1998);宏观模型联立方程分析法(林毅夫等, 2001);出口扩展型生产函数分析法(缪慧,2005;胡求光,2007);投入产出分析法(沈利生等,2004)。各种方法各有优劣,学者运用不同分析方法也得出了不同结论,争论的焦点是出口贸易是否对经济增长起到明显拉动作用,有些认为这种拉动作用是显著的,有些则认为这种作用不明显,而另外一些学者则得出了双向因果关系结论。本节正是基于这一视角从全国和典型省市两个尺度来研究跨境旅游服务贸易出口与经济增长间的关系。

(一)跨境旅游服务贸易出口与经济增长——基于全国总体数据的分析

1. 数据说明及研究方法

根据《服务贸易总协定》的划分方法,旅游服务贸易包括四种提供模式:跨境提供、过境消费、自然人移动和商业存在。与货物贸易不同的是,商业存在模式的贸易统计需要另设独立的账户进行统计,超出了现有的国际收支统计体系。从目前各国的经济数据来看,除了美国等少数发达国家外,绝大多数国家还没有为商业存在形式的服务贸易制定有效的统计方法。因此,对于旅游服务贸易的统计数据仍然以居民与非居民间统计数据为主,即以国际收支平衡表的统计数据为主。通常将国际收支口径的旅游服务贸易统称为跨境旅游服务贸易,它包括但并没有区分跨境交付、过境消费和自然人移动三种模式,这一口径的统计数据也与通常所说的出、入境旅游数据一致,跨境旅游服务出口对应入境旅游项目,跨境旅游服务进口对应出境旅游项目。

由于出境旅游还存在诸多限制,开放的旅游目的地国家数量有限,而对入境旅游的限制则相对较少,因此长期以来,中国旅游服务贸易在所有服务贸易部门中一直保持了最大顺差。从旅游服务贸易进出口情况来看(见图5-4),入境旅游人次及收入都远远超过出境旅游人次和收入。本书主要选取入境旅游外汇收入作为跨境旅游服务贸易出口数据来源。而经济增长数据采用一贯做法,用国内生产总值(GDP)来代表。由于对数化以后的数据并不改变原始数据的单调性,并且还能降低模型异方差性,因此对上述两个指标数据进行了对数化处理。

第一,运用 Eivews6.0 对跨境旅游服务出口外汇收入数据和 GDP 数据进

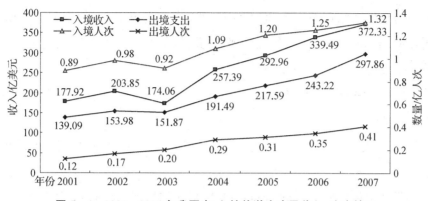

图 5-4　2001—2007 年我国出、入境旅游人次及收入、支出情况

行单位根检验,确定序列是否满足协整检验条件,一般来讲,如果两个时间序列数据为同阶单整,则可以进行协整检验;第二,对数据序列进行协整检验,确定跨境旅游服务贸易出口与经济增长间是否存在长期稳定的协整关系,如果存在则可以继续对它们间的因果关系进行格兰杰检验以确定格兰杰因果关系方向。

2. 数据序列相关性及单位根检验

旅游服务贸易出口外汇收入以 INC 表示,单位为亿美元;国内生产总值以 GDP 表示,单位为亿元。这里用历年美元兑人民币汇率年均价将旅游外汇收入折算成人民币。然后分别以 1982 年居民消费价格定基指数对两个时间数据序列进行平减后取对数,序列名称分别为 lnINC 和 lnGDP。考虑到数据的可得性,样本区间为 1982 年至 2007 年。从图 5-5 可以看到经过折算后的两个时间数据序列呈现出相似走势,相关度非常高。

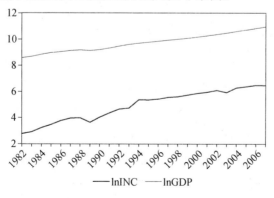

图 5-5　1982—2007 年中国 GDP 和入境旅游外汇收入的时间序列走势

为防止伪回归现象发生,对 lnGDP 和 lnINC 序列进行单位根检验。结果表明,lnGDP 和 lnINC 序列均为非平稳序列,而其一阶差分序列均为平稳序列,服从$-I(1)$过程。检验结果为:

DlnGDP 序列:ADF 统计量$=-3.508\,35$,显著性水平为 5% 的临界值$=-2.998\,06$。

DlnINC 序列:ADF 统计量$=-5.376\,80$,显著性水平为 5% 的临界值$=-2.991\,88$。

检验结果证明两个序列为同阶单整,满足协整检验前提条件。

3. 协整及格兰杰因果关系检验

为更加准确地反映跨境旅游服务贸易与经济增长间的长期关系,运用 E-G 两步法和 Johansen 协整检验法分别对 lnGDP 和 lnINC 序列以及其一阶差分序列进行协整检验,两种方法的检验结果均为不存在长期协整关系。也就是说,基于全国总体数据的跨境旅游服务出口与经济增长间并无显著的长期固定比例关系。

但是从图 5-5 来看,跨境旅游服务贸易出口与经济增长时间序列间的相关性非常高。两者之间是否存在着一定程度的因果关联? 这里应用格兰杰因果检验法对两者间的反馈机制做出分析。由于 lnGDP 和 lnINC 序列服从一阶单整,因此检验序列为其一阶差分后的平稳序列(记为 DlnGDP 和 DlnINC)。由表 5-2 中的相伴概率可知,在两期以内,经济增长对跨境旅游服务贸易出口的促进作用较大,而旅游服务出口对经济增长的贡献在第三期以后才会逐渐表现出来,但是双向格兰杰因果关系都不显著。

表 5-2　DlnGDP 和 DlnINC 序列的格兰杰因果关系检验

滞后期数	原假设 H₀	F 统计量	相伴概率	检验结果
1	DlnINC 不是 DlnGDP 的格兰杰原因	0.022 1	0.883 3	不是
	DlnGDP 不是 DlnINC 的格兰杰原因	0.593 0	0.449 8	不是
2	DlnINC 不是 DlnGDP 的格兰杰原因	0.192 5	0.826 6	不是
	DlnGDP 不是 DlnINC 的格兰杰原因	0.369 0	0.696 5	不是
3	DlnINC 不是 DlnGDP 的格兰杰原因	0.970 0	0.432 7	不是
	DlnGDP 不是 DlnINC 的格兰杰原因	0.127 6	0.942 2	不是

（续表）

滞后期数	原假设 H₀	F 统计量	相伴概率	检验结果
4	DlnINC 不是 DlnGDP 的格兰杰原因	1.609 2	0.235 3	不是
	DlnGDP 不是 DlnINC 的格兰杰原因	0.883 6	0.502 5	不是

由上述分析可知：从长期来看，跨境旅游服务贸易出口与经济增长间并不存在协整关系；从短期来看，经济增长对跨境旅游服务贸易出口的影响一般会在两年内显现，而跨境旅游服务贸易出口对经济增长的贡献一般在两年之后逐渐显现。

（二）跨境旅游服务贸易出口与经济增长——对东、中、西部典型省市的考察

1. 样本选择及数据说明

对于前面的分析还有一种解释：全国汇总数据忽略了单个省市间的差异，即在某些省市，跨境旅游服务贸易出口与经济增长间有可能存在长期协整关系，而在另外一些省市则不存在长期协整关系。因而从全国范围来讲，整体长期协整关系便会被扰乱。假定这种差异是由于经济发展阶段不同造成的，或者是由于旅游经济发展的不同阶段造成的。因此，还必须对不同发展阶段的典型省市做出具体分析才能真正发现跨境旅游服务贸易与经济增长间的内在联系。

根据全国经济区域的划分办法，为体现区域间的发展差异，分别选择东部江苏省、中部湖南省、西部贵州省为样本对象。三省的国内生产总值时间序列数据及各自旅游外汇收入数据如图5-6所示。可以发现，三省的经济发展以及跨境旅游服务贸易出口都存在着相当大的差距。

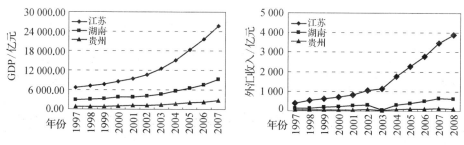

图 5-6　1997—2008 年苏、湘、黔三省 GDP 序列（左图）和 INC 序列（右图）

江苏、湖南和贵州三省国内生产总值时间序列分别记为 GDP1、GDP2 和 GDP3，三个省份跨境旅游服务贸易出口外汇收入时间序列分别记为 INC1、INC2 和 INC3。分别对相关序列数据进行汇率折算和指数平减，最后得到的时间数据序列分别为 lnGDP1、lnGDP2 和 lnGDP3，lnINC1、lnINC2 和 lnINC3。

2. 序列相关性及协整检验

从现实发展经验来看，旅游服务贸易与经济增长确实存在着某种联系，如经济相对发达的上海市，其旅游业也非常发达，而一些经济落后的中、西部地区由于经济基础设施等条件较弱，旅游业发展也相对落后。为进一步分析其间的关联，分别对相关数据进行居民消费价格指数平减，并将三个省份的 lnGDP 和 lnINC 序列散点图分别绘制在图 5－7 中，分别添加一阶线性趋势线进行初步拟合。根据图示可以直观地发现：从分省角度来看，江苏省拟合效果最好，而湖南和贵州两省的一阶线性拟合效果并不好；但从三省总体分析，大体符合一阶线性趋势。因此，可以初步断定：经济相对发达地区，其经济增长与跨境旅游服务出口间存在更加紧密的线性关系；而经济相对不发达地区，经济增长与跨境旅游服务出口间不存在明显的线性关系。

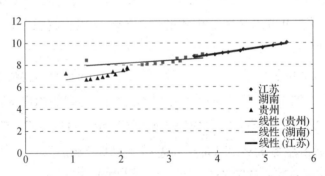

图 5－7　苏、湘、黔三省 lnINC 和 lnGDP 的时间序列散点图

进一步的协整检验也证明，三个省份的跨境旅游服务贸易出口与各自经济增长间都不存在长期协整关系。

（三）跨境旅游服务贸易出口与经济增长——来自上海市的经验数据

基于典型省份的分析结果说明，跨境旅游服务贸易出口与经济增长间并不存在长期协整关系。但经济相对发达地区,两者间关系的紧密程度会提高。因此,选择经济相对发达的上海市作为样本对象,深入分析两者可能存在的其他关系。样本空间选择 1979—2008 年,数据序列分别为跨境旅游服务出口序列和经济增长序列,经过价格指数平减及汇率折算后再分别取对数后的序列记为 lnINC1 和 lnGDP1。经过单位根检验后发现,跨境旅游服务贸易出口序列 lnINC1 服从 $I(1)$ 过程,经济增长时间序列 lnGDP1 服从 $I(2)$ 过程。因此,对 lnINC1 取一阶差分,序列记为 DlnINC1,表示旅游外汇收入增长率;对 lnGDP1 序列取二阶差分,序列记为 DDlnGDP1,表示经济增长的加速度。以 DDlnGDP1 为因变量,DlnINC1 为自变量,对两个平稳序列进行一元线性回归分析,经过调整后结果如下:

$$DDLNGDP1 = 0.086 \cdot DLNINC1 - 0.007 + [MA(1) = -0.419, MA(2) = -0.522]$$

$$t. = (2.376) \quad (-1.453) \quad (-2.331) \quad (-2.931)$$

$$R^2 = 0.403 \quad D\text{-}W = 2.05$$

从回归结果可知,跨境旅游服务贸易出口对地区经济增长作用非常小,说明跨境旅游服务贸易外汇收入在地区经济结构中还没有占据非常重要的位置。但是从系数的符号可以判断,跨境旅游服务贸易出口对于地区经济增长具有正向促进作用,但是这种促进作用并不是通过有规律的经济占比的贡献来实现的,更多的是对当地经济增长加速度的推动作用,也就是说,跨境旅游服务贸易出口对当地经济增长具有"催化剂"作用,或者刺激作用,可以加速地区经济发展的速度,主要通过影响当地经济增长加速度来完成。Alan V. Deardorff(2001)研究认为,服务贸易的发展不仅会刺激服务业的发展,而且更为重要的是,服务贸易所提供的诸如运输、保险、金融等服务会使国际贸易的开展更加便利化和完善化,从而间接推动经济增长。而实证结果表明,旅游服务贸易的发展确实对经济增长具有一种间接的"催化剂"作用。下文将通过对经济数据的具体分析来研究旅游服务贸易促进经济增长的各种渠道和机制。

二、旅游服务贸易发展的经济效应——基于中国内地总体数据的检验

前文提出了旅游服务贸易发展影响经济增长所有理论层面的渠道和途径。对旅游服务贸易发展短期效应的理论分析表明,旅游服务贸易发展经济效应的短期渠道将主要通过居民消费、投资、国际收支等变量影响经济发展过程。对旅游服务贸易发展经济效应长期渠道的理论分析表明,旅游服务贸易发展对经济增长的长期渠道主要是旅游从业人员工资水平、资本积累、区域产业结构、贸易交易效率等来表现。但对不同国家和地区来讲,这些影响经济增长的中介渠道并不同等重要,本节首先对每个渠道的重要性做出经验上的排序。由于中国旅游服务贸易主要以过境消费为主,因而实证分析主要以过境消费方式的旅游服务贸易数据为基础。以过境消费为主要形式的旅游服务贸易的发展首先带来了大量游客流,数以百万计的游客前往其他国家,去探寻外面的世界。旅游加强了旅游消费者与当地社区居民和游客的相互了解,但也有人认为,国际旅游业造成了居民与游客间的紧张局势,而不是促进不同文化背景居民间的了解。但可以肯定的是,国际游客确实给目的地社区和居民带来了影响,诸如消费观念的改变、区域投资增加、区域经济结构改善、区域基础设施改善、社区就业水平提高、从业人员收入提高,等等。下文将在全国和省际区域两个层次上对旅游服务贸易发展影响经济增长相关变量或渠道的关联效应进行基于灰色关联法的检验。

(一)变量选择及数据说明

旅游服务贸易影响经济增长的渠道无非是通过经济增长的相关变量进行的,而上文的理论分析表明,经济增长可以通过居民消费、投资、国际收支、就业、资本积累、产业结构、交易效率等渠道来实现。因此,为进一步分析旅游服务贸易影响经济增长的深层环节,首先对这些经济增长的重要显性指标与旅游服务贸易的相关性进行检验。样本数据取值区间为 1998—2007 年,各变量数据说明如表 5-3 所示。

表 5-3　旅游服务贸易与经济增长相关变量的说明

指标	指标代码	代理变量	单位
旅游服务贸易	TST	入境旅游外汇收入	亿元
消费	CONS	居民消费支出	亿元
投资	INV	外商直接投资数额	亿元
国际收支	BAL	区域货物与贸易净流出	亿元
就业	EMP	经济活动人口数	万人
资本积累	CAP	区域资本形成总额	亿元
产业结构	STR	第三产业比 GDP 重	%
交易效率	EFF	财政支出占 GDP 比重	%

注:原始数据来源于国研网及相关年份的国际收支平衡表;折算汇率采用年平均价,数据来自《中国统计年鉴 2008》。

所有指标中以美元计价的旅游外汇收入、外商直接投资数额、货物与贸易净流出等数据均采用相应年份的人民币汇率年平均价折算为人民币单位。参考数列 TST 为入境旅游外汇收入数列,其他序列均为比较数列,原始数据及经折算的数据见表 5-4 所示。

表 5-4　1998—2007 年旅游服务贸易与经济增长相关变量的原始数据

指标	1998 年	1999 年	2000 年	2001 年	2002 年	2003 年	2004 年	2005 年	2006 年	2007 年
CONS	39 229.3	41 920.4	45 854.6	49 213.2	52 571.3	56 834.4	63 833.5	71 217.5	80 120.5	93 602.9
INV	3 763.9	3 337.7	3 370.6	3 880.1	4 365.5	4 428.6	5 018.2	4 941.6	5 537.9	5 685.4
BAL	3 629.3	2 536.6	2 390.3	2 324.7	3 094.2	2 986.3	4 079.1	10 223.1	16 654.1	23 380.5
EMP	72 087.0	72 791.0	73 992.0	74 432.0	75 360.0	76 075.0	76 823.0	77 877.0	78 244.0	78 645.0
CAP	31 314.2	32 951.5	34 842.8	39 769.4	45 565.0	55 963.0	69 168.4	80 646.3	94 103.2	110 919.4
STR	36.2	37.8	39.0	40.5	41.5	41.2	40.4	40.1	40.0	40.4
EFF	12.8	14.7	16.0	17.2	18.3	18.1	17.8	18.5	19.1	19.3
TST	1 043.3	1 167.2	1 343.1	1 472.6	1 687.3	1 440.7	2 130.4	2 399.8	2 706.3	3 187.6

注:数据来源见上表备注,代码的含义同上表。

(二) 灰关联度计算及排序

为了保证使原始数据的量纲统一,从而使各自变量因素数列能够在统一标准上进行比较。采用"均值法"进行变换,即先分别求出每个数列的平均值,再用平均值去除对应序列中的原始数据,得到新的数列,称为均值化序列。其特点是量纲为1,其值大于0,并且大部分接近于1,数列曲线彼此相交。采用"均值法"进行无量纲化后,各自变量数列矩阵如表5-5所示。

表5-5 1998—2007年经过标准变换后的参考数列和比较数列

指标	1998年	1999年	2000年	2001年	2002年	2003年	2004年	2005年	2006年	2007年
CONS	0.660	0.705	0.771	0.828	0.884	0.956	1.074	1.198	1.348	1.575
INV	0.849	0.753	0.760	0.875	0.985	0.999	1.132	1.115	1.249	1.283
BAL	0.509	0.356	0.335	0.326	0.434	0.419	0.572	1.434	2.336	3.279
EMP	0.953	0.962	0.978	0.984	0.996	1.006	1.016	1.030	1.035	1.040
CAP	0.526	0.554	0.585	0.668	0.765	0.940	1.162	1.355	1.581	1.863
STR	0.913	0.951	0.983	1.019	1.045	1.039	1.017	1.010	1.007	1.017
EFF	0.744	0.855	0.931	1.002	1.066	1.055	1.036	1.077	1.109	1.125
TST	0.562	0.628	0.723	0.793	0.908	0.775	1.147	1.292	1.457	1.716

采用计算公式 $\rho_{0i}(t)=\dfrac{\min\limits_{i}\min\limits_{t}|E'_{it}-E'_{0t}|+\theta\max\limits_{i}\max\limits_{t}|E'_{it}-E'_{0t}|}{|E'_{it}-E'_{0t}|+\theta\max\limits_{i}\max\limits_{t}|E'_{it}-E'_{0t}|}$ 来

计算各比较数列与参考数列间的关联系数。其中 $\rho_{0i}(t)$ 即时刻 t 指标 i 与旅游服务贸易发展的关联系数;E' 为表5-5中相应指标值;公式中其他变量同第四章相应部分。θ 称为分辨系数,这里取 $\theta=0.5$。经过计算的关联系数矩阵如表5-6所示。

表5-6 1998—2007年旅游服务贸易与经济增长相关变量的关联系数矩阵($\theta=0.5$)

系数	1998年	1999年	2000年	2001年	2002年	2003年	2004年	2005年	2006年	2007年
ρ_{01}	0.905	0.927	0.959	0.975	0.989	0.827	0.932	0.910	0.894	0.863
ρ_{02}	0.745	0.879	0.972	0.921	0.928	0.792	1.000	0.831	0.805	0.655
ρ_{03}	0.955	0.755	0.681	0.638	0.634	0.700	0.587	0.862	0.480	0.340

（续表）

系数	1998 年	1999 年	2000 年	2001 年	2002 年	2003 年	2004 年	2005 年	2006 年	2007 年
ρ_{04}	0.679	0.714	0.768	0.818	0.915	0.787	0.873	0.763	0.662	0.546
ρ_{05}	0.974	0.930	0.866	0.879	0.861	0.841	0.999	0.943	0.879	0.857
ρ_{06}	0.703	0.721	0.765	0.790	0.867	0.762	0.874	0.749	0.647	0.538
ρ_{07}	0.826	0.790	0.805	0.803	0.848	0.750	0.892	0.799	0.705	0.580

运用平均值法，即 $r_{0i} = \frac{1}{N}\sum_{t=1}^{N}\rho_{0i}(t)$，$r_{0i}$ 即子数列 i 与母数列 TST 间的关联度，N 为子序列的长度。经过计算可得，经济增长各指标与旅游服务贸易发展的灰关联度，结果如表 5－7 所示。

表 5－7　旅游服务贸易与经济增长相关变量的关联度排序

指标	消费	资本积累	投资	交易效率	就业	产业结构	国际收支
关联度	0.918	0.903	0.853	0.78	0.752	0.742	0.663

由表 5－7 可以看出，从全国总体效果来看，20 世纪 90 年代末以来，与中国旅游服务贸易发展关联度最高的经济变量是消费、资本积累和投资；其次是交易效率、就业和产业结构调整；最后是国际收支变量。为进一步提高评价结果的可信度，对上述计算过程取 $\theta=0.4$ 进行计算，结果与 $\theta=0.5$ 的计算结果完全相同（指标关联度大小排序没有位置上的变化），说明计算结果稳定性较好。

（三）结果分析

1. 关于消费

中国长期以来实行入境旅游优先发展策略取得了大量外汇收入，这些外汇收入通过众多渠道进入居民消费领域，也就是说，旅游服务贸易的发展使国内居民得到了经济上的实惠；其次，旅游服务贸易的发展也加强了国内、国外居民之间的文化交流，居民消费观念正在发生明显变化，消费支出逐渐增加。

2. 关于投资

改革开放以来，旅游服务贸易的发展加大了国外游客、世界各国投资者对中国的了解,中国的良好形象以及优惠的投资环境在世界上获得了认可,加强了国际投资者对中国的青睐,旅游服务贸易中的人流与商务投资者流动紧密相关。中国发展国际旅游赚取的外汇收入有很大部分进入了资本积累渠道,这也与国家经济发展大局和历史过程有很强联系。

3. 关于交易效率

20 世纪 90 年代以来,在中国经济高速发展的同时,国家经济改革步伐也在加快。在基础设施建设、社会主义市场经济相关法律法规完善等方面都投入了大量人力、物力和财力,经济基础设施及相关经济体制的不断改革和完善极大降低了经济交易成本,提高了国民经济市场化程度,也提高了市场经济效率。

4. 关于产业结构调整

旅游业属于服务业,旅游业的不断发展必然会提高其在国民经济中的地位,并加速国家经济向服务型经济转变。这里面涉及三次产业的调整与优化,而旅游业在第三产业中的地位举足轻重,对产业结构的提升有着重要影响。

三、旅游服务贸易发展的经济效应——基于省际面板数据的检验

(一) 变量选择及数据统计分析

从全国 31 个省际区域层次对经济增长的重要显性指标与旅游服务贸易的相关性进行检验。样本数据取值区间为 1999—2007 年,各变量数据说明如表 5-8 所示。

表 5-8　区域旅游服务贸易与经济增长相关变量的说明

指标	指标代码	代理变量	单位
地区经济增长指标	GDP	地区生产总值	亿元
旅游服务贸易	TST	入境旅游外汇收入	亿元
消费	CONS	居民消费支出	亿元
投资	INV	外商投资总额	亿元

（续表）

指标	指标代码	代理变量	单位
国内区域收支	BAL	货物与贸易净流出	亿元
就业	EMP	就业人员数	万人
资本积累	CAP	资本形成总额	亿元
产业结构	STR	第三产业占 GDP 比重	％
交易效率	EFF	财政支出占 GDP 比重	％

注：原始数据来源于国研网及相关年份的国际收支平衡表；折算汇率采用年平均价，数据来自《中国统计年鉴 2008》。

利用灰关联度计算方法，分别对全国除港澳台以外的 31 个省、市、自治区旅游服务贸易影响当地经济的渠道和途径进行关联度分析，关联度矩阵如表 5 - 9 所示。

表 5 - 9　区域旅游服务贸易影响经济增长的渠道及关联度

指标及代码	消费A1	投资A2	区域收支A3	就业A4	资本积累A5	产业结构A6	交易效率A7
北京	0.581	0.829	0.577	0.839	0.672	0.773	0.748
天津	0.953	0.955	0.595	0.819	0.959	0.787	0.825
河北	0.783	0.777	0.576	0.608	0.677	0.574	0.682
山西	0.818	0.830	0.568	0.611	0.821	0.618	0.677
内蒙古	0.761	0.719	0.596	0.555	0.757	0.556	0.550
辽宁	0.864	0.838	0.520	0.764	0.848	0.724	0.822
吉林	0.938	0.927	0.715	0.883	0.903	0.892	0.904
黑龙江	0.720	0.755	0.630	0.648	0.866	0.646	0.690
上海	0.827	0.829	0.541	0.556	0.845	0.488	0.581
江苏	0.728	0.932	0.759	0.558	0.827	0.526	0.597
浙江	0.828	0.868	0.713	0.596	0.797	0.560	0.589
安徽	0.811	0.853	0.647	0.708	0.893	0.739	0.766
福建	0.846	0.833	0.501	0.752	0.854	0.676	0.749
江西	0.841	0.769	0.553	0.687	0.783	0.627	0.727
山东	0.795	0.775	0.737	0.618	0.852	0.579	0.620

(续表)

指标及代码	消费 A1	投资 A2	区域收支 A3	就业 A4	资本积累 A5	产业结构 A6	交易效率 A7
河南	0.914	0.928	0.625	0.832	0.903	0.817	0.876
湖北	0.952	0.944	0.688	0.924	0.960	0.926	0.947
湖南	0.922	0.917	0.626	0.856	0.929	0.847	0.898
广东	0.789	0.862	0.603	0.834	0.797	0.792	0.718
广西	0.733	0.756	0.579	0.717	0.579	0.726	0.693
海南	0.973	0.940	0.572	0.961	0.972	0.939	0.968
重庆	0.833	0.693	0.565	0.661	0.752	0.657	0.668
四川	0.822	0.812	0.473	0.673	0.900	0.668	0.730
贵州	0.652	0.660	0.617	0.635	0.706	0.634	0.742
云南	0.851	0.806	0.607	0.682	0.694	0.717	0.680
西藏	0.727	0.820	0.513	0.788	0.612	0.780	0.763
陕西	0.784	0.794	0.600	0.661	0.605	0.617	0.693
甘肃	0.686	0.764	0.503	0.749	0.650	0.788	0.808
青海	0.766	0.535	0.695	0.632	0.711	0.603	0.700
宁夏	0.565	0.472	0.530	0.764	0.516	0.740	0.725
新疆	0.727	0.570	0.483	0.704	0.448	0.691	0.671

从表5-9中各省际区域旅游服务贸易与经济增长各渠道间关联度的整体大小来看,旅游服务贸易对于区域收支以及产业结构的关联效应较低,而这一结果与表5-7中的结果较为一致。一个重要原因是旅游收支在国际收支中的比重还比较小,对于国际收支的平衡作用有限;而旅游服务贸易与就业关系也不明显,在前文分析中已知,旅游服务贸易与国内旅游呈现基本相同的周期,而入境旅游相对于国内旅游规模很小,不足以对就业产生太大影响;资本积累是存量概念,通过外商直接投资可以间接反映出来。因此,从数据关联度检验结果可以将 BAL、EMP 和 CAP 三个变量作为控制组,以保持模型系统稳健性,重点考虑其他旅游服务贸易与其他四个变量间的关系,即产业结构(STR)、消费(CONS)、投资(INV)和交易效率(EFF)等变量。

(二) 模型构建及研究方法

灰色关联法虽然能够显示旅游服务贸易对经济增长不同渠道影响力的大小,但不能揭示这种联系到底是正向还是负向联系,也不能准确揭示各变量间影响系数的具体大小。具体分析影响力的方向及影响系数,必须在计量模型中得到进一步检验。

对旅游业的研究模型大致可以分为生产函数法、投入产出法、旅游卫星账户法等几种。唐代剑、李莉(2005)以 C-D 生产函数为基础建立了线性模型,并利用浙江省数据测算了旅游业就业弹性,测算结果表明,旅游就业弹性大于第三产业的总体水平,因此,发展旅游业有利于更好地促进就业。冯学钢、唐立国(2003)在研究上海市旅游业发展对劳动力需求拉动效应时也以 C-D 函数作为基础模型。厉新建(2009)基于北京地区的投入产出表,重新构建了完全消耗系数矩阵,计算了北京旅游就业情况。而旅游卫星账户(TSA)是目前公认测度旅游就业量最为科学的方法。根据 WTO 提出的《旅游卫星账户:被推荐的方法框架》,TSA 连接来自需求方和供给方的统计数据,可以根据实际需要进行不同层次的扩展,比较准确、全面地区分旅游产业和测量旅游就业水平,因而得到了世界各国政府广泛认可和采纳(刘赵平,2000)。但是当前面临的一个巨大的困难是中国目前还没有建立全国范围的旅游卫星账户,针对旅游卫星账户的指标数据还没有建立起来。从研究模型总体运用情况来看,针对旅游业经济影响的研究模型并无统一范式。

根据经济增长相关理论模型可知,影响经济增长的驱动力主要来源于要素禀赋积累以及全要素生产率。全要素生产率其实可以看成一个黑箱(Black Box),可以将除劳动资本和物质资本存量等要素以外的所有其他影响因素都放进去。本书从广义要素投入的角度出发,将旅游服务贸易、产业结构、交易效率等诸多变量加入传统部门投入产出生产函数的设定中,同时考虑消费者效用函数,构建如下面板回归模型:

$$Y_{it} = \beta_{0i} + \beta_{1i} W_{it} + \beta_{2i} X_{it} + \mu_{it}$$

其中,i 表示样本横截面数量,即省际区域数目,为除港澳台地区以外的

31 个省、市、自治区；t 表示研究的时间样本数量，为 1999 年至 2007 年共 9 年时间；Y_{it} 为经济增长变量，以地区 GDP 表示；W_{it} 为重点研究的解释变量；X_{it} 为控制变量，是与旅游服务贸易关联效果不强的相对独立的变量；β_{0i} 为常数项；β_{it} 为系数项；μ_{it} 为误差项。内生增长理论代表人物巴罗（Barro，1991）认为：外部性对经济增长具有非常重要的作用，外部性导致经济出现了规模报酬递增现象，外部性可以在降低交易成本和激励企业生产等方面促进经济增长，因此，本书将居民消费支出纳入上述模型。由于前文的统计结果已经表明区域收支（BAL）、资本积累（CAP）、就业（EMP）等变量与旅游服务贸易发展关系不大，因此作为控制变量组，而重点解释旅游服务贸易（TST）发展与消费（CONS）、投资（INV）、产业结构（STR）和交易效率（EFF）等四个变量间的关系。具体建模过程如下：

首先，对旅游服务贸易（TST）变量、产业结构（STR）、消费（CONS）、投资（INV）和交易效率（EFF）五个变量依次加入面板回归模型进行回归分析，模型依次记为 M0－M4；

其次，在 M1－M4 模型基础上分别加入旅游服务贸易（TST）变量，形成新模型分别记为 M01－M04；

最后，通过对比模型 M1－M4 和模型 M01－M04 的系数变化来分析说明旅游服务贸易（TST）与经济增长各个渠道变量间的具体关系。

（三）实证过程及结果检验

首先对研究样本进行平稳性检验，然后利用面板协整检验方法对其进行协整关系检验，最后通过面板回归处理办法检验各个变量之间的关系，以期更加准确地反映旅游服务贸易对经济增长相关变量的传导机制。

1. 面板单位根检验

由于考虑的是旅游服务贸易与经济增长相关变量长期稳定的均衡关系，必然要对每个变量的平稳性进行检验，面板单位根检验方法与时间序列数据的单位根检验都是为了有效避免伪回归现象的发生，但也有所区别。为了保证变量及系统回归结果的稳健性，本书使用两种单位根检验方法对各个变量原数列及其差分数列分别进行检验，检验结果见表 5-10。根据检验结果，31

个省级区域的全样本数据水平数列检验统计量表明不能拒绝存在单位根的原假设。进一步对样本数列进行一阶差分,从表 5－10 的检验结果来看,在 1％显著性水平上所有差分数列都拒绝存在单位根的假设,皆为平稳序列。因此,可以判断,面板样本数据中的指标变量数列都服从 $I(1)$ 过程,可以进行下一步的面板协整检验及实际建模过程。

表 5－10　31 个省际区域全样本数据的面板单位根检验

水平变量	LLC	PP-Fisher	结论	差分变量	LLC	PP-Fisher	结论
GDP	42.119 1	0.004 06	非平稳	△GDP	−11.361 7**	115.349**	平稳
STR	−8.716 27*	79.297 7	非平稳	△STR	−27.182 5**	176.23**	平稳
BAL	2.346 13	36.317 2	非平稳	△BAL	−7.656 87**	98.599 9**	平稳
CONS	26.850 3	0.793 17	非平稳	△CONS	−12.707 7**	133.679**	平稳
INV	1.863 03	9.108 29	非平稳	△INV	−5.080 81**	110.247**	平稳
EMP	6.961 27	18.771 5	非平稳	△EMP	−21.925 2**	139.501**	平稳
CAP	3.206 17	28.608 4	非平稳	△CAP	−10.235 5**	113.827**	平稳
EFF	5.029 86	21.867	非平稳	△EFF	−7.898 85**	106.623**	平稳
TST	3.927 17	10.624 1	非平稳	△TST	−13.239 4**	127.053**	平稳

注:单位根检验的原假设是原序列存在单位根,各变量的常数项与趋势项选择根据各自变量而定,滞后期根据 SIC 准则自行选择。＊表示在 5％的置信水平上显著;＊＊表示在 1％的置信水平上显著。

2. 面板协整检验

虽然 Breitung & Pesaran(2005)认为,"与面板单位根检验比较,面板协整检验仍然处于发展的早期阶段"[①],但 Pedroni(1995)、McCoskey 等(1998)、Kao(1999)等提出的面板协整检验在经济学相关领域仍然获得了广泛运用。面板协整检验的主要目的在于验证旅游服务贸易影响经济增长的若干渠道,根据前文建模过程,可以将所有指标变量分为三类,第一类是因变量组;第二类为控制变量组;第三类为目标解释变量组。旅游服务贸易与经济增长若干变量或渠道间的复杂关系可以分解为五个样本组进行分类检验。仍然以 M01－M04 进行标注,模型 M1 和 M01 主要研究旅游服务贸易与产业结构变量

---

① 白仲林.面板数据的计量经济分析.天津:南开大学出版社,2008:186.

间的关系,模型 M2 和 M02 研究旅游服务贸易与国内居民消费间的关系,模型 M3 和 M03 研究旅游服务贸易与外商投资间的关系,模型 M4 和 M04 着重研究 旅游服务贸易与交易效率间是否存在某种关联。由于涉的时限较短,采用基 于面板数据协整回归式残差数据单位根的检验,即 E-G 两步法的推广,将检验 指标设置为 Kao 检验,Kao 检验是针对斜率具有同质性的固定效应模型检验。 检验结果见表 5-11,可知各分类样本组均存在明显的面板协整关系。

表 5-11　分组模型数据的面板协整关系检验结果

检验指标	模型组别				
	M0	M1	M2	M3	M4
Kao ADF	−10.949 31	−10.213	−11.348	−10.625	−10.65
	(0.000)*	(0.000)*	(0.000)*	(0.000)*	(0.000)*

检验指标	模型组别			
	M01	M02	M03	M04
Kao ADF	−10.373	−11.411	−10.945	−10.951
	(0.000)*	(0.000)*	(0.000)*	(0.000)*

注:表中数值为 T 统计量,而括号内为对应 P 值;* 表示在 1% 的置信水平上拒绝变量间不存在协整 关系的原假设。

3. 实证结果分析

由于研究样本为 31 个省、市、自治区,样本即总体,高铁梅(2005)认为, 在进行比较分析时,数据包括所有省份,此时使用固定影响模型进行分析是 合理的。因此,模型将优先选用截面固定效应,但在具体分析时将综合豪斯 曼检验结果来进行设置。

从系统解释性及稳健性指标来看,分组模型基本达到建模要求。从各组 模型(M0—M04)的控制变量系数符号可知:旅游服务贸易发展对区域收支平 衡确实起到了积极作用,对当地就业的增加起到了推动效应,并且在地区原 始资本积累方面也做出了重要贡献。这些表现也与中国旅游服务贸易发展 的现实较为一致。从前文分析可知,改革开放以来,中国一直将入境旅游作 为获得外汇的重要手段,通过外汇的大量积累获得发展资金和设备进口,这 是与国民经济发展的历史过程紧密关联的。

从旅游与就业的关系来看,旅游行业仍然属于劳动密集型产业,调查数据表明,妇女在旅游就业中的比重达53%,青少年的比重为21%,而全社会所有行业的比重为8%。从某种程度上来讲,旅游业已成为吸纳弱势就业群体的"储物罐"。[①] 根据依绍华(2005)对旅游就业效应测算的结果(表5-12),旅游消费100万元,交通业就业人数增加82.47人;邮电通讯业增加52.22人;批发零售业增加36.42人;餐饮业增加27.83人;社会服务业增加62.18人。冯学钢(2004)以上海为例,以游客接待量与旅游就业人员的经验比例关系预测上海2010年旅游从业人员将会有超出预期的增长。可见旅游与就业,旅游服务贸易与各行各业的就业关联效应非常大。

表5-12 旅游业就业效应的测算结果

旅游直接相关产业	旅游直接相关产业的就业效应
交通运输业	0.824 7
邮电通讯业	0.522 2
批发零售贸易业	0.364 2
餐饮业	0.278 3
社会服务业	0.621 8

注:来源于依绍华(2005)。

从表5-13中所列9组模型的对比分析中,可以发现旅游服务贸易发展还与经济增长的其他相关变量有着各种形式的联系。下面分组对旅游服务贸易与经济增长的一些重要变量间的关系进行解释。

表5-13 分组模型面板数据的回归估计结果

自变量	分组模型类别								
	M0	M1	M01	M2	M02	M3	M03	M4	M04
控制变量									
BAL	0.988	1.074	0.950	0.858	0.895	1.040	1.223	1.403	1.162
EMP	12.315**	13.219*	11.345**	10.972**	12.030**	13.562**	16.159**	7.845**	8.371**
	2.591	3.140	2.687	1.245	0.158	3.055	0.428	0.522	0.427

① 依绍华.旅游业的就业效应分析.财贸经济,2005(5):89-91.

(续表)

自变量	分组模型类别								
	M0	M1	M01	M2	M02	M3	M03	M4	M04
CAP	8.340**	9.375**	7.926**	2.852*	4.246*	9.992**	9.748**	4.867**	8.019**
	1.509	1.530	1.500	1.334	1.275	1.503	1.582	1.721	1.605
	48.316**	46.407**	46.458**	31.595**	38.780**	44.191**	51.844**	70.582**	50.060**

解释变量

自变量	M0	M1	M01	M2	M02	M3	M03	M4	M04
STR		−14.538	−17.943						
		−2.382*	−3.083**						
CONS				0.651	0.781				
				6.015**	10.574**				
INV						0.031	−0.023		
						1.977*	−1.470***		
EFF								7.139	5.295
								2.214*	2.192 *
TST	3.962		4.624		4.359		8.085		7.305
	3.683**		3.890**		9.011**		9.884**		5.420**

模型系统稳健性指标

自变量	M0	M1	M01	M2	M02	M3	M03	M4	M04
R^2	0.996	0.996	0.996	0.996	0.993	0.996	0.980	0.980	0.986
Adj-R^2	0.995	0.995	0.995	0.996	0.993	0.995	0.980	0.980	0.986
S.E.	332.774	341.229	334.757	325.680	335.336	345.634	358.385	391.790	377.535
F-stat	1 629.404	1 644.247	1 739.528	1 897.444	2 875.323	1 638.778	2 732.032	3 362.819	3 927.087
Prob-F	0.000	0.000	0.000	0.000	0.000	0.000	0.000	0.000	0.000

注:表中括号内数值为 T 统计量。* 表示 5%显著性水平;＊＊ 表示 10%显著性水平;＊＊＊ 表示 15%显著性水平。

1) 旅游服务贸易与地区产业结构调整

一国经济发展水平不仅表现在人均 GDP 的水平上,同样也反映在产业结构的调整与变迁上,而产业结构不断演进的过程也反映了经济发展的过程。库茨涅兹、霍夫曼等经济学家研究证明,人均国民收入和产业结构发展水平乃至工业结构是相呼应和紧密联系的,无论产业结构还是工业结构在经济发展中都表现出一种“高附加值”化趋势,高附加价值部门会在产业结构中占据越来越大的比重。这个规律也使我们认识到,若产业结构能够沿着这样的路径调整转换,必然可以提高经济发展的质量和水平。这也是近些年来中国政府和学界热议的话题之一。但从 M0、M1 和 M01 三个模型解释变量系数的变化方向以及相关系数的统计量分析可知,旅游服务贸易与地区产业调整存在一定程度的负向联系,说明地区经济中旅游服务贸易对于区域第三产业的发展贡献非常有限,还没有发挥其应有的关联带动效应。尤其在优化地区产业结构方面还面临很多困难和问题。数据实证结果也说明,虽然近些年来中国旅游业得到了较快发展,但仍然面临发展方式粗放等问题。

2) 旅游服务贸易与居民消费

从 M0、M2 和 M02 三个模型的 CONS、TST 两个变量系数的变化来看,M02 模型中两个变量的系数都变得更大,并且更加显著,说明旅游服务贸易和国内居民消费间存在着一种互相促进的作用,称之为溢出效应。一方面,旅游服务贸易发展带来的收入通过一定渠道转换为居民收入的重要组成部分,例如,居民可以通过为入境旅游者提供服务、参与就业等途径获得旅游外汇收入,从而提高了消费能力;另一方面,入境旅游者通过与当地社区居民文化交流等,促进当地居民消费观念的更新。此处的实证结果也验证了前文的理论分析内容。居民消费作为经济发展过程的一个重要表现,消费增长反映了区域经济力量的上升,可以带动地区相关行业的发展,如批发、零售、交通运输、邮政电信、金融等行业,而这些行业的发展对旅游服务贸易的作用是积极的,例如,可以提高交易的便利性或效率,降低旅游服务贸易的交易成本等。

3) 旅游服务贸易与外商投资

从 M0、M3 和 M03 三个模型的 INV、TST 两个变量系数的变化情况来看,M03 模型中 INV 变量的系数符号发生了变化,说明旅游服务贸易发展对外商投资产生了排挤作用,称之为挤出效应。但 TST 系数变大,并且显著性明显提高,说明外商投资进入对旅游服务贸易的带动作用较大。外资进入带动了旅游基础设施建设配套,经营管理水平提高,部分解决了旅游业投资不足等矛盾和问题,促进了旅游产业发展。在第四章旅游服务贸易影响因素的分析中已经指出,区域旅游服务贸易发展与地区对外贸易联系非常紧密,外贸已经成为各地区带动旅游服务贸易发展最明显的影响因子,此处的估计结果进一步验证了这种结论。但同时也看到,旅游服务贸易发展对外商投资产生了一定程度的抑制作用。这也与前文所说的旅游服务贸易发展与外汇收入、资本积累的目的有关。旅游外汇收入提高可以部分抵消外资的作用而为区域经济发展提供必需的资金来源。综合来看,旅游服务贸易与外商投资间的关系仍然是倾向于利用外资促进经济增长这一单向渠道,而在利用旅游服务贸易发展带动外商投资进入这一方向上的努力仍然不足。这个结果也反映了另外一个事实,目前中国旅游行业外资进入规模依然较小。

4) 旅游服务贸易与区域交易效率

从 M0、M4 和 M04 三个模型的 EFF、TST 两个变量系数的变化情况来看,M04 模型中 EFF 变量的系数变小,显著性降低;但 TST 变量系数明显增大,显著性也显著提高。说明旅游服务贸易对交易效率(政府财政支出)会产生一种微弱的排挤效应,而交易效率的提高对旅游服务贸易促进作用较大。这个结果说明,政府财政支出中有很大部分进入了与旅游相关领域,例如,公共基础设施建设(典型的是道路交通设施方面的投入与建设)、与旅游景点配套的公共服务设施建设等方面。但是从另一个角度来讲,旅游服务贸易发展虽然可以对冲部分公共财政支出,但这种作用从系数大小及显著性来看并不十分显著,这也说明旅游服务贸易发展并没有有效降低财政支出对旅游所依赖的旅游景点及设施的投入。从更深入的层面来看,旅游景点、景区的市场化水平仍然较低。一方面,旅游外汇收入进入财政渠道并不畅通;另一方面,旅游项目严重依赖于财政投入,旅游项目市场化运作仍然需要加强。

第六章

中国旅游服务贸易发展的政策建议

旅游服务贸易政策总是与一国整体对外经济政策和对外贸易政策相联系,因而属于宏观层面的导向性因素,只是具有理论指导意义。而针对具体旅游服务贸易发展阶段设计的政策性建议则可以是中观甚至是微观层面的,属于操作层面,因而具有实践意义。本章将重点落在如何推进中国旅游服务贸易发展的政策性建议上。比较优势与竞争优势是一种递进的关系,比较优势只有在一定条件下才能转化为竞争优势,竞争优势是一国旅游服务贸易发展追求的目标,因而本章思路非常明确,即如何实现旅游服务贸易比较优势向竞争优势转化,以前文的研究为基础,即设计这样一种框架来达到:使影响旅游服务贸易发展的基础优势得到充分发挥,使中国旅游服务贸易发展的时空结构即资源配置更加合理,使旅游服务贸易发展所带来的经济利益能使所有要素所有者利益最大化。这种应对之策大致可以从三个方面进行设计:一是从旅游服务贸易影响因素入手;二是从旅游服务贸易内部结构来分析构建什么样的结构才是合理的;三是从旅游服务贸易影响经济增长的渠道或机制入手来分析。

第一节　巩固提升旅游服务贸易发展的优势基础

古典贸易理论认为贸易的开展需要基于劳动生产率的绝对差异或相对差异;新古典贸易理论认为资源禀赋优势是一国开展贸易的基础;而在新贸易理论和新兴古典贸易理论那里,贸易的基础和原因得到了进一步的扩展,规模经济、交易费用等因素相继成为各国开展贸易实践的原因。贸易理论的发展同样可以对旅游服务贸易的产生与发展做出相应解释,旅游服务贸易的基础和原因也经历着由旅游资源、劳动、资本等要素向制度、品牌、管理、人力资本、企业家才能等软要素拓展。所有这些影响旅游服务贸易开展的因素都有可能形成一定的比较优势,从而成为促进旅游服务贸易发展的源泉。

旅游服务贸易的要素优势主要指以自然人文旅游资源、劳动力资源、旅游投入资本、旅游行业管理等为基础。要素优势的形成可以在以下几个方面进行:一是不断丰富旅游服务贸易的要素内容;二是不断提升旅游服务贸易所依赖的要素层次。贸易实践的发展不断证明着贸易的基础是不断扩展的,由最初的劳动一种要素到资本和劳动两种要素,再到技术、知识、人力资本和管理等更多的要素基础,旅游服务贸易发展的基础也遵循这种过程,旅游业不仅需要依赖自然、人文旅游资源及廉价的旅游从业人员,也需要以人力资本、管理、技术等为支撑的创新要素基础。GATS认为服务贸易是四种不同提供模式并存的共同体,从第四章的分析中可以发现,不同旅游服务贸易模式主要依赖的要素基础并不相同,因而也会有不同的应对之策。

一、建设开放的无边界旅游目的地

过境消费方式的旅游服务贸易对旅游资源的要求非常高,旅游资源是旅游目的地的主体构件。旅游消费者花费巨大运输成本来到旅游目的地,如果旅游资源吸引力并没有使旅游消费者效用达到最大化,那么,旅游者将不会进行"故地重游"而转向其他旅游目的地。

中国有着悠久的历史,拥有为数众多的自然、人文旅游资源,但传统旅游服务贸易发展模式主要以创汇为导向,因而以各种形式将旅游资源进行有边界地建设,例如,在一些旅游资源外围建设围墙或栅栏,目的就是将旅游景点或景区与外围环境进行隔离来收取门票。这种旅游发展模式普遍存在,而不利之处也非常明显。首先,它将旅游资源进行了人为割离,旅游景点景区间的紧密联系被打破,不利于旅游资源的整合;其次,它违背了市场竞争原则,旅游资源一般具有垄断性特点,一旦被圈地以后,往往形成垄断利润,不利于市场化竞争,因而在景区景点管理方面往往跟不上时代潮流,旅游产品开发缓慢,产品"老化"而不具有竞争力。

开放的无边界旅游目的地则可以让更多的旅游要素参与到旅游目的地的建设中,它不再以门票收入为主导,而是以强大的旅游流来实现整个旅游目的地社会效益和经济效益最大化。它打破了以往旅游景点景区与当地社区相互隔离的局面,实现了旅游资源、旅游社区和旅游消费者之间的真正互动。

二、加紧旅游电子商务系统建设

目前中国旅游电子商务网站主要有地区性网站、专业网站和门户网站旅游频道等三个基本类别,主要涉及旅游的食、住、行、游、购、娱等网上资讯服务,是提供跨境旅游服务的重要媒介。虽然旅游电子商务还处于起步阶段,但发展迅猛,越来越多的旅游企业逐渐加入电子商务营销大军。经过 10 多年的摸索与发展,已产生相当一批具有资讯服务实力的旅游网站,例如,携程网、艺龙网等。

与传统旅游营销模式相比,旅游电子商务的主要优势在于:第一,旅游电子商务可以在一个平台上使众多旅游供应商、旅游中介商、旅游消费者之间建立有效的联系网络,可以实现旅游服务与消费的同步同时性,从而突破了多数旅游产品不可贮藏的特征,能够明显提高资源利用效率;第二,旅游电子商务降低了旅游服务贸易提供与消费过程中的成本和费用,如降低了旅游信息传播成本,降低了实体店面的租金成本,提高了交易效率;第三,旅游电子商务及网络的发展创新了旅游产品,实现了旅游服务的远距离传送,如"虚拟旅游";第四,旅游电子商务具有全天候、没有时间或地域空间限制的双向交流、迅速反馈等特点,真正打破了旅游消费的时间性限制;第五,旅游电子商务可以实现与旅游消费者的交互式沟通,使个性化、定制化旅游服务成为现实,同时也能够满足现代旅游消费者个性化、多样化的需求。

随着中国加入 WTO 过渡期的结束,旅游电子商务方面也将逐步向国外开放。较短的发展历史也使我国旅游电子商务发展与国外相比具有比较劣势,而根据动态比较优势理论,我们可以通过后天学习来构建比较优势。因而对于国内旅游企业来讲,国际旅游企业具有观念、管理、网络、资金、人才等多方面优势,我们必须发挥充分的能动性来获取国际优势企业的运营经验和外部经济效应,必须将传统旅游市场转向以互联网技术为核心的旅游电子商务,以满足不同旅游者的需求;积极参与到旅游电子商务系统的建设中,适应国际旅游需求和国际旅游交易新趋势;最大限度地利用旅游电子商务网络效应和远距离传输效应,不断提升旅游地知名度、旅游企业品牌形象和服务水准,不断将资源优势转化为产品优势和市场优势,提高中国旅游服务贸易的国际竞争力。

三、加大对国际优秀旅游人才的储备

从已有研究来看,旅游业某种程度上已经成为吸纳弱势就业群体的"储物罐",而这部分就业人员所处的就业产业多属于劳动密集型,对专业技能要求不高,该部分就业人员也是旅游就业中规模伸缩空间最大、波动性最强的部分。淡、旺季就业人员减少或增多具有明显的季节性,这些员工与企业之间一般没有长期契约关系,员工往往集中于低技能岗位,薪酬较低,职业培训机会较少,员工对工作和收入存有不安全感,其潜在的安全风险往往会对旅游业整体发展产生不利影响。但目前这一现象仍然未能得到高度重视。

传统旅游业的发展总是以低廉的劳动力成本为比较优势,由前面分析得知,这部分就业人员数量及规模存在严重的不稳定性,且层次较低,不具有明显竞争优势,必然会动摇旅游服务贸易的劳动力比较优势基础。并且中国传统劳动力比较优势在国际贸易中已经得到了巨大的发挥,劳动力成本已经有了大幅度提升,传统劳动力比较优势正在被周边许多发展中国家如印度所威胁。因此,必须适应这种国际贸易发展的现实形势,加强对中、高端人力资源储备,如高级管理人才、专业技能人才、懂得国际规则的国际人才等。

随着旅游服务贸易不断开放,以旅游从业人员为基础的要素流动可以称之为自然人移动,从理论上讲,它不仅包括普通旅游就业人员,也包括旅游企业派驻的高级管理人才、专业技能人才等。目前大多数国家为了保持本国的就业,都会对普遍就业形式的自然人移动进行严格限制。中国在旅游服务贸易自然人移动方面的承诺是:与中国合资旅馆、饭店、旅行社签订合同的外国经理、专家、高级管理售货员在中国将获准提供服务。正如动态优势理论所

强调的,比较优势可以通过后天的学习和积累得到,通过与国外人力资本进行交流与合作,可以充分积累我国旅游服务贸易发展的人才后发优势。当然,对于逐渐具有人力资本或劳动力优势的中国旅游企业来讲,也可以通过各种渠道输出旅游人才,参与国际旅游经济合作。

四、引导国际旅游投资流入,鼓励旅游企业做大做强

在 GATS 中,跨境旅游服务贸易与旅游商业存在共同构成了完整的旅游服务贸易内容。由于商业存在形式的旅游服务贸易相关统计目前存在困难,并且对外直接投资也是某一商业存在的先决条件,因此,对旅游商业存在的讨论将主要针对旅游直接投资进行。旅游直接投资包括两个方向:一是内向投资,指投资的流入,通常称为外商直接投资;二是外向投资,指投资的流出,通常称为对外直接投资。长期以来,中国经济增长的主要驱动力量是投资和出口拉动。在目前发展阶段下,我国仍然是一个最大的发展中国家,消费能力有限,因而在未来相当长时间内,投资将仍然是中国经济发展的重要动力,而国内资本数量和规模有限,比较劣势明显,因此,吸引国外旅游直接投资是一个有效的旅游发展长期战略。

我国国务院于 20 世纪 70 年代便成立了利用外资建设饭店工作小组。20 世纪 70 年代末至 80 年代初,旅游业利用外商直接投资约 50 亿美元,占同期全国实际利用外资总额的 29.1%。20 世纪 90 年代以来,旅游业利用外商直接投资规模得到了进一步提高。加入 WTO 以后,这种趋势更加明显,因为中国对旅游服务贸易商业存在的谈判中,对饭店与旅馆业"商业存在"仅有合资年限的一般性限制,国外旅游服务提供者可以以外商独资、中外合资、中外合作的形式兴建、改造和经营饭店与餐馆。除此之外,外商投资领域和范围也在不断扩大,已经由传统的旅游饭店逐渐向旅游度假区、旅游车船公司、旅游景点景区等旅游要素扩展,因而吸引外资的总体规模得到了更大发展。内向旅游投资不仅为旅游服务贸易发展带来了资金支持,还伴随着大规模技术、知识、人员和先进管理模式的跨国转移,形成了旅游跨国投资与跨境旅游服务贸易的良性互动。

但必须意识到,大量外商直接投资的介入也会对旅游业产生巨大冲击,

此外,中国经济在经历多年高速发展后也拥有了大量资本积累。因而,鼓励国内分散经营的旅游企业做大做强,实现连锁经营、集团化经营,便成为当前中国旅游企业应对国际投资企业竞争的有效举措;同时,改革开放也扩大了中国旅游企业的市场范围,鼓励国内旅游企业对外投资,为国内资本寻找利益来源,也是资本趋利的内在需要。

五、不断提升旅游服务贸易的要素层次

旅游服务贸易总是随着经济的发展而不断进化,中国传统旅游目的地一般是基于传统旅游城市和传统旅游景点两大类,以观光产品为主打形式。从旅游经济学的角度来看,观光旅游产品是对旅游资源最直接的利用,一些自然或人文旅游资源只要具备起码的可进入性交通便可以进行观光旅游开发。相对于其他旅游方式,观光旅游对经济发展水平及旅游服务水平要求都不高,观光旅游产品于是在中国改革开放后的很长一段时期内成为中国旅游业发展的主要推动力量。

但是以观光旅游产品为主的旅游发展模式的局限性也是显而易见的。首先,它的重复消费的边际效用很低,旅游消费者基本上是一次性购买,回头客较少;其次,观光旅游多数是"走马观花"式频繁移动于各个景区景点之间,对交通、环境造成的压力较大;再次,观光旅游普遍消费水平较低,景点景区收入多数集中于门票收入,很少有其他收入来源。一般来讲,观光旅游比重较高的国家,旅游回游率较低;观光旅游比重较低的国家,旅游回游率较高。世界旅游市场上,重复旅游者一般占据旅游者总数的70%以上。[①] 因此,以观光旅游产品为主的旅游经济发展模式将会给旅游市场的进一步开拓带来压力。

20世纪七八十年代中国旅游发展的初期,来华旅游者中有近70%的游客的旅游目的是观光,但到了20世纪90年代以后,这种趋势出现了明显改观,观光旅游比重开始下降。从我国旅游产品发展阶段来看,较为典型的是"三代产品"说:第一代产品是指以热点旅游地区为主的观光旅游产品;第二

---

① 宋振春.当代中国旅游发展研究.北京:经济管理出版社,2006:109-110.

代产品以旅游线路为主,是主题独特、集中的线路;第三代产品以资源全面利用、参与式产品为主,考虑人文资源与自然资源的结合。从时间发展过程来看,三代产品所依赖的要素重心是不断继起的。

中国旅游业必须清醒地认识到这种变化,不能仅靠以自然、人文旅游资源为基础的观光旅游取胜于世,要将依赖传统资源向依赖要素创新转变,向技术、管理要素递进,不断开发出适应旅游消费者需求变化趋势的多样化、有层次、有创新的旅游产品。何况旅游产品也具有一定生命周期,根据贸易发展动态优势理论,在旅游经济发展的不同阶段,旅游服务贸易的基础也在不断变化,旅游产品的发展与更新也要适应这种消费需求的升级。

六、延伸旅游产业价值链,旅游产业集群化发展

中华人民共和国成立以来至改革开放初期,国际旅游作为外交事务的重要组成部分,私营企业不能介入旅游业务。随着国家经济建设的不断推进,入境旅游活动中自费旅游者的比例逐渐提高,而政府相关部门对旅游业的经济性特征也逐渐有了一定认识,这些变化都内在地要求旅游业由事业型向产业型过渡。特别是改革开放以来,随着经济发展进入了一个新的历史时期,"大力发展旅游业""千军万马办旅游"等指导思想直接促成了旅游业的全面发展。从"七五"计划首次明确了旅游业的产业地位以来,中国旅游业在政府政策体系以及现实发展过程中,都在证明着这样的事实,即旅游产业化进程是中国旅游业发展的客观历史进程,不可阻挡。因而在旅游服务贸易发展过程中自然也不能缺少对旅游产业方面的考量,旅游产业集群化发展及产业链的调整与优化都将构成旅游服务贸易发展的优势基础。

与传统产业部门有所区别的是,旅游业生产要素涉及多个产业部门和领域,例如,旅游特征部门包括食、住、行、游、购、娱等,与旅游相关的产业部门有金融、批发零售、邮电通讯,等等。旅游业是一个综合产业部门,带动作用非常明显,旅游业的发展也可以在相关产业发展基础上进行。由于区域之间往往会存在资源禀赋和经济环境等各方面的差异,因此,各个地区的产业结构会有所不同。如果一些区域更适合于某一特定旅游产业的发展,该产业的企业就会向此聚集,形成产业聚集现象。从经济学理论的角度来看,规模经

济有外部规模经济和内部规模经济之分,产业集聚可以带来明显的外部经济效应。产业集聚区内拥有为数众多的企业,可以诱发竞争,促进旅游相关产业的市场化进程;有助于集群内相关企业为提高协作效率而进行生产链分工与细化,有助于推动劳动生产率的提高。

英国经济学家马歇尔发现,集中在一起的厂商比单个孤立的厂商更有效率。旅游相关产业的企业在地理上的集中可以促进行业在区域内的分工与合作,分工的细化必然会增加旅游产业链的环节,从而使旅游产业链拥有更多价值增值环节,也会触发很多新兴旅游业态诞生。因此,必须谋求在更新、更广泛的资源和能力基础上构建、维护、优化旅游产业链,打造旅游产业优势。

七、营造与培育良好的旅游交易环境

首先是转变旅游服务贸易的发展理念。旅游业具有综合性特点,旅游业的产生和发展都与一定经济社会发展水平相适应,现代旅游服务贸易的发展要与现代市场经济的高度发展相适应。中国旅游业在过去很长一段时期经历了非常规发展,即优先将入境旅游作为先导。但由此带来的消极影响也是显而易见的。入境旅游快速发展不仅加剧了贸易顺差,恶化了贸易环境;也带来了与旅游相关的其他产业的结构性矛盾,例如,基础设施建设与快速发展的旅游业间的矛盾,影响了旅游服务质量,也会影响旅游服务贸易的可持续发展。现代贸易理论以及相关经济学理论都告诉我们,旅游服务贸易是双向的,并且包含丰富的内容,出境旅游、国际旅游投资都是旅游服务贸易的重要组成部分,"奖入限出"的重商主义贸易思想只是一种权宜之计。旅游服务贸易国际竞争力的提高要从单纯依赖政策取向、贸易壁垒来护驾,转向依赖不断提升的旅游要素条件和质量、不断改善的旅游交易环境、不断优化的整体旅游产业结构和不断优化的客源市场结构上来。要加快旅游立法进程,保护旅游者和旅游经营者权益,促进旅游服务贸易自由化进程。

其次是加大对旅游基础设施的投入。因为基础设施是加快旅游开发的前提和基础,要将基础设施建设作为调整产业结构、发展旅游、增加收入的"基础工程"来抓;作为营造良好投资环境,改变生产条件,改善生态环境,实现可持续发展的"长效工程"来抓。

最后是要改善旅游投融资环境。国际旅游投资作为旅游服务贸易发展的重要形式,本质上是一种要素流动,旅游服务贸易自由化进程内在地要求资本自由流动。随着中国加入 WTO 过渡期的结束,国际资本进入中国旅游业已经成为必然,因此,必须建立适应市场机制的投融资平台,打破社会资金进入旅游业的政策壁垒,创造有利于公平竞争的政策环境,运用现代资本理念建立旅游产权交易平台,共同推动旅游业市场化进程。

八、巩固重点市场,积极开拓非重点旅游客源市场

世界旅游发展模式一般可以粗略地划分为两种:一种是发达国家常用的一般模式,即先发展国内旅游,后发展国际旅游;另一种是发展中国家常用的特殊模式,即先重点发展入境旅游,再发展国内旅游,然后是出境旅游。后一种模式又称为非常规模式。[①] 从第三章对中国旅游业发展路径的总结中可以发现,中国采取了非常规旅游发展模式,这种发展模式在客源市场结构上的一个明显特征是:重点旅游客源市场突出,主要旅游客源市场由少数几个国家占据;而非重点旅游客源市场则非常分散,并且比重较小。冯学钢(2004)在分析上海世博会客源市场时强调,应积极开拓世博会的国际旅游市场,一方面,需要围绕世博会重点入境市场如日、美、韩等国进行深度开发;另一方面,也要加强对上海非重点入境旅游市场的分析,积极开拓非重点入境旅游市场。这或许能告诉我们,重点旅游客源市场当然应当巩固,但非重点旅游市场的作用也不可忽视,它的作用不仅在于分散经济风险,也能够分散政治风险,使国家相关政策有效避免被少数国家所影响。

第二节　调整优化旅游服务贸易发展的区域结构

贸易自由化是一种历史趋势,但从某种意义上说,根本不存在真正的自由贸易,任何一种贸易政策都是对自由贸易的干预。正如前文所说,旅游服

---

① 国家旅游局人事劳动教育司.旅游学概论.北京:中国旅游出版社,1993:257-268.

务贸易保护与开放是一把"双刃剑",贸易保护与贸易自由化始终相伴。发达国家倾向于自由贸易,而对于发展中国家来讲,则更多地倾向于保护。在中国还没有完全建立市场经济的过程中,政府不仅要考虑中国旅游业整体发展路径,更需要关注旅游服务贸易发展的区域结构,因此,政府对旅游服务贸易发展的干预是必需的。

一、东部发展:加强旅游福利效应扩散

在第三章的分析中可以看到,中国旅游业的发展经历了三个重要空间重心的转移过程,即"南下""东进"和"北上"过程,在经济区域表现上就是沿着珠三角—长三角—环渤海一线逐渐递进。一个重要原因在于,东部地区良好的经济基础为旅游经济发展提供了良好的"四元优势"基础,也可通过第四章关于旅游服务贸易发展影响因素分析看到,东部地区在"四元优势"各分项中都表现出了绝对优势地位。通过第五章旅游服务贸易经济效应实证分析结果可知,旅游服务贸易和经济增长间的关系更多地倾向于经济增长对旅游服务贸易的推动作用,而旅游服务贸易对经济增长各渠道的积极影响作用有限。换句话说,经济增长使旅游服务贸易获得了"好处",但旅游服务贸易的发展没有为经济增长带来相应"回报"。

因此,东部地区发挥旅游服务贸易的福利效应主要表现在以下几个方面:第一,将这种"四元优势"的"势能"向周边扩散,如通过区域旅游合作来交流旅游业发展经验,通过旅游资源区域整合、旅游宣传营销合作、旅游帮扶等形式将东部地区旅游业发展的利益向邻近地区溢出;第二,东部地区通过经济实力支撑起来的旅游服务贸易发展模式对区域经济的"透支"非常明显,必须通过挖掘旅游服务贸易的福利效应进行"弥补"。一般来讲,旅游服务贸易在传统理论中对外汇收入、就业等变量都具有积极影响,但这种认识需要更新。第五章的分析表明,旅游服务贸易发展与经济增长各个变量都有着密切联系,这也是旅游行业巨大的关联带动效应决定的,旅游服务贸易的发展对于地方产业结构的调整与优化具有不可忽视的作用,可以将旅游服务贸易发展作为区域产业结构调整的重要变量来考虑,不断创新旅游服务产品的构成要素,运用现代信息技术手段改造传统旅游产品,以此来保持持久的旅游经

济活力并带动传统服务业升级。

二、东北振兴:建设旅游发展新"高地"

沿着中国旅游业发展的空间路径,"北上"过程将是未来中国旅游业发展的主要特点。环渤海区域作为沿海地区最后一个区域型旅游发展带,应在珠三角、长三角旅游业发展经验基础上努力建设未来中国旅游发展的新"高地"。从第四章中关于东北地区 1999 年至 2007 年间旅游服务贸易发展基础综合得分情况来看,这段时间基本没有大的变化。但在要素优势方面的得分情况要稍好一些;产业优势方面东北地区为负值,这与东北"老工业基地"地位有关,主要以第一产业和第二产业发展为主,第三产业发展整体良性环境尚未完全形成。

但作为"振兴东北"国家战略的重要组成部分,东北得天独厚的优势在于国家政策的支持(交易优势),环渤海旅游经济圈的建设(要素优势),与东北亚旅游合作机制的日益形成(需求优势)。所以应在旅游服务贸易发展过程中首先努力寻求中央和地方政府优惠政策的支持,在区域旅游合作中不仅要努力开辟环渤海与长三角、珠三角和其他省市的交流与合作,也应积极拓展区域性国际旅游合作途径,如东北亚旅游合作渠道,营造良好的国际、国内需求优势条件。

三、中、西部开发:推动经济发展的重要"引擎"

在第三章关于中国旅游服务贸易发展空间转移的分析中,中、西部地区没有位列其中,但从第四章中的实证分析结果可知,中部地区除湖北以外,山西、安徽、江西、河南、湖南等地区的旅游服务贸易发展潜力及竞争力近些年来有了较大幅度提高;西部地区陕西、四川、云南、广西和重庆几个地区旅游服务贸易发展优势比较明显,其中四川和贵州两个地区的综合优势明显提升。

中、西部地区经济发展水平相对落后,从旅游服务贸易与经济增长关系来看,经济增长不能像东部那样成为促进旅游服务贸易发展的核心变量,而一个可行方向是将旅游服务贸易发展作为经济增长的重要变量。因此,旅游服务贸易的发展可以成为推动中、西部地区经济发展的重要"引擎"。

第三节 引导开发旅游服务贸易经济效应的渠道

一、成为提高消费扩大内需的"突破口"

经济学理论告诉我们,投资、出口和消费是拉动经济增长的"三驾马车"。过去很长一段时间,中国经济增长的主要力量是投资和出口,消费一直未能成为经济增长的主导力量。从经济增长结构来看,目前不容忽视的是,投资和贸易顺差增长过快、内需相对不足的结构性矛盾非常突出。对于投资,国家宏观调控将变得更加严厉,国家已经明令从严管制高耗能、高污染行业项目的投资,加强在建项目的监督和审查;对于出口,长期以来,中国的出口产品因其物美价廉而受到国际消费者的青睐,但"中国制造"往往以低端、低价格产品,以及数量扩张开拓国际市场,国际社会对中国出口顺差过大的指责一直没有停止过,随着国际竞争的加剧,此种模式亟待改变,出口产品应更加强调以质取胜。因此,投资和出口"两驾马车"正面临新的挑战。

中国目前经济发展的总体形势是投资和出口增长较快,但消费需求增速不高,内需不足已成为制约我国经济持续健康发展的重要障碍。从世界各国经济发展的一般规律来看,消费往往是拉动经济增长的最终动力。但扩大消费并非一日之功,通过第五章中的相关实证结果可知,旅游服务贸易与居民消费确实存在相互促进作用,旅游服务贸易对居民消费的溢出效应非常明显,旅游服务贸易的发展已经成为促进国内居民消费增长的重要变量。而消费的影响因素一般包括居民收入、社会保障、消费倾向或意愿等。因此,可以在旅游服务贸易促进居民收入分配、促进社区公共财政收入、培养居民旅游意识意愿等方面做出努力,使旅游收入在居民收入分配方面的渠道更加畅通,比重得到提高,使旅游收入进入税收的渠道更加市场化,使旅游消费者和目的地社区居民的关系更加和谐。只有这样才能有助于从消费能力和消费意愿上促进消费增长,实现扩大内需的目的。

二、成为产业结构调整的"生力军"

从第五章中的实证分析结果可知,旅游服务贸易在地区产业结构调整中的作用并不明显,反映出旅游服务贸易还没有成为区域产业结构优化调整的重要变量。地区旅游服务贸易发展产业关联带动作用有限,在一定程度上也揭示了中国目前旅游服务贸易粗放式发展的结果。

其实,作为新的经济增长点,旅游服务贸易的发展不仅能够增加地方收入和居民收入,平衡地区间收入,旅游业还有一个非常重要的显著特征就是产业关联度大,经济拉动效应强。旅游业发展既可以刺激消费,还可以提高第三产业比重,从产业结构调整的角度来看,这也是一个很好的切入点。2009 年底,中国已经明确提出要将旅游业培养成为国民经济战略性支柱产业,意味着旅游业将被定位为中国经济结构调整和扩大内需的重要突破口,并将成为重要的消费引擎。

必须在旅游服务贸易与产业结构调整之间寻找联系。产业问题涉及企业、行业和市场问题。因此,可以在市场准入、社会资本与民营资本等公平参与投资建设经营、支持中小旅游企业发展等方面适当放宽或建立配套的措施。中国旅游资源丰富,通过准入门槛的开放来吸引更多资金投入旅游业,同时在消费政策上鼓励、倡导国民参与旅游,推行国民休闲计划,推动旅游消费的大幅提高,从而提高消费服务业乃至整体第三产业比重。因此,在车市、房市陆续成为消费引擎之后,旅游服务贸易及整个旅游业应当成为产业结构调整的重要力量和生力军。

三、成为促进区域经济发展的"助推器"

从第五章中关于旅游服务贸易与地区交易效率关系的实证结果可以发现,旅游服务贸易对交易效率(政府财政支出)会产生微弱的挤出效应,而交易效率对旅游服务贸易的促进作用比较明显。这一结果表明,政府财政支出中有很大部分进入与旅游相关联的行业,例如,公共基础设施建设(典型的是道路交通设施方面的投入与建设)、与旅游景点配套的公共服务设施建设等。从另一个角度来讲,这些公共支出在促进旅游服务贸易发展的同时,也是地方经济发展必需的基础建设项目。但从目前情况来看,旅游服务贸易发展更多依赖财政支出,而不是"回报"财政。因此,在地区发展旅游服务贸易的同时,应当重视以旅游业为主的现代服务业对财政收入的贡献。在产业结构调整过程中,逐步探索旅游业、服务业对税收的贡献渠道,从而实现第三产业税收比重逐步提高,保持与旅游业、服务业比重的上升趋势一致,这也与目前产业结构调整的方向相统一。

此外,旅游服务贸易、旅游业财政收入比重的提高,可以再通过财政支出反馈于民生,例如,可以为当地社区社会保障事业提供资金来源,可以对当地社区经济发展所需要的交通、环境等进行投资,助推地方经济发展。

第七章

结论与后续研究

第一节 主要结论

本书将旅游服务贸易放在一个开放的系统内进行考虑,紧紧围绕中国旅游服务贸易发展问题进行了理论探讨和实证研究,主要结论可以归纳为以下几个方面:

第一,从概念上来讲,旅游服务贸易所交易的产品兼具旅游产品特殊性质和贸易品普遍共性,但旅游服务贸易的概念并不统一。许多学者将国际旅游等同于旅游服务贸易,其实它们之间有很大区别。从艾斯特定义(IASET)可以发现,旅游需要消费者前往旅游目的地停留一段时间,仅涉及旅游消费者的位置移动。根据《服务贸易总协定》(GATS)的界定,旅游服务贸易可以拥有四种不同的提供模式,不仅涉及消费者的位置移动,也涉及提供者的位置移动或两者都不移动的情形。因此,旅游服务贸易是一个比国际旅游更加宽泛的概念,但位置发生移动的国际旅游的产生和发展是旅游服务贸易发展的前提和基础。

第二,从时间进程来讲,改革开放前,旅游业发展承担着重要的对外宣传、国际往来的政治任务,旅游业主要以外事接待为主,是一种"事业型"运营机制,尚不具备"产业化运营"条件;改革开放后,中国旅游业逐渐从外事接待工作中分离,逐步加快了产业化进程;2009年底,中国提出要将旅游业培养成为国民经济战略性支柱产业,意味着旅游业将在未来成为中国经济结构调整和扩大内需的重要突破口。在此过程中,旅游业经历了一条非常规发展道路,即先发展入境旅游后发展国内旅游,再到优先发展国内旅游扩大内需。从拉动经济增长的"三驾马车"来看,出口、投资在依次成为主要动力后,以旅游为代表的消费将成为重要的经济增长引擎。

第三,从空间结构来讲,长期以来,主流经济学思想体系和理论模型总是以"均质空间"作为前提假设,往往只考虑时间维度而不考虑空间维度,本书运用空间数据探索方法对旅游服务贸易的空间集聚和敛散特征进行分析后认为,中国旅游服务贸易发展总体态势上呈现了与国家经济区划较为一致的集聚效应,并呈现出一定的"俱乐部收敛"迹象。在区域重心的空间变化上,中华人民共和国成立以来,中国旅游服务贸易的重心发展大体上经历了"南迁""东进""北上"等三次比较明显的运动过程:"南迁"过程大致发生于中华人民共和国成立至改革开放初期,旅游服务贸易由北南移至珠三角一带;"东进"过程主要发生于 20 世纪末至 21 世纪初期,旅游服务贸易发展重心由珠三角逐渐东迁至以江浙沪为代表的长三角区域,并在东南沿海一带形成了一个较长的旅游服务贸易发展连绵带;"北上"过程主要发生于近些年,表现为经由长三角沿海地带向华北和环渤海方向发展。

第四,从影响因素来讲,众所周知,旅游服务贸易传统研究视角往往从需求角度进行分析并将所有旅游目的地国家看作一个均质空间,旅游产品无差异。本书基于现代比较优势分析框架认为,国际旅游等方式的服务贸易产品与货物贸易品一样,需要从更加一般性的分析框架来构建旅游服务贸易发展的基础。因此,在对传统比较优势理论、现代比较优势理论、竞争优势理论和国际直接投资理论进行综合后,提出了一个更为一般的分析旅游服务贸易发展影响因素的"四元优势"折衷理论分析框架,并认为影响因素是一个动态调整过程,表现在区域旅游服务贸易发展实践中。

第五,从经济效应来讲,首先,借鉴相关贸易及经济学理论建立旅游服务贸易整体效应和经济效应理论分析框架;其次,着重从旅游服务贸易影响经济增长的渠道和机制的角度出发,研究旅游服务贸易对经济增长一些重要变量的影响。从旅游服务贸易与地区产业结构调整、居民消费、外商投资、交易效率等变量间关系的实证结果来看,旅游服务贸易对经济增长的作用更加符合发展经济学家刘易斯提出的"牵引增长论"观点,即出口部门缺乏与当地其他经济部门间的有效联系,因此,无法将贸易带来的刺激效应扩散至国民经济其他部门;而经济增长对于旅游服务贸易的促进作用非常明显,所以总体上表现为一种单向关联效应。

总体来看,针对中国旅游服务贸易的发展从理论和实证角度进行了系统地梳理,并运用多学科理论进行补充和完善,具有开拓新领域和新研究方向的意义,对于旅游理论研究的发展有基础性意义。

第二节　主要创新与后续研究

一、主要创新之处

近几十年来,服务贸易得到了长足发展,而旅游一直是国际收支经常项目服务项下最主要的项目,在服务贸易收支中占有举足轻重的地位。随着中国对外开放的发展,旅游服务贸易部门一直保持着最大顺差,成为服务贸易部门中最重要的创汇来源,中国已经在实际上确立了旅游服务贸易大国地位,但在迈向旅游强国之路上,困难依然存在。本书正是基于这一考虑来研究中国旅游服务贸易的发展问题。本书的主要创新之处体现在以下几个方面:

一是研究角度创新。从现有研究文献资料来看,旅游服务贸易传统研究视角往往集中于需求角度,过于关注旅游客源国市场的变化,往往忽略目的地国自身比较优势的构建。本书从现代比较优势的分析框架出发,从更加一般性分析框架来构建旅游服务贸易的基础,即不仅在一般均衡框架下讨论价格因素的作用,也在非一般均衡框架下讨论非价格因素对旅游服务贸易发展的影响。最新理论研究表明,比较优势与竞争优势是互补的,比较优势强调一般均衡框架下的价格机制;而竞争优势则强调一般非均衡框架下的非价格机制,不仅关注各要素的单独效应,也充分强调各要素间的整体配合。本书即从这一视角展开分析,紧紧围绕中国旅游服务贸易发展的内部系统,政策建议也基于比较优势向竞争优势的提升而提出。

二是研究方法创新。研究方法创新主要体现在实证数据的处理方法与处理思路上。在第三章中对旅游服务贸易发展时间和空间结构进行分析时，利用了探索性数据分析（Exploratory Spatial Data Analysis，ESDA）方法，并将 ESDA 与地理信息系统（GIS）技术进行综合，不仅增强了分析结果的视觉效果，也可以非常直观地表达旅游服务贸易发展在地理空间上的分布规律；在第四章中分析旅游服务贸易的影响因素时，由于指标变量多、计量困难等原因，将指标进行指数化表达以使比较处于同一基线，采用了灰色关联法进行分析并将分析结果用直观的图表显示；在第五章研究旅游服务贸易的经济效应时，针对不同的数据样本组采用不同的量化分析方法和计量模型，对数据的平稳性与变量间的协整关系进行分析，为了扩大研究的样本容量，使得计量结果更有统计意义，也更为准确，利用区域面板数据进行计量分析，并将一些作用较小的变量作为控制变量，从而保证了分析系统和结果的稳健性。

三是研究内容创新。首先对旅游服务贸易的定义进行了梳理，研究其与国际旅游、服务贸易等概念的区别，建立了基于 GATS 框架的旅游服务贸易概念体系；在此基础上，以跨境旅游服务贸易为重点分析对象，将中国旅游服务贸易的发展作为一个连续开放系统来考虑，内容涉及三个相互关联和递进的方面，即旅游服务贸易发展的影响因素、旅游服务贸易发展的时空结构、旅游服务贸易发展的经济效应；在分析每一主题时，都充分考虑和综合了贸易理论、投资理论以及竞争优势理论等内容，从而使分析更具理论基础。

二、后续研究

第一，关于概念。本书基于研究需要对旅游服务贸易的概念进行了界定，但目前国际上并没有严格意义上的有关定义，GATS 对服务贸易的界定也是基于双方的可移动性角度出发，可以说只是一种外延意义上的诠释。因此，旅游服务贸易的精确定义需要在后续研究中加以界定。

第二，关于旅游服务贸易模式的分析。本书虽然在理论上对四种旅游服务贸易提供模式进行了分析，但实证过程中主要分析对象是跨境旅游服务贸易出口形式，对于其包含的三种细分贸易模式并没有严格区分，也没有对商业存在模式的旅游服务贸易进行分析。其主要原因在于中国目前仍然没有相关方面连续的统计数据,有待于进一步实证研究。

第三,关于跨境旅游服务贸易进口的分析。目前主要将中国作为一个发展中国家来对待,而发展中国家在对外贸易关系上更加偏重于出口和资金流入,因此,分析时主要考虑跨境旅游服务贸易出口。由于省际资料及数据的限制,本书没有对跨境旅游服务贸易进口进行重点分析。随着中国经济实力不断提升,出境旅游日益发展,该方面的研究将是一个潜在方向。

第四,关于旅游服务贸易与经济增长间的关系。本书选取了几个重要经济增长变量进行重点分析,但中国加入国际区域旅游合作的进程不断加快,区域旅游合作所带来的贸易效应也将逐渐显现,需要进一步深入研究。

附 录

附录1　1980—2008年中国服务贸易发展情况

单位:亿美元

年份	出口				进口			
	商业 服务业	运输	旅游	其他商业 服务业	商业 服务业	运输	旅游	其他商业 服务业
1980	NA	NA	NA	NA	NA	NA	NA	NA
1981	NA	NA	NA	NA	NA	NA	NA	NA
1982	24.76	13.13	7.03	4.6	18.65	12.47	0.66	5.52
1983	24.66	13.41	7.67	3.58	18.4	13.53	0.53	4.34
1984	27.83	12.53	9.22	6.08	26.34	13.21	1.5	11.63
1985	29.25	13.02	9.79	6.44	22.61	15.24	3.14	4.23
1986	36.12	13.15	12.27	10.7	20.25	15.2	3.08	1.97
1987	42.33	13.45	16.93	11.95	23.35	16.42	3.87	3.06
1988	47.21	20.62	17.97	8.62	33.26	22.76	6.33	4.17
1989	44.52	17.34	14.88	12.3	35.73	27.52	4.29	3.92
1990	57.48	27.06	17.38	13.04	41.13	32.45	4.7	3.98
1991	68.64	20.11	23.46	25.07	39.37	25.08	5.11	9.18
1992	91.08	20.79	35.3	34.99	92.07	43.25	25.12	23.7
1993	109.92	19.3	46.83	43.79	115.63	54.79	27.97	32.87
1994	163.54	30.79	73.23	59.52	157.81	76.21	30.36	51.24

（续表）

年份	出口				进口			
	商业服务业	运输	旅游	其他商业服务业	商业服务业	运输	旅游	其他商业服务业
1995	184.3	33.52	87.3	63.48	246.35	95.26	36.88	114.21
1996	205.67	30.7	102	72.97	223.69	103.12	44.74	75.83
1997	245.04	29.55	120.74	94.75	277.24	99.45	81.3	96.49
1998	238.79	23	126.02	89.77	264.67	67.63	92.05	104.99
1999	261.65	24.2	140.98	96.47	309.67	78.99	108.64	122.04
2000	301.46	36.71	162.31	102.44	358.58	103.96	131.14	123.48
2001	329.01	46.35	177.92	104.74	390.32	113.25	139.09	137.98
2002	393.81	57.2	203.85	132.76	460.8	136.12	153.98	170.7
2003	463.75	79.06	174.06	210.62	548.52	182.33	151.87	214.32
2004	620.56	120.68	257.39	242.49	716.02	245.44	191.49	279.09
2005	739.09	154.27	292.96	291.87	831.73	284.48	217.59	329.66
2006	914.21	210.15	339.49	364.56	1 003.27	343.69	243.22	416.36
2007	1 216.54	313.24	372.33	530.97	1 292.54	432.71	297.86	561.98
2008	1 464.46	384.18	408.43	671.85	1 580.04	503.29	361.57	715.18

注:按照 WTO 关于服务贸易的规定,商业服务贸易数据剔除了政府服务部分;数据来源于 WTO 网络数据库(http://www.wto.org/)。

附录2 1997—2008年中国分省旅游外汇收入

单位:百万美元

地区	1997年	1998年	1999年	2000年	2001年	2002年	2003年	2004年	2005年	2006年	2007年	2008年
北京	2 248	2 384	2 496	2 768	2 946	3 115	1 904	3 173	3 619	4 026	4 580	4 459.13
天津	180	202	209	232	280	342	329	413	509	626	779	1 001.39
河北	97	100	124	142	157	167	85	190	209	243	309	273.95
山西	37	38	43	50	59	75	36	81	116	164	222	300.65
内蒙古	107	126	120	126	137	149	138	253	352	404	545	577.19
辽宁	260	262	304	383	463	550	454	613	738	934	1 228	1 526.18
吉林	59	38	45	58	76	86	66	96	120	137	179	211.44
黑龙江	105	121	148	189	250	297	244	302	340	492	643	869.95
上海	1 317	1 218	1 364	1 613	1 808	2 275	2 053	3 041	3 556	3 904	4 673	4 971.72
江苏	408	529	620	724	822	1 050	1 132	1 763	2 260	2 787	3 469	3 880.2
浙江	345	361	410	514	699	928	873	1 300	1 716	2 133	2 708	3 024.08
安徽	64	51	67	86	106	124	83	141	186	227	344	454.45
福建	614	651	725	894	942	1 100	915	1 065	1 305	1 471	2 169	2 393.53
江西	45	43	50	62	70	72	47	80	104	140	196	251.7
山东	204	220	265	315	382	472	370	567	780	1 014	1 352	1 391.1
河南	95	101	114	124	133	145	63	160	216	274	318	374.44
湖北	170	88	105	146	201	284	136	192	276	320	413	442.55
湖南	140	156	185	221	271	311	46	313	390	503	642	617.42
广东	2 801	2 942	3 272	4 112	4 484	5 091	4 267	5 378	6 457	7 533	8 706	9 174.98
广西	178	156	202	307	301	321	164	288	359	423	577	601.66
海南	102	96	105	109	106	92	80	82	128	229	302	313.88

地　区	1997 年	1998 年	1999 年	2000 年	2001 年	2002 年	2003 年	2004 年	2005 年	2006 年	2007 年	2008 年
重庆	105	88	97	138	163	218	113	203	264	309	382	449.78
四川	79	84	97	122	166	200	150	289	316	395	512	153.88
贵州	44	48	55	61	69	80	29	80	101	115	129	116.97
云南	264	261	350	339	367	419	340	422	528	658	860	1 007.55
西藏	32	33	36	52	46	52	19	37	44	61	135	31.12
陕西	225	247	272	280	309	351	198	361	446	511	612	660.11
甘肃	28	30	37	55	45	54	21	44	59	63	70	16.03
青海	3	3	4	7	9	10	5	9	11	13	16	10.15
宁夏	1	1	2	3	3	2	1	2	2	2	3	3.01
新疆	71	82	86	95	99	99	49	91	100	128	162	135.78

注:1995—1996 年数据来源于《中国统计年鉴 1998》;1997—1998 年数据来源于《中国统计年鉴 1999》;1999—2007 年数据来源于《中国统计年鉴 2008》;2008 年数据来源于国家旅游局网站。

附录3 1999—2007年旅游服务贸易发展影响因素的标准化结果

(1999年)

指标	京	津	冀	晋	蒙	辽	吉	黑	沪	苏	浙	皖	闽	赣	鲁	豫
F1	57.8	39.5	53.8	52.5	37.5	41.6	42.4	39.5	39.5	68.4	55.0	53.0	53.8	48.9	71.2	56.6
F2	68.9	42.2	49.6	46.0	43.5	50.8	46.2	44.8	49.6	62.3	56.1	48.0	48.8	43.8	58.2	49.5
F3	75.3	61.3	42.4	38.9	41.5	48.4	45.1	47.7	81.5	51.8	62.2	42.5	55.2	44.5	43.8	41.6
F4	77.1	43.0	48.3	43.8	42.2	58.1	45.2	41.8	58.4	61.9	57.7	45.3	50.0	42.5	55.5	44.7
F5	56.3	53.5	46.9	41.4	39.3	47.0	51.4	45.6	90.3	56.3	58.0	45.9	55.5	48.2	51.9	36.7
F6	83.6	64.2	42.4	52.1	40.8	53.2	44.4	40.5	70.4	47.3	43.9	37.8	53.7	50.0	46.6	37.2
F7	89.6	66.5	44.6	45.1	41.0	46.0	41.9	44.3	69.6	49.4	50.0	45.8	49.0	47.5	44.5	48.6
F8	58.7	50.4	47.3	46.1	46.1	50.8	46.4	46.4	60.3	57.5	52.6	46.6	52.3	46.1	52.5	46.2
F9	49.6	53.1	47.0	46.2	46.0	51.9	46.6	46.3	62.3	60.1	50.0	46.5	54.1	46.1	53.3	46.3
F10	49.5	41.4	59.3	59.0	53.2	67.5	56.7	63.2	46.6	59.8	45.3	50.3	41.5	50.3	57.3	68.2
F11	71.7	45.0	53.2	43.2	39.6	57.8	41.1	51.3	58.1	63.8	64.8	47.7	51.9	44.8	54.3	52.1
F12	68.9	44.5	51.0	44.2	42.4	54.1	46.8	47.1	55.8	63.2	61.3	46.4	52.2	44.3	55.9	48.7
F13	89.6	66.5	44.6	45.1	41.0	46.0	41.9	44.3	69.6	49.4	50.0	45.8	49.0	47.5	44.5	48.6
F14	55.3	45.8	51.0	45.3	43.5	55.7	47.0	50.3	56.2	60.3	60.3	47.4	55.0	45.4	56.9	52.7
F15	79.2	46.4	47.2	43.7	42.1	66.0	42.3	52.7	69.1	76.3	46.8	46.7	53.4	44.5	54.7	49.6
F16	70.9	64.2	48.5	44.7	45.7	54.0	47.5	49.8	90.0	55.0	57.4	44.6	55.2	44.5	51.5	45.0
F17	84.3	58.8	41.1	40.3	47.2	42.0	44.6	42.3	69.0	52.4	61.0	44.1	44.4	40.2	52.4	42.0
F18	55.1	52.0	55.6	48.6	44.2	57.0	35.8	38.9	47.0	40.0	63.6	46.4	58.0	39.8	69.8	48.9
F19	79.0	47.5	46.4	45.3	46.3	48.9	45.3	46.7	63.4	53.2	50.3	45.6	54.7	45.4	48.3	46.2

指标	鄂	湘	粤	桂	琼	渝	川	黔	云	藏	陕	甘	青	宁	新
F1	52.5	50.1	59.9	46.5	41.6	41.2	71.6	40.4	60.7	46.9	59.5	51.7	37.5	37.5	41.6
F2	60.7	48.9	86.8	52.2	42.1	44.2	59.8	42.9	53.1	38.7	47.7	42.5	39.2	39.3	43.8
F3	43.5	48.5	65.6	44.5	46.8	45.3	44.8	45.0	54.9	55.3	42.7	43.9	45.1	47.8	52.9
F4	55.9	46.0	81.1	52.1	45.6	44.3	54.7	42.5	56.3	40.8	46.0	42.3	40.6	40.9	45.4
F5	42.9	58.7	58.9	45.7	59.6	41.9	46.0	46.7	58.3	46.1	53.1	42.5	40.0	41.5	44.5
F6	43.9	49.8	49.8	47.1	58.1	53.8	41.4	41.0	42.5	62.3	52.0	43.7	57.3	49.8	49.8
F7	48.1	43.9	55.6	50.3	61.6	49.5	47.4	46.4	55.0	46.6	49.7	41.5	42.0	42.4	46.9
F8	46.6	46.3	99.2	46.2	46.0	46.0	46.5	45.8	46.2	45.6	46.3	45.7	45.6	45.7	46.2
F9	46.6	46.2	98.9	46.3	46.2	46.1	46.3	46.0	46.0	45.9	46.2	46.0	45.9	46.0	46.0
F10	60.6	55.5	56.8	46.0	32.7	43.1	52.6	40.1	49.7	31.5	57.0	44.9	34.2	33.8	42.4
F11	48.4	47.8	76.4	52.0	47.1	46.8	54.6	39.4	58.7	37.9	47.0	40.7	35.6	35.5	41.8
F12	53.2	51.5	87.5	47.5	46.8	42.0	48.4	41.2	55.0	39.8	45.9	42.4	38.9	38.7	44.5
F13	48.1	43.9	55.6	50.3	61.6	49.5	47.4	46.4	55.0	46.6	49.7	41.5	42.0	42.4	46.9
F14	49.9	49.5	94.4	46.8	42.5	44.6	50.2	43.0	46.3	40.6	45.5	42.9	41.0	41.2	43.7
F15	57.0	45.3	46.6	46.4	44.1	49.8	46.0	42.2	54.9	41.0	46.0	44.5	41.7	41.1	42.7
F16	47.8	45.3	56.8	43.7	47.5	44.8	44.2	40.7	44.2	43.9	43.6	42.8	44.5	44.2	47.7
F17	48.1	50.8	65.6	46.9	45.1	60.9	53.7	46.4	52.8	38.6	45.7	50.6	40.5	46.4	51.9
F18	49.5	49.3	65.0	47.3	49.4	64.3	50.5	48.4	56.8	13.3	69.5	43.4	34.3	34.4	37.3
F19	46.1	47.2	89.7	47.5	46.1	46.0	46.0	45.4	49.5	45.2	48.4	45.2	44.7	44.7	45.9

（2000年）续表

指标	京	津	冀	晋	蒙	辽	吉	黑	沪	苏	浙	皖	闽	赣	鲁	豫
F1	52.1	37.8	53.4	54.0	39.4	45.7	41.6	45.7	37.8	73.1	56.2	55.9	53.7	46.7	68.9	60.3
F2	60.4	41.2	50.5	44.5	42.9	51.7	44.7	44.9	50.0	62.0	57.2	48.5	63.7	43.6	59.8	51.9
F3	75.3	60.8	42.4	39.4	41.8	48.2	43.8	47.2	78.7	50.7	64.2	41.2	55.3	42.6	43.8	41.0
F4	75.2	42.8	47.4	43.4	41.9	57.3	45.2	43.4	62.9	58.4	58.0	44.6	49.0	42.3	55.6	46.1
F5	71.8	59.2	47.1	42.4	43.7	49.6	47.0	46.0	86.7	56.0	58.9	47.5	35.5	48.1	54.7	49.0
F6	84.6	62.3	41.4	50.5	44.5	51.0	42.6	38.1	71.3	46.3	46.2	41.0	52.8	54.1	44.9	36.1
F7	92.5	63.9	44.6	45.1	42.3	45.9	42.4	44.0	67.5	49.0	49.4	45.6	49.3	47.7	44.9	48.1
F8	60.5	50.6	46.9	45.9	46.1	51.2	46.1	46.2	62.1	59.3	53.9	46.3	51.8	45.8	53.0	46.0
F9	50.1	53.4	46.6	46.0	45.8	52.6	46.4	46.0	64.4	62.6	51.0	46.3	53.6	45.9	53.5	46.1
F10	49.6	41.0	59.0	59.0	52.8	65.9	54.7	62.3	45.2	57.9	44.8	50.1	42.7	51.1	60.1	69.6
F11	67.4	43.8	53.6	43.7	39.7	60.3	41.7	52.4	58.3	68.0	61.6	51.5	51.7	45.1	67.7	55.1
F12	67.2	43.0	48.0	46.3	41.6	51.7	45.5	47.7	56.6	67.8	62.3	47.4	51.6	46.0	51.9	50.6
F13	92.5	63.9	44.6	45.1	42.3	45.9	42.4	44.0	67.4	49.0	49.4	45.6	49.3	47.7	44.9	48.1
F14	54.7	45.3	51.2	45.6	43.8	55.6	46.8	50.0	55.5	59.9	60.2	47.7	54.3	45.7	57.1	52.2
F15	85.1	44.5	49.1	44.0	41.4	55.6	42.3	49.0	61.8	69.2	46.2	45.6	53.9	50.8	70.3	51.5
F16	71.3	64.4	48.6	44.7	45.8	54.0	47.3	50.0	89.8	54.9	57.5	44.3	54.6	44.3	51.5	45.2
F17	85.4	59.4	40.0	42.4	46.6	41.3	44.1	43.2	72.6	52.4	58.9	44.3	47.8	41.2	53.1	41.2
F18	69.4	53.4	49.8	41.0	44.7	57.8	38.8	41.3	44.8	40.8	59.1	46.4	53.3	41.0	67.0	44.8
F19	76.4	47.4	46.3	45.3	46.2	49.1	45.4	46.9	63.2	53.0	50.6	45.7	54.9	45.4	48.3	46.1

指标	鄂	湘	粤	桂	琼	渝	川	黔	云	藏	陕	甘	青	宁	新
F1	58.8	49.2	63.2	46.4	42.6	40.6	68.9	40.0	54.3	45.1	54.9	48.9	36.2	37.8	41.0
F2	62.6	47.0	84.4	52.6	41.3	43.3	59.6	42.4	50.4	37.8	49.1	41.9	38.5	38.6	43.4
F3	43.8	48.2	65.6	44.1	47.2	45.9	45.0	42.6	57.0	58.7	43.6	44.5	46.0	47.7	53.8
F4	57.7	44.8	81.5	56.1	44.8	44.6	54.1	42.2	55.5	40.5	45.9	42.2	40.5	40.6	45.7
F5	44.1	58.8	55.9	47.6	50.8	47.5	47.4	46.0	52.9	39.0	46.7	44.9	36.5	41.5	47.5
F6	43.8	51.3	51.5	47.9	56.8	54.2	42.3	41.8	43.3	63.0	51.2	45.1	56.5	48.4	45.6
F7	47.6	43.7	55.5	50.2	60.3	51.6	47.3	47.2	53.8	46.3	51.2	41.2	43.7	43.0	45.4
F8	46.3	46.1	97.5	45.9	45.7	45.9	46.1	45.9	45.9	45.3	46.0	45.5	45.4	45.4	46.0
F9	46.3	46.0	97.2	46.0	46.0	45.9	46.1	45.8	45.8	45.7	45.9	45.8	45.7	45.8	45.8
F10	60.5	59.0	57.0	46.2	33.0	43.6	51.5	40.2	49.2	31.2	57.3	45.4	34.7	34.0	41.7
F11	49.0	46.9	71.2	49.4	43.7	43.7	54.2	39.3	53.5	36.6	46.6	39.4	37.0	35.4	42.7
F12	53.4	50.5	86.2	47.5	45.7	43.8	47.6	41.2	58.5	39.2	44.7	42.2	39.3	39.2	46.1
F13	47.6	43.7	55.5	50.2	60.3	51.7	47.3	47.2	53.8	46.3	51.2	41.2	43.7	43.0	45.4
F14	49.3	49.5	95.0	46.7	42.4	44.8	50.8	43.2	46.8	40.6	46.0	43.1	41.0	41.2	44.1
F15	56.2	48.5	46.9	47.9	43.8	45.1	56.0	43.9	45.0	41.3	47.4	42.3	41.7	41.4	42.4
F16	47.9	45.5	56.6	43.5	47.4	44.7	44.2	40.9	43.9	43.8	43.8	44.6	44.3	48.3	
F17	47.2	52.1	64.5	47.1	42.6	56.7	51.4	46.0	48.2	38.3	47.1	49.6	44.4	48.9	52.3
F18	47.0	51.1	66.3	47.9	45.7	51.2	51.5	56.8	64.3	17.3	70.9	41.9	37.3	36.7	38.3
F19	46.4	47.2	91.7	48.2	46.0	46.3	46.1	45.4	48.6	45.3	47.9	45.4	44.8	44.8	45.8

（2001 年）续表

指标	京	津	冀	晋	蒙	辽	吉	黑	沪	苏	浙	皖	闽	赣	鲁	豫
F1	53.5	37.4	57.3	51.4	39.0	47.3	41.2	44.4	38.5	73.4	59.2	53.5	53.8	47.6	68.8	58.9
F2	62.0	41.7	52.2	46.4	43.3	53.2	44.4	44.9	49.6	61.1	58.3	50.4	48.8	45.1	58.6	54.8
F3	73.6	60.0	42.1	40.0	42.0	49.3	42.8	47.2	78.4	50.3	66.2	40.2	56.2	42.3	44.2	41.6
F4	75.0	42.2	50.3	42.9	42.0	56.4	45.2	43.3	57.0	60.5	60.3	46.4	50.7	43.6	58.3	48.0
F5	60.6	59.4	46.0	38.7	41.7	46.2	89.3	49.5	67.8	54.8	56.3	39.9	49.8	48.5	55.4	44.1
F6	85.8	61.9	40.4	48.7	44.3	51.9	44.8	37.7	69.0	45.6	48.0	40.8	50.5	51.6	44.4	35.3
F7	89.0	66.1	43.1	43.9	41.6	46.1	42.1	44.5	67.6	49.1	50.2	45.3	50.2	48.3	44.7	47.5
F8	60.3	50.5	46.9	45.8	45.8	51.0	46.1	46.2	63.0	60.2	54.8	46.3	51.8	45.6	53.7	46.0
F9	50.2	53.1	46.6	45.8	45.8	52.0	46.4	45.9	64.8	63.4	51.8	46.2	53.5	45.8	54.1	46.0
F10	50.3	41.0	59.6	60.6	52.1	66.4	55.0	61.9	45.8	57.3	42.8	49.5	42.4	50.1	61.2	68.8
F11	64.3	43.0	53.6	45.6	40.8	59.0	42.2	51.4	57.8	68.5	61.6	50.8	51.3	46.4	74.6	53.4
F12	67.8	42.3	48.4	46.7	42.0	53.4	44.1	47.9	56.8	69.5		48.2	49.6	45.6	56.8	50.0
F13	89.1	66.1	43.1	43.9	41.6	46.1	42.1	44.5	67.6	49.1	50.2	45.3	50.2	48.3	44.7	47.5
F14	54.0	44.9	51.4	45.8	44.1	55.4	46.6	49.8	54.8	59.5	60.2	47.9	53.6	46.0	57.4	51.7
F15	85.5	43.8	50.5	41.8	39.9	62.3	42.1	47.4	65.9	60.9	48.4	44.3	53.1	50.3	53.0	54.8
F16	72.5	65.0	48.6	44.5	45.9	53.7	47.6	50.0	89.1	55.0	57.4	44.2	54.2	44.2	51.5	45.2
F17	86.3	55.1	38.7	41.7	47.4	41.9	44.7	43.1	72.1	51.5	60.2	44.6	48.8	41.7	53.8	42.8
F18	68.1	75.6	53.2	42.0	40.6	55.1	40.3	42.1	45.5	38.5	53.7	46.1	47.2	39.6	59.8	40.8
F19	75.6	47.5	46.2	45.2	46.0	49.5	45.4	47.2	63.6	53.2	51.9	45.7	54.5	45.3	48.6	46.0

指标	鄂	湘	粤	桂	琼	渝	川	黔	云	藏	陕	甘	青	宁	新
F1	56.7	50.8	65.6	47.3	42.0	41.2	66.7	41.2	54.1	44.4	53.8	47.3	36.3	37.4	40.3
F2	59.5	49.4	90.0	51.9	43.8	42.9	56.3	42.6	47.1	38.8	48.4	42.5	39.4	39.3	43.6
F3	44.7	48.8	64.2	44.2	45.9	46.5	46.3	43.2	52.7	63.6	43.2	43.4	45.7	46.7	54.5
F4	58.9	47.0	81.2	53.3	46.3	43.3	56.5	42.0	49.5	39.5	46.3	41.8	39.3	39.3	43.8
F5	43.2	41.4	48.6	45.9	48.7	54.7	42.9	50.9	49.5	53.5	53.3	43.1	41.0	41.3	44.3
F6	43.0	50.4	51.4	49.5	55.3	53.6	47.5	43.9	43.5	67.5	51.0	43.6	53.9	48.0	47.6
F7	51.3	44.9	53.7	51.0	63.0	52.9	48.1	47.9	56.4	44.2	49.9	39.1	43.0	40.9	44.6
F8	46.2	46.0	96.8	45.7	45.7	45.7	46.1	45.4	45.8	45.2	45.8	45.4	45.3	45.4	45.7
F9	46.4	46.0	96.8	45.9	46.1	45.8	46.0	45.7	45.8	45.7	45.9	45.7	45.7	45.7	45.7
F10	60.9	56.5	57.5	46.3	33.1	43.7	49.9	40.6	49.6	31.0	58.2	45.4	34.8	34.3	43.6
F11	48.2	48.0	69.7	48.8	42.4	43.2	53.3	39.0	52.3	36.5	46.2	40.4	37.3	35.9	44.2
F12	56.5	45.4	80.1	49.5	49.2	41.8	47.4	39.6	55.7	37.7	45.3	41.8	38.6	39.1	45.7
F13	51.3	44.9	53.7	51.0	63.0	52.9	48.1	47.9	56.4	44.2	49.9	39.1	43.0	40.9	44.6
F14	48.6	49.5	95.5	46.6	42.3	45.0	51.5	43.4	47.3	40.6	46.5	43.3	41.0	41.2	44.5
F15	58.3	47.8	46.2	47.9	43.2	50.0	65.0	42.5	52.8	39.6	48.5	41.9	40.7	40.5	41.3
F16	47.8	45.4	56.1	43.4	46.9	44.8	44.2	41.0	43.7	44.3	43.9	42.7	44.9	44.4	48.0
F17	46.9	52.7	63.6	48.8	46.1	56.3	52.0	45.5	44.6	36.5	46.9	49.5	47.6	45.0	53.9
F18	46.3	51.6	54.6	47.0	45.5	60.5	50.8	48.3	66.0	21.3	69.6	44.5	37.4	48.8	41.2
F19	46.7	47.4	91.9	47.7	45.7	46.3	46.3	45.3	48.4	45.1	47.8	45.0	44.7	44.6	45.6

指标	京	津	冀	晋	蒙	辽	吉	黑	沪	苏	浙	皖	闽	赣	鲁	豫
F1	54.3	36.8	57.8	51.9	39.1	50.4	40.4	45.0	39.6	72.5	61.4	52.2	54.3	46.6	67.3	59.9
F2	60.6	41.8	55.6	47.8	43.0	54.1	43.2	45.2	49.1	63.2	58.7	49.1	47.9	44.2	60.5	56.0
F3	72.2	60.5	41.7	39.7	42.4	49.2	41.7	45.8	79.3	50.6	68.0	39.9	55.5	42.8	44.0	43.9
F4	74.9	41.5	51.6	43.7	42.4	55.5	43.0	46.6	56.5	61.8	60.1	45.4	47.9	42.6	58.4	50.4
F5	75.9	61.0	42.0	39.4	41.3	44.5	40.7	41.2	77.7	59.7	63.7	40.6	49.0	49.2	54.2	45.1
F6	85.1	61.2	41.5	44.5	44.4	52.3	44.7	38.7	67.4	45.8	50.1	42.0	49.6	48.9	44.5	36.3
F7	85.7	67.9	42.0	43.6	41.3	48.7	42.6	43.9	69.8	50.3	50.2	44.9	51.3	48.1	44.5	46.5
F8	57.6	50.7	46.9	45.8	45.9	50.4	46.2	46.3	62.4	61.8	55.2	46.3	52.0	45.7	53.3	46.1
F9	49.3	53.0	46.7	45.9	45.9	51.1	46.5	46.0	63.6	65.6	51.6	46.2	53.2	45.9	53.5	46.0
F10	50.0	42.4	59.6	58.7	52.9	63.9	54.1	62.6	45.2	55.4	43.8	47.8	41.7	50.9	60.7	69.4
F11	63.8	42.7	54.5	46.8	40.4	60.9	43.3	50.1	56.0	69.1	61.2	51.0	51.4	46.0	75.3	54.6
F12	65.6	41.6	48.6	46.3	41.5	53.7	44.3	45.9	54.2	65.0	66.6	48.8	49.7	44.2	56.4	50.4
F13	85.7	67.9	42.0	43.6	41.3	48.7	42.6	43.9	69.8	50.3	50.2	44.9	51.3	48.1	44.5	46.5
F14	53.8	44.7	52.5	45.7	44.4	54.9	46.3	50.1	52.4	58.8	61.8	47.7	53.5	46.4	58.1	52.3
F15	85.9	42.9	48.1	42.3	39.2	56.6	42.6	49.0	57.9	55.8	45.0	50.9	49.0	53.6	59.9	51.9
F16	73.0	65.3	48.5	44.7	46.1	53.4	47.5	49.8	88.5	55.2	58.3	44.3	54.0	44.3	51.7	45.1
F17	80.7	48.6	41.7	45.1	41.5	41.3	40.5	42.1	68.8	47.7	63.6	41.7	50.5	43.9	46.2	47.8
F18	67.5	66.4	51.2	42.7	40.1	56.1	39.8	37.2	45.9	40.5	58.5	44.5	49.6	38.4	63.2	42.2
F19	73.5	47.6	46.0	45.1	45.8	49.6	45.2	47.2	65.7	54.2	53.1	45.6	54.7	45.1	48.8	45.8

指标	鄂	湘	粤	桂	琼	渝	川	黔	云	藏	陕	甘	青	宁	新
F1	57.1	50.7	66.3	48.1	41.4	41.9	64.8	40.4	52.7	43.5	54.5	46.8	35.5	36.8	39.6
F2	59.0	49.2	88.0	49.8	42.2	42.5	55.5	42.3	47.4	38.1	51.7	42.2	39.3	39.4	43.5
F3	43.6	48.8	63.6	44.9	46.0	47.9	46.7	44.2	51.1	62.8	42.5	42.7	47.4	45.9	54.6
F4	58.0	49.2	82.0	50.0	45.6	43.6	56.0	42.5	48.3	40.3	48.0	41.7	39.1	39.4	44.1
F5	47.5	46.2	55.4	47.7	49.8	60.5	47.2	54.5	50.3	45.1	54.5	41.9	41.4	36.2	46.4
F6	44.7	50.8	51.3	50.8	52.3	53.2	47.2	44.1	44.2	73.7	49.4	43.6	52.7	46.9	48.2
F7	51.7	44.5	53.5	50.6	62.5	54.3	48.6	49.5	57.2	44.5	49.0	38.0	41.7	39.2	44.1
F8	46.2	46.0	97.3	45.9	45.7	45.7	46.3	45.5	45.8	45.3	45.8	45.5	45.3	45.4	45.9
F9	46.4	46.0	96.8	46.1	46.2	45.9	46.0	45.8	45.9	45.8	45.9	45.8	45.8	45.8	45.8
F10	64.3	55.9	59.0	45.9	33.3	43.4	50.5	40.7	49.4	30.7	59.0	47.0	34.4	34.4	42.9
F11	48.0	49.5	67.9	48.5	41.6	42.4	53.9	38.6	50.9	36.2	46.0	42.5	37.5	35.6	44.5
F12	53.6	50.8	85.7	48.2	49.0	42.8	49.9	40.3	56.4	39.3	45.6	42.3	38.8	39.0	45.1
F13	51.7	44.5	53.5	50.6	62.5	54.3	48.6	49.5	57.1	44.5	49.0	38.0	41.7	39.2	44.1
F14	48.9	50.1	94.9	46.9	41.7	44.6	52.5	44.0	46.9	39.8	47.1	43.1	40.5	40.6	45.1
F15	60.5	49.5	57.4	48.3	45.9	63.4	61.4	42.2	45.6	38.9	48.3	39.6	39.1	39.7	39.7
F16	47.5	45.2	56.0	43.4	46.8	45.0	44.2	40.9	43.5	44.6	43.9	42.6	45.1	44.3	47.5
F17	48.7	53.6	75.5	50.3	46.6	55.1	49.6	48.9	54.7	35.0	45.9	48.4	51.4	46.0	48.7
F18	47.5	40.9	48.8	49.2	46.0	68.4	57.7	55.4	56.4	22.2	70.5	47.8	37.3	51.9	38.8
F19	47.1	47.3	91.9	47.4	45.3	46.5	46.3	45.2	48.3	44.9	47.7	44.9	44.5	44.4	45.3

(2003 年)续表

指标	京	津	冀	晋	蒙	辽	吉	黑	沪	苏	浙	皖	闽	赣	鲁	豫
F1	52.0	36.8	56.7	50.5	43.2	50.9	40.3	44.7	39.4	71.2	62.9	50.7	53.9	46.0	68.2	64.2
F2	58.3	40.9	51.1	48.1	42.2	50.2	43.0	45.7	48.8	62.8	62.4	49.6	48.6	44.8	59.9	58.4
F3	73.4	58.9	42.3	39.4	43.1	49.6	43.0	45.0	81.6	53.0	66.1	40.7	53.5	44.0	45.4	42.7
F4	72.3	41.2	48.7	46.3	41.0	52.3	43.2	45.7	62.9	65.2	61.3	45.5	48.2	43.8	59.2	49.3
F5	66.4	53.7	40.9	40.9	40.8	81.2	42.3	45.5	67.1	59.1	52.2	42.0	57.9	49.2	50.6	67.9
F6	86.9	60.5	40.9	42.9	43.7	53.9	44.0	37.7	65.3	46.0	51.0	46.2	50.1	46.3	42.7	38.5
F7	73.3	71.3	39.3	40.7	41.7	49.9	44.9	45.3	76.8	52.7	51.1	44.0	50.8	49.0	43.5	44.3
F8	57.3	50.3	46.7	45.7	45.7	49.8	46.2	46.1	65.0	65.2	56.0	46.2	51.4	45.6	53.0	46.0
F9	49.0	52.3	46.6	45.9	45.8	50.4	46.5	45.9	65.8	69.8	51.9	46.2	52.4	45.9	52.6	46.0
F10	48.0	40.6	59.0	60.1	52.2	64.4	52.7	63.2	46.9	57.7	46.3	44.6	42.4	48.9	58.7	67.8
F11	61.8	42.0	55.6	47.9	41.7	62.8	43.7	49.1	54.9	70.0	63.8	51.0	50.9	47.6	74.5	55.4
F12	66.2	41.2	49.3	46.1	40.9	54.0	44.5	45.0	53.6	64.4	65.5	48.2	49.7	43.8	58.0	51.7
F13	73.3	71.3	39.3	40.7	41.7	49.9	44.9	45.3	76.8	52.7	51.1	44.0	50.8	49.0	43.5	44.3
F14	52.4	44.8	53.2	46.2	44.6	53.5	46.7	49.7	52.7	59.5	62.9	47.1	53.9	45.9	56.9	52.8
F15	81.5	42.6	47.6	45.3	38.5	59.7	42.7	48.0	54.5	58.9	44.6	48.0	49.0	47.4	59.1	59.3
F16	72.3	66.2	48.6	45.2	46.9	52.7	47.3	49.8	88.4	55.5	59.2	44.1	53.5	44.3	52.0	45.3
F17	79.9	47.9	43.1	43.1	45.7	41.9	42.6	44.3	68.5	50.8	66.9	42.1	49.2	47.1	44.5	45.9
F18	70.2	58.1	47.0	39.6	46.9	51.2	40.1	42.9	81.8	40.2	56.1	44.3	48.5	38.7	54.8	44.0
F19	66.4	48.5	45.7	45.1	46.3	49.9	45.5	47.5	68.1	57.6	54.7	45.6	55.1	45.2	48.9	45.4

指标	鄂	湘	粤	桂	琼	渝	川	黔	云	藏	陕	甘	青	宁	新
F1	58.4	50.1	67.4	46.7	41.7	42.0	63.3	39.8	53.1	42.6	52.6	46.2	37.0	37.0	40.3
F2	55.7	50.9	87.9	48.0	42.3	43.9	58.1	43.2	52.6	37.8	51.7	42.8	39.1	38.5	42.9
F3	41.4	48.8	65.2	44.5	45.3	48.7	47.9	45.4	48.7	58.0	42.5	42.4	51.1	45.3	53.1
F4	50.8	47.3	81.3	46.9	44.2	44.3	57.2	43.3	54.2	39.3	48.4	43.1	40.0	39.5	44.2
F5	40.1	47.2	49.6	46.6	59.2	51.0	43.7	50.4	44.8	38.8	46.5	41.5	41.9	45.5	45.8
F6	47.4	55.2	49.0	50.4	52.3	54.2	47.9	43.8	45.4	71.2	50.6	43.9	53.1	44.6	44.3
F7	49.4	47.3	52.2	49.7	64.5	53.6	51.0	51.8	60.9	45.3	47.0	36.2	41.1	37.7	43.9
F8	46.1	45.8	95.2	45.7	45.6	45.6	46.2	45.3	45.6	45.2	45.6	45.4	45.2	45.3	46.0
F9	46.3	46.0	94.5	46.0	46.0	45.9	46.0	45.8	45.8	45.8	45.9	45.8	45.8	45.8	45.8
F10	61.9	56.6	65.3	47.6	34.0	43.7	53.0	41.1	48.4	31.0	56.4	45.9	34.4	34.4	42.8
F11	50.0	49.7	66.5	47.5	40.9	41.3	52.5	38.7	49.5	36.2	45.3	42.1	37.3	35.8	44.5
F12	54.6	50.7	85.3	48.6	48.0	43.1	51.7	40.5	54.8	38.9	46.1	42.4	38.5	38.3	46.4
F13	49.4	47.3	52.2	49.7	64.5	53.6	51.0	51.8	60.9	45.3	47.0	36.2	41.1	37.7	43.9
F14	49.0	49.9	95.1	47.2	41.4	45.2	51.3	44.3	46.8	40.0	47.1	43.4	40.6	40.9	45.0
F15	55.0	50.0	65.7	49.4	47.1	61.6	65.1	42.0	47.5	38.7	45.0	39.9	38.7	38.9	39.2
F16	46.9	45.3	55.9	43.6	46.1	44.9	44.0	40.9	43.2	44.5	44.1	42.5	45.0	44.3	47.7
F17	47.2	56.3	76.5	49.2	45.0	57.3	48.9	49.0	50.2	37.2	46.0	46.5	48.1	45.4	43.7
F18	45.3	45.2	54.3	47.5	47.2	55.8	60.1	61.0	56.4	30.7	54.0	52.6	36.7	40.5	39.2
F19	46.3	45.2	93.4	46.6	45.6	46.0	46.4	45.0	48.6	44.9	47.0	44.9	44.8	44.7	45.3

指标	京	津	冀	晋	蒙	辽	吉	黑	沪	苏	浙	皖	闽	赣	鲁	豫
F1	50.8	37.2	57.6	49.3	44.6	53.5	43.4	44.8	38.8	70.8	64.8	49.5	52.6	45.4	68.5	65.4
F2	64.8	41.5	52.4	47.7	42.0	52.6	42.3	43.1	53.3	63.4	60.9	47.0	47.9	63.0	59.8	48.6
F3	73.6	60.2	41.5	39.6	44.7	49.8	41.2	45.5	81.8	54.2	65.3	42.2	53.0	44.0	45.7	42.8
F4	79.2	43.4	47.4	44.6	42.6	53.5	44.8	46.7	66.2	60.2	59.8	45.5	46.5	44.2	57.6	46.5
F5	76.4	54.2	41.5	44.9	41.0	45.9	46.9	47.1	84.5	52.9	56.0	49.6	50.3	36.6	49.3	59.2
F6	85.1	59.1	40.7	41.8	41.8	55.7	45.2	37.5	66.2	46.0	52.4	47.0	51.5	44.6	41.8	38.5
F7	82.9	68.4	40.6	41.4	42.0	50.5	44.5	43.1	71.7	52.6	50.6	43.6	52.6	46.8	43.4	46.3
F8	57.7	50.7	46.8	45.7	45.5	49.6	45.9	45.9	66.6	68.0	56.5	46.0	51.4	45.5	53.2	45.9
F9	49.4	52.6	46.5	45.8	45.7	49.9	46.4	45.8	67.5	73.3	52.3	46.0	52.0	45.9	52.2	45.9
F10	53.3	39.7	57.8	59.5	52.9	63.7	52.2	64.5	45.7	56.4	45.7	44.6	43.5	50.1	59.5	68.4
F11	60.9	41.8	55.7	49.3	43.2	62.7	44.3	49.4	55.2	69.5	63.8	50.8	50.5	48.6	75.8	55.3
F12	62.7	40.9	49.3	45.5	41.2	56.2	43.2	45.2	52.8	64.1	67.9	49.2	49.5	45.0	56.7	51.2
F13	82.8	68.4	40.6	41.4	42.0	50.5	44.5	43.1	71.7	52.6	50.6	43.6	52.6	46.9	43.4	46.3
F14	50.6	44.7	53.7	47.0	45.2	51.8	47.0	49.0	50.6	57.1	61.6	47.1	53.7	46.5	56.7	53.6
F15	69.8	42.4	45.9	42.1	39.7	63.9	42.0	46.6	51.2	53.3	52.5	46.5	48.3	45.7	58.3	54.5
F16	71.6	66.4	48.9	45.4	47.4	52.1	47.0	49.8	88.7	56.2	59.3	44.1	53.0	44.5	52.7	45.7
F17	78.2	47.8	41.6	44.9	46.4	41.5	41.9	42.8	73.1	50.2	67.3	41.9	55.6	47.2	44.5	45.9
F18	64.0	61.3	50.7	48.0	44.6	51.4	40.7	43.7	88.6	41.8	55.2	46.4	54.7	40.1	49.0	41.9
F19	71.2	47.8	45.9	44.9	46.4	49.5	45.1	46.8	70.0	59.2	55.3	45.4	53.3	44.9	49.1	45.6

指标	鄂	湘	粤	桂	琼	渝	川	黔	云	藏	陕	甘	青	宁	新	
F1	57.6	50.0	66.4	46.7	40.9	41.1	62.9	40.1	53.0	41.7	51.4	46.2	37.4	36.3	41.5	
F2	50.6	46.7	86.0	47.9	43.5	43.9	57.4	43.8	50.4	40.1	44.9	42.2	39.3	39.5	43.6	
F3	41.6	48.2	65.1	44.3	45.9	49.4	48.3	44.8	48.7	58.2	42.6	42.1	48.2	45.9	51.8	
F4	49.7	46.4	79.9	45.7	47.0	45.2	57.0	43.1	48.0	41.6	46.5	43.0	41.3	41.3	45.6	
F5	45.3	48.3	58.7	48.3	58.9	51.4	47.7	42.1	46.6	38.3	48.8	41.6	43.0	43.1	51.7	
F6	48.3	53.9	49.0	48.9	53.4	53.2	50.4	44.8	46.4	73.1	49.5	43.5	52.1	44.4	44.4	
F7	47.5	46.0	51.0	47.9	62.1	52.8	51.1	53.5	57.9	46.8	52.4	38.7	40.8	37.5	43.1	
F8	45.9	45.7	93.1	45.6	45.4	45.5	45.9	45.2	45.5	45.0	45.5	45.2	45.1	45.1	45.7	
F9	46.1	45.9	91.9	45.9	45.9	45.9	45.9	45.7	45.7	45.6	45.8	45.7	45.6	45.7	45.7	
F10	60.6	55.4	66.2	47.5	35.0	44.0	52.0	40.9	45.8	30.6	56.6	46.4	34.5	34.5	42.8	
F11	49.7	49.2	66.0	46.9	40.0	40.5	52.5	38.5	47.7	36.0	45.3	42.3	37.5	36.1	45.3	
F12	54.2	50.9	84.8	47.6	47.1	43.7	53.2	40.5	57.0	38.1	45.8	41.9	38.2	37.5	47.8	
F13	47.5	46.0	51.0	47.8	62.1	52.8	51.1	53.6	57.9	46.8	52.4	38.7	40.8	37.6	43.1	
F14	49.2	49.1	97.0	48.6	42.3	45.6	50.7	44.5	46.9	40.8	47.9	43.7	41.2	41.6	45.1	
F15	50.9	55.7	75.1	49.8	46.5	57.3	75.5	44.5	48.0	39.5	44.9	40.4	39.9	39.4	39.9	
F16	46.6	45.3	55.3	43.5	45.7	45.8	44.4	40.7	43.1	44.1	44.1	42.4	44.9	44.2	47.3	
F17	48.4	55.4	74.8	50.5	45.6	52.1	48.7	50.1	49.1	39.8	45.8	44.6	47.6	42.8	44.0	
F18	49.0	43.8	59.2	44.4	43.6	59.6	50.1	50.6	52.0	29.9	57.3	47.4	39.3	40.6	41.3	
F19	45.9	46.9	89.9	46.7	44.9	46.0	46.7	44.9	47.8	44.6	47.3	44.6	44.3	44.3	45.0	

指标	京	津	冀	晋	蒙	辽	吉	黑	沪	苏	浙	皖	闽	赣	鲁	豫
F1	50.0	37.2	56.0	49.5	45.3	54.0	43.1	44.3	38.8	72.0	67.2	50.7	50.5	46.5	66.2	68.8
F2	58.2	43.6	51.9	46.7	52.5	53.0	44.0	44.5	52.2	54.5	65.7	46.1	48.3	44.7	56.7	48.2
F3	75.0	59.4	40.7	40.6	48.7	49.5	43.1	46.4	82.3	54.6	65.1	42.9	52.0	43.1	46.7	42.9
F4	69.7	44.9	48.1	45.7	44.6	52.8	45.9	46.5	60.5	56.3	55.2	45.3	46.2	45.1	53.2	47.1
F5	73.2	54.1	43.1	47.1	34.4	45.8	45.1	47.5	81.3	61.1	46.5	47.1	48.1	48.8	46.0	46.7
F6	89.7	51.5	40.1	45.8	48.6	48.9	48.2	40.7	64.0	43.0	49.4	50.4	47.3	42.2	38.3	35.6
F7	82.9	66.0	39.4	45.8	42.1	51.2	44.3	41.4	69.7	52.5	53.3	42.8	53.7	47.9	42.7	47.1
F8	58.8	50.8	46.7	45.6	45.5	49.5	45.7	46.0	65.5	70.1	56.8	45.9	50.9	45.4	53.4	45.8
F9	50.0	52.6	46.5	45.8	45.8	49.6	46.1	45.8	66.1	75.7	52.5	46.1	51.5	45.9	52.4	45.9
F10	54.3	38.2	58.3	57.3	52.8	67.4	51.7	63.9	46.2	57.4	46.4	44.3	43.8	48.8	56.7	68.1
F11	61.6	41.8	55.5	50.2	46.2	62.4	44.3	47.7	55.1	70.7	63.8	49.6	49.3	49.3	75.7	55.8
F12	62.8	40.7	49.4	46.1	41.2	56.5	43.5	45.2	51.1	65.4	69.1	47.4	50.2	45.1	59.8	51.2
F13	82.8	66.0	39.4	45.8	42.1	51.2	44.3	41.4	69.7	52.5	53.3	42.8	53.7	47.9	42.7	47.1
F14	50.2	44.5	53.6	47.0	45.2	51.5	46.7	48.6	50.1	58.3	61.7	47.1	53.5	46.6	58.1	54.1
F15	54.4	40.3	48.8	44.7	39.1	56.5	42.7	47.5	47.1	53.9	53.8	47.1	50.3	52.6	65.0	49.8
F16	76.7	67.9	48.7	46.6	50.1	52.5	47.4	48.4	82.2	57.6	60.5	43.1	52.2	43.8	53.6	45.6
F17	78.1	46.3	43.7	45.0	47.6	41.6	41.3	42.9	70.5	53.1	68.6	41.1	52.0	49.8	44.7	45.5
F18	67.2	61.0	44.9	40.4	41.4	55.3	39.0	43.8	49.9	40.4	56.4	42.5	45.2	38.9	57.7	38.6
F19	69.9	47.7	45.6	44.9	46.6	49.4	45.0	46.5	69.5	60.2	56.4	45.4	53.4	44.9	49.7	45.7

指标	鄂	湘	粤	桂	琼	渝	川	黔	云	藏	陕	甘	青	宁	新
F1	54.8	49.8	63.9	45.3	40.5	41.0	63.8	40.5	53.1	41.2	49.0	48.3	37.4	36.6	44.7
F2	49.7	46.2	94.7	49.1	45.3	45.1	56.8	43.9	49.2	42.1	45.7	43.7	41.5	41.8	44.9
F3	41.8	50.0	64.3	44.2	44.9	48.0	48.1	43.1	49.0	54.3	41.7	40.0	50.9	46.5	50.4
F4	48.6	46.2	94.1	47.8	47.4	45.8	54.4	44.3	47.0	43.6	46.2	44.5	43.4	43.5	46.4
F5	45.4	52.1	55.8	45.7	47.3	52.8	45.4	73.0	49.1	37.2	47.9	43.1	42.0	46.1	51.2
F6	49.8	50.1	53.4	50.1	51.9	54.8	47.2	48.9	48.7	71.0	46.4	50.4	48.4	51.8	43.5
F7	46.4	45.8	49.1	47.1	61.9	52.3	52.2	58.9	58.1	47.5	51.3	37.2	41.1	36.7	42.0
F8	45.9	45.6	92.2	45.5	45.2	45.4	45.8	45.1	45.5	45.0	45.4	45.2	45.0	45.0	45.8
F9	46.2	45.8	91.0	45.9	45.8	45.9	45.9	45.7	45.7	45.6	45.8	45.7	45.6	45.7	45.7
F10	57.8	54.3	67.6	48.2	36.1	42.4	54.0	40.8	45.8	31.5	57.6	45.1	35.1	34.9	43.4
F11	51.7	49.7	64.8	45.5	39.4	40.5	50.9	38.7	46.8	36.0	45.4	42.5	37.5	36.6	45.1
F12	52.8	51.5	82.7	48.7	46.7	43.6	52.6	41.3	57.9	37.7	45.4	41.6	38.3	37.6	47.0
F13	46.4	45.8	49.1	47.1	61.9	52.2	52.2	58.9	58.1	47.5	51.3	37.2	41.1	36.7	42.0
F14	49.5	49.4	96.2	48.5	42.0	45.5	51.9	44.5	46.9	40.5	48.4	43.6	40.9	41.3	44.5
F15	52.6	57.8	80.4	51.4	55.8	62.3	70.7	40.5	45.8	38.3	45.1	39.6	38.7	38.5	39.2
F16	45.6	44.7	57.5	43.2	45.1	45.2	43.5	39.8	42.4	43.5	44.2	42.0	44.4	44.6	47.2
F17	47.1	55.9	76.1	49.1	42.9	52.2	49.8	49.4	49.5	41.8	45.1	45.9	49.4	44.5	39.7
F18	47.8	53.5	64.1	52.6	43.5	56.4	42.0	57.8	49.7	25.9	74.5	68.9	39.8	44.4	42.6
F19	46.1	46.9	90.2	46.7	45.0	46.0	46.4	44.8	47.9	44.4	47.3	44.5	44.2	44.1	44.8

（2006 年）续表

指标	京	津	冀	晋	蒙	辽	吉	黑	沪	苏	浙	皖	闽	赣	鲁	豫
F1	48.9	37.6	55.4	48.4	45.0	55.3	42.6	44.0	38.7	71.7	66.2	51.5	49.4	46.5	66.8	69.2
F2	57.1	40.7	53.5	45.5	41.3	55.6	40.8	42.5	54.0	57.2	74.8	49.2	45.9	64.7	62.1	47.8
F3	75.6	60.2	40.4	39.0	45.5	49.8	44.4	47.8	83.3	55.2	62.7	43.0	52.1	43.6	47.2	43.7
F4	75.0	43.1	58.8	43.0	41.8	54.8	42.9	45.8	67.1	61.1	56.0	43.5	45.0	47.5	54.1	44.9
F5	89.9	53.9	45.0	48.6	44.6	46.3	46.9	46.6	74.4	61.9	49.5	44.2	52.4	39.0	47.7	47.4
F6	91.1	50.3	41.8	45.3	47.1	47.8	49.4	41.7	64.1	45.1	50.2	50.3	48.9	41.4	40.2	36.5
F7	81.6	63.1	38.1	49.3	41.9	52.7	43.4	41.5	67.1	52.9	53.3	43.9	53.0	47.8	42.0	47.7
F8	59.1	50.7	46.6	45.5	45.5	49.3	45.6	46.1	65.3	70.3	57.4	46.0	50.5	45.5	53.4	45.8
F9	50.7	52.5	46.5	45.8	45.7	49.2	46.1	45.8	65.8	75.9	53.1	46.2	50.9	46.0	52.4	45.9
F10	59.6	37.9	58.0	58.6	51.8	64.4	50.0	64.2	46.9	57.2	45.9	43.9	43.9	48.9	58.5	65.3
F11	60.7	41.0	57.9	49.9	47.3	61.6	45.0	47.5	55.1	70.3	63.8	50.6	49.2	49.4	76.2	56.5
F12	61.9	40.5	50.1	45.5	41.4	54.9	43.1	44.6	49.1	66.9	68.7	47.2	51.6	45.9	59.9	51.7
F13	81.6	63.2	38.1	49.3	41.9	52.7	43.4	41.5	67.1	52.9	53.3	43.9	53.0	47.8	42.0	47.7
F14	50.0	44.5	53.0	46.5	45.2	51.3	46.8	48.1	50.9	60.0	61.3	47.1	52.9	46.3	59.6	54.5
F15	49.3	44.3	47.8	47.4	42.2	57.2	44.1	47.1	51.3	50.0	56.2	47.1	46.9	52.1	57.3	50.3
F16	75.9	68.3	48.6	46.3	51.1	52.6	47.6	48.0	81.8	58.3	60.8	43.0	52.3	43.6	54.2	45.6
F17	82.8	50.4	43.2	46.0	47.6	41.0	42.9	42.0	66.9	55.4	62.7	40.3	53.8	49.8	46.6	45.0
F18	69.2	58.6	43.7	39.3	39.8	49.6	39.4	43.6	43.1	43.0	48.6	42.5	51.7	38.6	56.2	41.7
F19	69.0	47.8	45.5	45.0	46.5	49.7	44.8	47.0	68.2	61.3	57.2	45.4	53.1	44.8	50.2	45.6

指标	鄂	湘	粤	桂	琼	渝	川	黔	云	藏	陕	甘	青	宁	新
F1	53.9	50.1	62.3	46.2	40.8	40.8	66.2	40.3	52.3	40.9	49.4	49.2	37.5	36.5	46.1
F2	50.5	57.3	76.9	48.3	42.7	43.3	56.4	43.8	52.7	38.3	44.8	41.7	37.9	37.9	44.9
F3	42.4	50.9	62.8	44.2	44.3	48.4	47.8	43.0	48.5	56.3	41.7	42.2	47.4	47.0	49.6
F4	47.1	65.1	75.5	46.2	45.1	43.2	58.5	44.7	46.4	39.9	45.5	43.5	40.3	39.8	44.7
F5	45.8	41.6	56.4	48.8	49.7	53.3	52.4	48.7	47.3	38.8	47.4	42.8	43.7	47.8	47.5
F6	50.8	51.1	53.6	49.6	49.9	56.4	47.1	49.8	48.1	70.0	43.8	49.4	46.7	49.5	43.0
F7	44.9	46.4	47.2	46.0	59.6	51.4	54.7	67.8	57.3	50.5	49.8	36.5	41.4	36.8	40.6
F8	46.0	45.6	92.0	45.5	45.2	45.4	45.9	45.1	45.5	45.0	45.4	45.3	45.0	45.1	45.7
F9	46.2	45.8	90.9	45.9	45.8	45.9	46.0	45.6	45.7	45.6	45.7	45.6	45.6	45.7	45.6
F10	57.3	53.5	69.9	48.6	36.4	41.4	54.9	40.6	46.2	31.9	56.8	43.9	35.3	34.7	43.8
F11	52.4	49.2	64.0	44.7	39.3	40.3	50.1	38.5	46.2	35.9	46.0	42.0	38.3	36.5	44.8
F12	53.0	51.3	83.1	48.6	47.2	43.7	52.6	41.5	56.8	37.4	45.8	42.4	38.3	37.4	48.2
F13	44.9	46.4	47.2	46.0	59.6	51.4	54.7	67.8	57.3	50.5	49.8	36.5	41.4	36.8	40.6
F14	49.1	49.9	95.5	47.9	41.9	45.6	52.0	44.6	46.7	40.4	48.6	43.3	40.7	41.2	44.6
F15	51.1	51.9	66.0	51.5	51.2	50.6	94.6	42.1	46.0	41.4	45.7	42.4	41.8	41.5	41.9
F16	45.6	44.5	57.9	43.2	45.1	45.0	43.4	39.5	42.1	43.3	44.7	41.9	44.4	44.5	47.0
F17	46.9	55.3	73.9	47.0	41.7	51.0	50.8	51.7	48.5	35.1	47.4	46.4	49.6	48.1	40.4
F18	48.9	60.1	56.6	56.5	45.7	60.7	64.3	68.6	55.6	27.9	70.0	42.4	37.0	40.3	44.6
F19	45.9	47.1	90.8	46.6	45.4	45.9	46.4	44.7	48.0	44.3	47.1	44.3	44.0	44.0	44.7

指标	京	津	冀	晋	蒙	辽	吉	黑	沪	苏	浙	皖	闽	赣	鲁	豫
F1	48.9	37.6	55.9	47.9	44.8	54.3	43.3	43.7	38.8	72.0	67.8	51.9	48.1	47.1	69.7	67.7
F2	63.4	41.2	55.6	46.0	42.0	55.4	42.9	43.2	54.3	59.4	75.7	48.2	46.2	53.5	62.3	47.9
F3	76.5	59.5	40.2	40.6	44.9	48.9	44.6	46.9	85.9	54.5	61.5	43.9	52.4	44.1	47.0	44.4
F4	74.3	42.5	61.1	43.8	42.1	54.5	46.2	44.7	70.8	62.8	58.3	47.2	45.1	44.6	55.5	45.7
F5	74.4	53.6	44.4	48.0	42.6	45.2	43.0	45.5	86.9	61.1	48.6	62.4	51.3	38.3	48.0	46.6
F6	91.0	50.9	42.6	44.3	44.8	45.9	48.1	43.5	66.2	46.9	51.1	49.0	50.2	40.0	41.9	37.7
F7	79.0	61.3	37.3	50.8	42.3	54.7	42.8	41.5	66.5	52.7	52.3	45.5	52.4	46.9	42.2	48.2
F8	59.1	50.1	46.7	45.7	45.4	49.2	45.6	46.1	65.7	70.6	57.9	46.0	50.3	45.5	53.9	45.8
F9	51.0	51.5	46.7	45.7	45.7	49.0	46.1	45.7	66.7	76.3	53.4	46.2	50.6	46.1	52.9	45.9
F10	61.0	37.7	54.8	58.3	52.7	66.9	49.5	62.7	46.9	56.0	45.5	43.8	42.4	48.9	58.6	63.9
F11	61.0	41.3	57.3	49.7	48.2	60.1	45.7	47.0	54.4	70.7	64.4	50.3	48.8	49.2	77.1	56.8
F12	63.5	40.0	50.1	45.8	41.3	54.3	42.6	44.1	48.6	67.3	69.5	48.0	50.9	46.9	61.4	51.9
F13	79.0	61.3	37.3	50.8	42.3	54.7	42.8	41.5	66.5	52.7	52.3	45.5	52.4	46.9	42.2	48.2
F14	50.7	44.2	53.9	46.6	45.5	51.3	46.2	47.9	51.3	61.2	62.5	46.7	52.9	46.1	60.5	55.3
F15	48.1	44.2	47.6	44.5	42.0	57.1	43.7	52.4	47.0	50.9	56.5	48.9	44.4	50.0	53.7	48.7
F16	75.9	67.3	48.5	46.4	52.4	52.7	48.2	47.5	81.7	58.6	61.0	42.9	52.8	43.3	54.2	45.7
F17	74.9	53.2	42.0	44.3	51.5	40.0	41.3	40.3	74.3	61.3	61.1	45.5	56.9	48.1	44.8	45.7
F18	67.4	60.2	42.4	39.0	38.9	52.4	38.5	42.8	48.1	40.9	49.8	46.7	48.3	38.0	48.7	37.0
F19	68.0	47.8	45.3	44.8	46.5	50.1	44.6	47.0	68.5	62.1	58.0	45.4	55.2	44.6	50.8	45.3

指标	鄂	湘	粤	桂	琼	渝	川	黔	云	藏	陕	甘	青	宁	新
F1	51.7	50.0	60.7	49.4	41.2	40.8	65.1	41.2	50.4	39.6	48.9	48.9	37.0	37.0	48.9
F2	50.7	46.2	79.3	48.6	43.2	43.8	57.0	42.2	53.0	39.0	45.1	42.8	39.0	38.6	44.5
F3	43.5	49.1	59.0	44.8	46.0	48.6	47.5	43.6	46.0	56.4	43.5	42.3	45.5	48.3	50.3
F4	47.7	44.6	76.5	46.5	44.7	43.1	59.1	46.9	46.8	39.6	45.1	42.5	43.9	39.4	44.7
F5	44.7	49.2	56.3	49.0	49.1	53.6	52.3	46.7	47.2	38.5	46.5	40.7	42.1	45.8	48.7
F6	52.9	50.0	54.4	48.2	51.1	53.3	45.8	52.5	49.1	69.5	43.8	48.2	45.2	47.9	44.4
F7	43.5	45.8	45.7	43.9	59.6	52.2	54.1	70.3	54.6	60.0	48.7	37.4	41.4	35.8	40.9
F8	45.9	45.6	91.6	45.5	45.1	45.4	45.9	45.0	45.5	44.9	45.3	45.2	44.9	45.0	45.8
F9	46.2	45.8	90.3	45.9	45.7	45.9	46.1	45.6	45.6	45.6	45.7	45.6	45.6	45.6	45.6
F10	63.9	53.1	68.6	48.6	36.9	41.4	53.9	40.8	45.3	32.8	56.7	43.7	35.9	35.3	43.4
F11	52.9	49.0	63.2	44.6	39.2	40.9	49.7	38.6	46.0	36.0	46.7	42.3	37.9	36.4	45.2
F12	52.3	51.6	81.6	48.7	46.4	43.7	52.1	42.1	56.0	37.5	45.5	43.1	38.3	37.3	47.7
F13	43.5	45.8	45.7	43.9	59.6	52.2	54.1	70.3	54.6	60.0	48.7	37.4	41.4	35.8	40.9
F14	49.1	50.1	93.7	47.6	41.2	45.5	52.7	44.2	47.4	39.6	48.3	42.9	40.0	40.4	44.4
F15	50.4	56.0	67.0	48.4	49.4	55.7	93.9	43.2	46.6	41.1	45.3	48.8	41.3	41.5	41.6
F16	45.9	44.7	58.0	43.3	44.7	44.8	43.5	39.2	43.0	44.7	41.7	44.5	44.8	46.4	
F17	48.1	53.7	74.6	49.0	42.2	50.3	48.8	49.7	45.4	36.0	46.6	48.9	46.6	44.3	40.8
F18	50.9	74.8	58.1	56.7	45.2	53.2	56.0	64.8	47.5	26.5	69.0	56.5	44.1	41.6	42.6
F19	45.8	47.0	90.0	46.7	45.2	45.6	46.3	44.3	48.2	44.3	46.9	44.0	43.7	43.6	44.5

附录4 本书所涉及的省、市、自治区简称及拼音代码

区域名称	简称	拼音全称	拼音代码
北 京	京	BEIJING	BJ
天 津	津	TIANJING	TJ
河 北	冀	HEBEI	HB
山 西	晋	SHANXI	SX
内蒙古	内蒙、蒙	NEIMENG	NM
辽 宁	辽	LIAONING	LN
吉 林	吉	JILIN	JL
黑龙江	黑	HELONGJ	HLJ
上 海	沪	SHANGHAI	SH
江 苏	苏	JIANGS	JS
浙 江	浙	ZHEJIANG	ZJ
安 徽	皖	ANHUI	AH
福 建	闽	FUJIAN	FJ
江 西	赣	JIANGXI	JX
山 东	鲁	SHANDONG	SD
河 南	豫	HENAN	HN
湖 北	鄂	HUBEI	HUB
湖 南	湘	HUNAN	HUN
广 东	粤	GUANGD	GD
广 西	桂	GUANGX	GX
海 南	琼	HAINAN	HAIN
重 庆	渝	CHONGQ	CQ

（续表）

区域名称	简称	拼音全称	拼音代码
四　川	川	SICHUAN	SC
贵　州	黔	GUIZHOU	GZ
云　南	云	YUNNAN	YN
西　藏	藏	XIZANG	XZ
陕　西	陕	SHAANXI	SHX
甘　肃	甘	GANSU	GS
青　海	青	QINGHAI	QH
宁　夏	宁	NINGXIA	NX
新　疆	新	XINJIANG	XJ

附录 5　1999—2007 年"四元优势"综合指标体系主成分的提取

Total Variance Explained—1999

Component	Initial Eigenvalues			Extraction Sums of Squared Loadings			Rotation Sums of Squared Loadings		
	Total	% of Variance	Cumulative %	Total	% of Variance	Cumulative %	Total	% of Variance	Cumulative %
1	9.609	53.383	53.383	9.609	53.383	53.383	5.719	31.771	31.771
2	3.614	20.076	73.458	3.614	20.076	73.458	5.255	29.192	60.964
3	1.499	8.327	81.786	1.499	8.327	81.786	1.602	8.899	69.863
4	.860	4.777	86.563	.860	4.777	86.563	1.599	8.884	78.747
5	.711	3.952	90.515	.711	3.952	90.515	1.487	8.261	87.008
6	.553	3.070	93.585	.553	3.070	93.585	1.184	6.577	93.585
7	.317	1.764	95.349						
8	.251	1.396	96.745						
9	.210	1.166	97.911						
10	.124	.690	98.601						
11	.117	.652	99.253						
12	.062	.343	99.596						
13	.032	.176	99.772						
14	.022	.121	99.893						
15	.012	.065	99.959						
16	.005	.026	99.984						
17	.003	.016	100.000						
18	1.11	6.17	100.000						

Extraction Method: Principal Component Analysis.

（续表）

Total Variance Explained—2000

Component	Initial Eigenvalues			Extraction Sums of Squared Loadings			Rotation Sums of Squared Loadings		
	Total	% of Variance	Cumulative %	Total	% of Variance	Cumulative %	Total	% of Variance	Cumulative %
1	9.605	53.360	53.360	9.605	53.360	53.360	5.434	30.187	30.187
2	3.914	21.743	75.102	3.914	21.743	75.102	4.843	26.906	57.093
3	1.617	8.984	84.087	1.617	8.984	84.087	2.481	13.786	70.879
4	.770	4.276	88.362	.770	4.276	88.362	1.818	10.102	80.981
5	.649	3.603	91.965	.649	3.603	91.965	1.248	6.935	87.917
6	.373	2.070	94.035	.373	2.070	94.035	1.101	6.118	94.035
7	.249	1.383	95.418						
8	.194	1.080	96.498						
9	.184	1.023	97.521						
10	.132	.732	98.252						
11	.124	.690	98.942						
12	.083	.461	99.403						
13	.039	.214	99.617						
14	.034	.190	99.807						
15	.025	.137	99.944						
16	.008	.047	99.991						
17	.002	.009	100.000						
18	7.88	4.38	100.000						

Extraction Method: Principal Component Analysis.

Total Variance Explained—2001

（续表）

Component	Initial Eigenvalues			Extraction Sums of Squared Loadings			Rotation Sums of Squared Loadings		
	Total	% of Variance	Cumulative %	Total	% of Variance	Cumulative %	Total	% of Variance	Cumulative %
1	8.879	49.326	49.326	8.879	49.326	49.326	5.551	30.840	30.840
2	3.965	22.027	71.352	3.965	22.027	71.352	5.359	29.773	60.612
3	1.662	9.235	80.587	1.662	9.235	80.587	2.223	12.352	72.965
4	.918	5.100	85.687	.918	5.100	85.687	1.327	7.370	80.334
5	.802	4.457	90.144	.802	4.457	90.144	1.176	6.535	86.869
6	.474	2.635	92.779	.474	2.635	92.779	1.064	5.909	92.779
7	.354	1.969	94.748						
8	.242	1.345	96.092						
9	.236	1.311	97.404						
10	.140	.780	98.184						
11	.124	.690	98.874						
12	.091	.503	99.377						
13	.052	.290	99.667						
14	.040	.225	99.892						
15	.012	.067	99.958						
16	.005	.025	99.983						
17	.003	.017	100.000						
18	9.65E-4	5.36E-3	100.000						

Extraction Method: Principal Component Analysis.

(续表)

Total Variance Explained—2002

Component	Initial Eigenvalues			Extraction Sums of Squared Loadings			Rotation Sums of Squared Loadings		
	Total	% of Variance	Cumulative %	Total	% of Variance	Cumulative %	Total	% of Variance	Cumulative %
1	9.309	51.717	51.717	9.309	51.717	51.717	5.690	31.610	31.610
2	4.112	22.842	74.558	4.112	22.842	74.558	5.307	29.483	61.094
3	1.729	9.604	84.163	1.729	9.604	84.163	2.846	15.814	76.908
4	.751	4.172	88.334	.751	4.172	88.334	1.265	7.030	83.937
5	.534	2.966	91.301	.534	2.966	91.301	1.210	6.721	90.658
6	.450	2.502	93.803	.450	2.502	93.803	.566	3.145	93.803
7	.286	1.591	95.394						
8	.275	1.528	96.922						
9	.187	1.039	97.961						
10	.140	.777	98.738						
11	.072	.402	99.140						
12	.062	.345	99.486						
13	.046	.258	99.744						
14	.022	.123	99.867						
15	.014	.080	99.947						
16	.007	.038	99.986						
17	.003	.014	100.000						
18	1.32	7.32	100.000						

Extraction Method: Principal Component Analysis.

Total Variance Explained—2003

（续表）

Component	Initial Eigenvalues			Extraction Sums of Squared Loadings			Rotation Sums of Squared Loadings		
	Total	% of Variance	Cumulative %	Total	% of Variance	Cumulative %	Total	% of Variance	Cumulative %
1	9.383	52.130	52.130	9.383	52.130	52.130	4.785	26.582	26.582
2	4.179	23.215	75.345	4.179	23.215	75.345	4.371	24.282	50.864
3	1.401	7.783	83.128	1.401	7.783	83.128	4.050	22.499	73.363
4	.732	4.065	87.193	.732	4.065	87.193	1.820	10.113	83.477
5	.625	3.470	90.663	.625	3.470	90.663	1.150	6.390	89.866
6	.444	2.465	93.128	.444	2.465	93.128	.587	3.262	93.128
7	.386	2.145	95.273						
8	.323	1.796	97.069						
9	.182	1.011	98.081						
10	.122	.677	98.758						
11	.079	.439	99.197						
12	.052	.289	99.486						
13	.048	.269	99.755						
14	.028	.155	99.910						
15	.008	.045	99.955						
16	.007	.037	99.992						
17	.001	.008	100.000						
18	6.43	3.57	100.000						

Extraction Method: Principal Component Analysis.

（续表）

Total Variance Explained—2004

Component	Initial Eigenvalues			Extraction Sums of Squared Loadings			Rotation Sums of Squared Loadings		
	Total	% of Variance	Cumulative %	Total	% of Variance	Cumulative %	Total	% of Variance	Cumulative %
1	9.743	54.126	54.126	9.743	54.126	54.126	5.811	32.284	32.284
2	4.226	23.478	77.604	4.226	23.478	77.604	4.440	24.669	56.953
3	1.156	6.422	84.026	1.156	6.422	84.026	4.066	22.589	79.541
4	.852	4.735	88.761	.852	4.735	88.761	1.275	7.081	86.622
5	.490	2.725	91.486	.490	2.725	91.486	.707	3.925	90.548
6	.346	1.924	93.410	.346	1.924	93.410	.515	2.862	93.410
7	.299	1.659	95.068						
8	.239	1.329	96.398						
9	.204	1.136	97.534						
10	.145	.805	98.339						
11	.081	.452	98.791						
12	.076	.424	99.215						
13	.049	.270	99.485						
14	.042	.235	99.720						
15	.031	.175	99.895						
16	.018	.101	99.996						
17	.001	.004	100.000						
18	1.80	9.98	100.000						

Extraction Method: Principal Component Analysis.

（续表）

Total Variance Explained—2005

Component	Initial Eigenvalues			Extraction Sums of Squared Loadings			Rotation Sums of Squared Loadings		
	Total	% of Variance	Cumulative %	Total	% of Variance	Cumulative %	Total	% of Variance	Cumulative %
1	9.027	50.151	50.151	9.027	50.151	50.151	5.785	32.141	32.141
2	4.164	23.136	73.286	4.164	23.136	73.286	4.560	25.334	57.476
3	1.186	6.586	79.873	1.186	6.586	79.873	3.422	19.009	76.484
4	.924	5.133	85.006	.924	5.133	85.006	1.092	6.066	82.551
5	.725	4.029	89.035	.725	4.029	89.035	.874	4.858	87.408
6	.550	3.056	92.091	.550	3.056	92.091	.843	4.683	92.091
7	.400	2.223	94.314						
8	.282	1.569	95.883						
9	.259	1.438	97.321						
10	.213	1.181	98.503						
11	.095	.525	99.028						
12	.059	.327	99.355						
13	.054	.298	99.653						
14	.027	.152	99.805						
15	.021	.119	99.924						
16	.013	.072	99.996						
17	.001	.004	100.000						
18	1.88	1.05	100.000						

Extraction Method: Principal Component Analysis.

Total Variance Explained—2006

Component	Initial Eigenvalues			Extraction Sums of Squared Loadings			Rotation Sums of Squared Loadings		
	Total	% of Variance	Cumulative %	Total	% of Variance	Cumulative %	Total	% of Variance	Cumulative %
1	8.698	48.325	48.325	8.698	48.325	48.325	5.301	29.447	29.447
2	4.115	22.863	71.187	4.115	22.863	71.187	4.267	23.706	53.154
3	1.604	8.913	80.101	1.604	8.913	80.101	3.254	18.078	71.232
4	.819	4.551	84.652	.819	4.551	84.652	1.519	8.437	79.669
5	.633	3.518	88.169	.633	3.518	88.169	1.469	8.163	87.831
6	.525	2.914	91.084	.525	2.914	91.084	.585	3.252	91.084
7	.441	2.449	93.533						
8	.353	1.962	95.495						
9	.263	1.464	96.959						
10	.176	.976	97.935						
11	.131	.728	98.663						
12	.092	.512	99.175						
13	.067	.373	99.548						
14	.036	.201	99.749						
15	.025	.138	99.886						
16	.018	.102	99.988						
17	.002	.012	100.000						
18	1.27	7.08	100.000						

Extraction Method: Principal Component Analysis.

（续表）

Total Variance Explained—2007

Component	Initial Eigenvalues			Extraction Sums of Squared Loadings			Rotation Sums of Squared Loadings		
	Total	% of Variance	Cumulative %	Total	% of Variance	Cumulative %	Total	% of Variance	Cumulative %
1	8.660	48.113	48.113	8.660	48.113	48.113	4.072	22.620	22.620
2	4.120	22.888	71.001	4.120	22.888	71.001	3.696	20.535	43.155
3	1.393	7.741	78.742	1.393	7.741	78.742	3.467	19.260	62.416
4	.947	5.260	84.002	.947	5.260	84.002	2.860	15.889	78.305
5	.725	4.025	88.027	.725	4.025	88.027	1.177	6.539	84.845
6	.570	3.165	91.193	.570	3.165	91.193	1.143	6.348	91.193
7	.437	2.426	93.619						
8	.393	2.182	95.801						
9	.238	1.320	97.121						
10	.150	.835	97.956						
11	.132	.731	98.687						
12	.091	.504	99.190						
13	.053	.296	99.486						
14	.044	.247	99.734						
15	.030	.166	99.900						
16	.015	.084	99.984						
17	.003	.016	100.000						
18	8.32	4.62	100.000						

Extraction Method: Principal Component Analysis.

附录6　1999—2007年地区"四元综合优势"总体得分矩阵

区域	代码	1999年	2000年	2001年	2002年	2003年	2004年	2005年	2006年	2007年
东部	BJ	24.71	24.48	23.58	24.91	19.02	21.30	19.34	22.05	18.73
	TJ	3.28	2.04	3.44	2.77	0.08	2.73	1.37	1.69	−0.53
	HB	−2.74	−2.59	−2.73	−3.05	−2.59	−2.73	−2.68	−2.41	−1.72
	SH	14.33	13.77	16.65	15.30	13.99	19.49	16.01	14.71	12.73
	JS	8.06	8.36	8.04	7.34	9.43	10.08	11.51	11.50	10.81
	ZJ	5.50	2.88	7.37	6.43	8.45	9.47	10.37	9.45	9.58
	FJ	1.24	2.33	1.43	0.30	0.51	1.34	0.33	0.74	−0.11
	SD	2.40	4.18	4.79	3.68	5.26	5.02	4.64	4.32	4.88
	GD	24.96	23.99	22.88	24.25	22.94	21.49	25.24	19.06	18.95
	HAIN	−1.69	−2.24	−2.83	−1.92	−2.61	−2.07	−4.44	−3.74	−3.83
中部	SX	−5.23	−3.72	−5.78	−5.60	−5.29	−5.13	−3.96	−3.53	−3.22
	AH	−4.72	−4.54	−4.74	−4.82	−4.13	−4.27	−5.17	−5.02	−2.61
	JX	−5.26	−2.94	−4.68	−3.75	−4.51	−4.72	−4.27	−3.61	−4.14
	HN	−2.76	−1.45	−2.21	−0.95	1.26	0.20	−0.80	−0.79	−0.53
	HUB	0.53	0.90	0.63	2.35	0.42	−1.05	−1.89	−2.11	−0.86
	HUN	−2.74	−2.42	−2.41	−1.69	−0.50	−1.99	−1.09	−0.04	−0.38
东北	LN	2.87	3.28	3.01	2.40	3.52	3.38	2.93	2.69	3.24
	JL	−5.65	−5.63	−4.76	−6.63	−6.53	−6.22	−5.76	−5.85	−5.87
	HLJ	−3.95	−3.78	−3.66	−4.04	−4.10	−4.32	−4.01	−4.64	−4.70

（续表）

区域	代码	1999 年	2000 年	2001 年	2002 年	2003 年	2004 年	2005 年	2006 年	2007 年
西部	NM	−7.14	−6.66	−7.16	−7.81	−7.38	−7.14	−5.00	−5.52	−5.42
	GX	−1.72	−1.64	−2.29	−1.93	−2.34	−3.65	−3.72	−3.61	−3.03
	CQ	−2.03	−3.05	−2.64	0.05	−0.81	−2.45	−3.31	−3.15	−3.20
	SC	−0.44	−0.85	0.31	0.72	3.88	2.28	0.49	2.91	3.68
	GZ	−6.83	−7.21	−7.19	−5.70	−4.82	−6.06	−3.66	−1.88	−1.32
	YN	1.96	−0.68	−0.19	0.01	1.58	−0.09	−1.10	−0.43	−1.18
	XZ	−7.08	−6.27	−7.47	−8.04	−8.98	−8.44	−8.22	−7.91	−6.36
	SHX	−2.74	−1.51	−2.26	−1.81	−2.28	−2.20	−2.98	−2.64	−2.29
	GS	−6.77	−7.58	−7.69	−8.53	−7.38	−8.38	−7.24	−8.14	−6.62
	QH	−8.20	−7.20	−8.29	−8.55	−9.22	−9.57	−8.37	−8.85	−8.92
	NX	−8.04	−8.59	−8.78	−10.08	−10.32	−10.94	−9.31	−9.54	−10.17
	XJ	−4.10	−5.67	−4.36	−5.60	−6.58	−5.37	−5.26	−5.70	−5.60

附录7 1999—2007年省际区域分项优势综合得分矩阵
——要素优势

区域	代码	1999年	2000年	2001年	2002年	2003年	2004年	2005年	2006年	2007年
东部	BJ	6.17	5.81	6.11	7.33	5.41	6.91	5.72	7.93	6.34
	TJ	−0.78	−0.96	−1.13	−0.92	−1.93	−1.15	−0.99	−1.00	−1.13
	HB	−0.66	−0.40	−0.01	−0.01	−0.53	−0.73	−0.70	0.24	0.39
	SH	5.55	4.48	2.92	4.11	3.20	5.61	4.79	5.12	6.80
	JS	3.80	4.18	4.29	4.50	4.98	3.71	3.90	4.56	4.86
	ZJ	2.90	3.04	3.94	4.90	4.26	3.84	3.59	3.62	3.59
	FJ	1.04	−0.05	0.57	0.21	0.69	0.04	−0.43	−0.27	−0.39
	SD	2.32	3.06	3.21	2.70	2.93	2.42	1.52	1.85	2.29
	GD	7.43	7.00	8.66	9.40	8.62	6.86	9.29	5.69	5.16
	HAIN	−0.86	−1.69	−1.90	−2.06	−1.59	−0.45	−1.88	−1.84	−1.74
中部	SX	−2.07	−1.63	−2.49	−2.26	−1.66	−1.57	−1.47	−1.69	−1.47
	AH	−1.15	−0.51	−1.50	−1.86	−1.44	−0.86	−1.29	−1.45	1.17
	JX	−1.60	−1.76	−1.84	−2.17	−1.77	−2.14	−1.59	−1.36	−2.23
	HN	−1.70	0.38	−0.07	0.39	2.45	1.86	0.46	0.44	0.56
	HUB	0.29	1.42	1.39	1.45	0.13	−0.17	−0.64	−0.78	−0.92
	HUN	0.31	0.14	−1.12	−0.47	−0.41	−0.68	−0.41	0.72	−0.68
东北	LN	−0.35	0.15	0.36	0.58	2.20	0.21	0.37	0.67	0.28
	JL	−1.40	−2.00	1.37	−3.22	−2.91	−2.02	−2.19	−2.24	−2.28
	HLJ	−2.31	−1.72	−1.77	−2.01	−1.78	−1.52	−1.58	−1.66	−1.91

区域	代码	1999 年	2000 年	2001 年	2002 年	2003 年	2004 年	2005 年	2006 年	2007 年
西部	NM	−3.50	−2.99	−3.42	−3.28	−3.06	−2.64	−2.08	−2.30	−2.49
	GX	−0.71	−0.16	−0.38	−0.69	−1.26	−1.15	−1.37	−1.15	−0.71
	CQ	−2.54	−2.11	−1.78	−1.37	−1.73	−1.29	−1.31	−1.35	−1.19
	SC	1.94	2.26	1.67	1.59	1.93	1.68	1.46	2.44	2.46
	GZ	−2.41	−2.68	−2.46	−2.27	−2.29	−2.81	−0.12	−2.05	−2.04
	YN	2.57	1.36	0.11	−0.16	0.48	−0.32	−0.19	−0.34	−0.60
	XZ	−1.70	−2.75	−1.45	−1.82	−2.92	−2.84	−2.66	−2.91	−3.25
	SHX	0.05	−0.46	−0.32	−0.09	−0.45	−0.78	−1.39	−1.41	−1.38
	GS	−2.05	−1.93	−2.69	−2.91	−2.56	−2.48	−2.25	−2.17	−2.41
	QH	−3.61	−4.23	−4.12	−3.77	−3.37	−3.14	−2.82	−3.18	−3.25
	NX	−3.27	−3.52	−3.96	−4.13	−3.58	−3.30	−2.78	−2.87	−2.98
	XJ	−1.71	−1.72	−2.20	−1.72	−2.02	−1.10	−0.97	−1.26	−0.83

1999—2007 年省际区域分项优势综合得分矩阵
——产业优势

区域	代码	1999 年	2000 年	2001 年	2002 年	2003 年	2004 年	2005 年	2006 年	2007 年
东部	BJ	6.85	7.34	7.08	6.38	5.29	6.24	6.60	6.72	6.72
	TJ	2.85	2.50	2.61	2.71	2.84	2.59	1.76	1.37	1.10
	HB	−1.58	−1.71	−1.92	−1.91	−2.19	−2.14	−2.25	−2.24	−2.23
	SH	5.32	5.50	5.46	5.37	6.23	6.21	5.59	5.33	5.63
	JS	1.31	1.55	1.67	2.16	3.11	3.63	3.85	4.06	4.20
	ZJ	−0.24	0.09	0.46	0.64	0.89	1.04	1.10	1.26	1.31
	FJ	0.77	0.63	0.52	0.55	0.41	0.64	0.33	0.27	0.29
	SD	−0.23	−0.27	−0.20	−0.28	−0.58	−0.72	−0.97	−0.89	−0.70
	GD	9.27	8.96	8.78	8.90	8.26	7.68	7.78	7.66	7.50
	HAIN	0.95	0.68	0.78	0.50	0.65	0.54	0.32	−0.07	0.01
中部	SX	−0.97	−1.10	−1.37	−1.72	−2.09	−2.16	−1.46	−1.23	−1.21
	AH	−1.94	−1.75	−1.80	−1.73	−1.49	−1.51	−1.31	−1.18	−1.16
	JX	−0.92	−0.60	−0.79	−1.00	−1.12	−1.48	−1.56	−1.64	−1.87
	HN	−1.80	−1.97	−2.09	−2.07	−2.06	−1.95	−2.09	−2.02	−1.96
	HUB	−1.26	−1.35	−1.11	−0.94	−0.94	−1.07	−1.04	−1.06	−0.99
	HUN	−1.23	−1.14	−1.12	−1.13	−0.61	−0.82	−1.13	−0.99	−1.13
东北	LN	0.14	0.05	0.08	0.20	0.29	0.43	−0.07	−0.10	−0.14
	JL	−1.77	−1.91	−1.74	−1.71	−1.54	−1.55	−1.38	−1.34	−1.49
	HLJ	−1.89	−2.14	−2.14	−2.08	−2.03	−2.32	−2.18	−2.09	−1.97

区域	代码	1999 年	2000 年	2001 年	2002 年	2003 年	2004 年	2005 年	2006 年	2007 年
西部	NM	−2.22	−1.81	−1.91	−1.92	−1.96	−2.13	−1.58	−1.69	−1.87
	GX	−0.88	−0.85	−0.71	−0.61	−0.74	−1.04	−1.02	−1.14	−1.42
	CQ	−0.45	−0.26	−0.22	−0.14	−0.15	−0.29	−0.25	−0.18	−0.34
	SC	−1.54	−1.53	−1.07	−1.03	−0.77	−0.62	−0.79	−0.59	−0.77
	GZ	−1.76	−1.67	−1.46	−1.29	−1.10	−0.91	−0.18	0.56	0.95
	YN	−0.84	−0.94	−0.73	−0.59	−0.17	−0.38	−0.22	−0.37	−0.53
	XZ	−0.10	−0.08	0.07	0.55	0.31	0.65	0.51	0.75	1.58
	SHX	−0.55	−0.52	−0.67	−0.87	−0.99	−0.62	−0.97	−1.32	−1.45
	GS	−1.98	−1.91	−2.22	−2.30	−2.44	−2.31	−1.88	−1.97	−1.98
	QH	−0.90	−0.82	−1.10	−1.30	−1.36	−1.48	−1.72	−1.82	−1.96
	NX	−1.42	−1.51	−1.73	−1.95	−2.27	−2.35	−1.84	−1.96	−2.16
	XJ	−0.98	−1.47	−1.41	−1.39	−1.68	−1.81	−1.95	−2.10	−1.97

1999—2007 年省际区域分项优势综合得分矩阵
——交易优势

区域	代码	1999 年	2000 年	2001 年	2002 年	2003 年	2004 年	2005 年	2006 年	2007 年
东部	BJ	7.94	8.09	8.07	7.62	6.38	5.81	5.09	5.51	5.77
	TJ	−1.27	−1.74	−1.74	−1.69	−1.35	−1.61	−1.80	−2.11	−2.23
	HB	0.56	0.45	0.50	0.37	0.07	−0.02	0.06	0.38	−0.03
	SH	3.82	3.14	3.59	2.49	2.77	1.96	1.66	1.77	1.61
	JS	5.72	5.66	5.13	4.22	4.58	3.81	4.30	5.11	5.27
	ZJ	2.40	2.06	2.59	2.36	2.73	3.39	3.94	4.35	4.63
	FJ	0.38	0.42	0.13	−0.12	−0.02	0.00	0.24	0.08	−0.24
	SD	1.94	4.21	3.80	4.32	3.69	3.57	4.19	4.32	4.44
	GD	9.00	8.25	7.50	8.81	9.39	10.18	10.09	9.98	9.60
	HAIN	−2.10	−2.44	−2.08	−1.94	−1.41	−1.65	−0.91	−1.94	−1.99
中部	SX	−1.55	−1.35	−1.33	−1.39	−1.33	−1.46	−0.94	−0.36	−0.44
	AH	−1.12	−0.80	−0.97	−0.50	−1.02	−1.14	−1.47	−1.49	−1.30
	JX	−1.79	−1.03	−1.01	−0.81	−1.31	−1.33	−0.75	−0.97	−1.09
	HN	1.36	1.85	1.77	1.61	1.84	1.63	1.37	1.93	1.86
	HUB	1.27	1.13	1.68	1.78	1.15	0.65	0.58	0.53	0.64
	HUN	−0.41	−0.16	−0.67	0.00	0.11	0.40	0.49	0.02	0.14
东北	LN	3.65	2.63	3.19	2.80	2.89	3.33	2.93	3.09	3.23
	JL	−1.81	−2.03	−2.17	−2.08	−1.99	−2.14	−2.13	−2.22	−2.48
	HLJ	0.71	0.39	0.12	−0.05	−0.46	−0.65	−0.95	−0.86	−1.02

区域	代码	1999 年	2000 年	2001 年	2002 年	2003 年	2004 年	2005 年	2006 年	2007 年
	NM	−2.84	−2.91	−3.02	−3.11	−3.15	−2.82	−2.70	−2.39	−2.38
	GX	−0.79	−0.87	−0.70	−0.81	−0.66	−0.78	−0.77	−1.19	−1.56
	CQ	−1.81	−2.11	−1.82	−0.61	−0.63	−0.99	−0.87	−2.30	−1.91
	SC	0.01	0.69	1.29	1.40	1.84	2.78	2.26	2.78	2.97
	GZ	−3.58	−3.32	−3.54	−3.35	−2.95	−2.61	−2.40	−1.73	−1.26
	YN	1.50	0.50	1.05	0.37	0.55	0.42	0.39	0.32	0.05
西部	XZ	−4.66	−4.70	−5.09	−5.02	−4.63	−4.56	−4.65	−4.80	−3.91
	SHX	−0.79	−0.72	−0.59	−0.60	−1.24	−0.85	−0.80	−0.64	−0.85
	GS	−3.11	−3.36	−3.48	−3.41	−3.55	−3.36	−3.71	−3.88	−3.63
	QH	−4.87	−4.52	−4.68	−4.85	−4.67	−4.59	−4.76	−5.01	−5.19
	NX	−4.93	−4.75	−4.91	−5.05	−4.98	−4.94	−5.24	−5.69	−5.97
	XJ	−2.84	−2.69	−2.61	−2.77	−2.62	−2.44	−2.70	−2.60	−2.76

1999—2007 年省际区域分项优势综合得分矩阵
——需求优势

区域	代码	1999 年	2000 年	2001 年	2002 年	2003 年	2004 年	2005 年	2006 年	2007 年
东部	BJ	5.23	6.27	6.40	5.67	6.33	5.73	5.89	6.32	5.54
	TJ	2.16	2.36	3.30	2.12	1.98	2.36	1.90	2.07	2.37
	HB	−0.60	−1.02	−0.93	−0.75	−0.93	−0.72	−0.94	−1.07	−1.25
	SH	5.02	5.29	5.22	4.66	7.74	9.01	4.62	3.82	4.95
	JS	0.19	0.19	−0.05	−0.27	−0.22	−0.07	0.38	0.83	1.35
	ZJ	2.36	2.03	1.85	2.42	2.85	2.87	3.00	2.03	2.02
	FJ	0.38	0.43	0.14	0.40	0.16	1.23	0.12	0.68	0.84
	SD	1.39	1.42	1.10	0.59	0.16	−0.27	0.35	0.41	−0.16
	GD	2.81	2.89	2.10	2.75	3.25	3.52	3.89	3.30	3.48
	HAIN	−0.63	−1.10	−0.84	−0.74	−0.96	−1.29	−1.40	−1.38	−1.41
中部	SX	−1.35	−1.61	−1.65	−1.24	−1.86	−1.00	−1.28	−1.24	−1.39
	AH	−1.12	−1.17	−1.17	−1.47	−1.64	−1.51	−1.79	−1.87	−1.17
	JX	−1.81	−1.76	−1.81	−1.62	−1.65	−1.56	−1.18	−1.15	−1.36
	HN	−1.15	−1.47	−1.57	−0.99	−1.23	−1.41	−1.43	−1.26	−1.43
	HUB	−0.33	−0.55	−0.64	−0.41	−0.87	−0.48	−0.72	−0.67	−0.44
	HUN	−0.29	−0.07	−0.01	−0.54	−0.22	−0.43	0.34	0.67	1.26
东北	LN	0.00	0.01	−0.08	−0.11	−0.32	−0.38	−0.17	−0.61	−0.55
	JL	−1.36	−1.35	−1.21	−1.59	−1.68	−1.74	−1.63	−1.42	−1.56
	HLJ	−1.22	−1.07	−1.05	−1.39	−1.07	−1.14	−1.11	−1.24	−1.48

区域	代码	1999 年	2000 年	2001 年	2002 年	2003 年	2004 年	2005 年	2006 年	2007 年
西部	NM	−0.85	−0.92	−1.08	−1.59	−0.86	−0.97	−0.69	−0.67	−0.20
	GX	−0.89	−0.89	−0.80	−0.51	−0.80	−0.98	−0.45	−0.42	−0.27
	CQ	1.34	0.30	0.79	1.14	0.74	0.69	0.23	0.33	−0.21
	SC	−0.06	−0.23	−0.22	−0.02	0.29	−0.56	−1.02	0.39	−0.31
	GZ	−1.13	−0.72	−1.24	−0.49	0.11	−0.74	−0.39	0.40	−0.12
	YN	0.16	0.16	−0.07	0.30	0.01	−0.48	−0.67	−0.43	−1.23
	XZ	−3.33	−3.39	−3.34	−3.30	−3.18	−3.14	−2.71	−3.16	−3.14
	SHX	0.09	0.41	0.37	0.34	−0.48	−0.22	0.61	0.50	0.28
	GS	−0.82	−1.05	−0.94	−0.83	−0.69	−1.34	0.16	−1.39	−0.43
	QH	−2.06	−1.63	−1.33	−0.95	−1.68	−1.56	−1.11	−1.20	−1.06
	NX	−1.54	−1.28	−0.97	−0.67	−1.65	−1.93	−1.25	−1.15	−1.39
	XJ	−0.59	−0.52	−0.27	−0.91	−1.62	−1.48	−1.57	−1.41	−1.52

主要参考文献

[1] 包群,许和连,赖明勇.贸易开放度与经济增长:理论及中国的经验研究[J].世界经济,2003(02).

[2] 蔡洁,蒙英华.贸易自由化福利收益模型和我国服务贸易发展的现实选择[J].国际贸易问题,2007(05).

[3] 陈凯.国际服务贸易发展态势及其对我国的启示[J].国际贸易问题,2006(12).

[4] 陈宪.发展国际服务贸易:上海经济的新增长点[J].上海经济研究,1998(01).

[5] 陈宪,谭智勇."商业存在"与"跨境贸易"在 GATS 下的融合[J].世界经济研究,2003(07).

[6] 陈怡,沈利生.我国服务贸易出口贡献率分析——基于 1997 年投入产出表的计算[J].数量经济技术经济研究,2006(11).

[7] 程大中,陈宪.服务贸易理论研究:现实基础、总体状况及初步设想[J].上海经济研究,2000(12).

[8] 程南洋,杨红强,聂影.中国服务贸易出口结构变动的实证分析[J].国际贸易问题,2006(08).

[9] 程南洋,余金花.中国货物贸易与服务贸易结构变动的相关性检验:1997—2005[J].亚太经济,2007(01).

[10] 程新章.关于国际贸易服务统计中商业存在的统计规范问题探讨[J].统计与决策,2006(05).

[11] 戴学锋,巫宁.中国出境旅游高速增长的负面影响探析[J].旅游学刊,2006(02).

[12] 丁平.中国服务贸易国际竞争力的影响因素分析与对策研究[J].世界经济研究,2007(09).

[13] 丁勇,朱彤.中国服务贸易竞争力的国际比较研究[J].财经问题研究,2007(03).

[14] 董小麟,董苑玫.中国服务贸易竞争力及服务业结构缺陷分析[J].国际经贸探索,2006(06).

[15] 董小麟,庞小霞.我国旅游服务贸易竞争力的国际比较[J].国际贸易问题,2007(02).

[16] 董有德,马力.我国不同部门服务贸易对经济增长的影响机制研究——基于 1982—2006 年数据的实证分析[J].世界经济研究,2009(02).

[17] 范柏乃,毛晓苔,王双.中国出口贸易对经济增长贡献率的实证研究:1952—2003

年[J].国际贸易问题,2005(08).

[18] 范柏乃,王益兵.我国进口贸易与经济增长的互动关系研究[J].国际贸易问题, 2004(04).

[19] 冯玮.中国出境旅游现状及其未来发展思考[J].经济地理,2005(02).

[20] 冯学钢.上海旅游就业容量及拓展对策研究[J].华东师范大学学报(哲学社会科学版),2004(03).

[21] 冯学钢,赖坤.中国旅游业发展环境国际竞争力比较研究[J].世界经济研究,2003(07): 40-45.

[22] 高歌.我国西部地区与东盟开展服务贸易的对策[J].国际贸易,2007(06).

[23] 龚新宇,李才波.比较优势理论在国际服务贸易中的适应性分析[J].当代财经, 2000(01).

[24] 郭根龙,冯宗宪.过境交付服务贸易的发展及其影响[J].国际贸易问题,2006(02).

[25] 海闻.国际贸易理论的新发展[J].经济研究,1995(07).

[26] 韩振国,王玲利.我国服务贸易出口对经济增长的影响研究——基于1985—2006年时序数据的实证分析[J].国际贸易问题,2009(03).

[27] 何琼隽.比较优势与服务贸易[J].南方经济,1997(04).

[28] 胡凤英.乌拉圭回合服务贸易述评[J].世界经济研究,1990(04).

[29] 胡景岩.对服务贸易发展有关问题的思考[J].国际经济合作,2007(04).

[30] 胡景岩.中国发展服务贸易的战略思考[J].国际贸易,2006(11).

[31] 胡亮,潘厉.国际贸易、外国直接投资、经济增长对环境质量的影响——基于环境库兹涅茨曲线研究的回顾与展望[J].国际贸易问题,2007(10).

[32] 胡小纯,冯学钢.中外旅游服务研究综述及评价[J].思想战线,2004(05):133-137.

[33] 黄玖立.贸易开放、要素积累和经济增长——以东亚地区经济快速增长为例[J].南开经济研究,2004(06).

[34] 黄新飞,舒元.贸易开放度、产业专业化与中国经济增长研究[J].国际贸易问题, 2007(12).

[35] 贾怀勤.服务贸易统计制度和方法研究的回顾与思考[J].国际贸易问题,2005(07).

[36] 姜义茂,刘慧芳,李俊.以新的评价指标认识我国旅游服务贸易的竞争力[J].国际贸易,2006(11).

[37] 金雯飞,刁化功.浅谈中国旅游服务贸易的发展[J].现代经济探讨,2001(12): 62-63.

[38] 蓝庆新.中国贸易结构变化与经济增长转型的实证分析及现状研究[J].经济评论, 2001(06).

[39] 雷平,施祖麟.出境旅游、服务贸易与经济发展水平关系的国际比较[J].旅游学刊,2008(07).

[40] 李丽.全球服务贸易发展趋势及中国服务贸易的发展[J].统计与决策,2006(01).

[41] 李明武.正确认识贸易差额与经济增长的关系[J].管理世界,2004(05).

[42] 李平,梁俊启.我国不同部门服务贸易对经济增长的影响[J].国际贸易问题,2007(12).

[43] 李伍荣.服务贸易促进外贸增长方式转变:机理及其实现[J].国际经贸探索,2007(04).

[44] 李小牧.中国旅游服务贸易发展:1985—2004 年的国际收支分析[J].国际贸易,2006(10).

[45] 梁琦.亚洲金融危机对国际旅游服务贸易的影响及对策思考[J].国际贸易问题,1999(01).

[46] 刘华.GATS 与我国旅游服务贸易的进一步自由化[J].国际经贸探索,2001(03).

[47] 罗明义.加快对旅游服务贸易政策的研究[J].旅游学刊,2007(02).

[48] 罗明义,毛剑梅.论旅游服务贸易政策的性质、特征和内容[J].经济问题探索,2008(03).

[49] 马波,寇敏.中国出境旅游发展及其影响的初步研究[J].旅游学刊,2006(07).

[50] 马承文.浅析东盟五国服务贸易国际竞争力[J].亚太经济,2007(02).

[51] 蒙英华,蔡洁.服务业对外开放与服务贸易政策体系构筑[J].国际贸易问题,2007(02).

[52] 倪月菊.世界主要国家和地区的服务贸易管理体制比较[J].国际贸易,2007(02).

[53] 潘爱民.中国服务贸易开放与经济增长的长期均衡与短期波动研究[J].国际贸易问题,2006(02).

[54] 潘向东,廖进中,赖明勇.经济制度安排、国际贸易与经济增长影响机理的经验研究[J].经济研究,2005(11).

[55] 尚涛,郭根龙,冯宗宪.我国服务贸易自由化与经济增长的关系研究——基于脉冲响应函数方法的分析[J].国际贸易问题,2007(08).

[56] 申朴.技术变迁、要素积累与发展中国家服务贸易比较优势动态变化的研究[D].上海:复旦大学,2004.

[57] 沈丹阳.构建我国服务贸易促进体制的必要性及基本思路[J].国际贸易,2007(08):29-32.

[58] 沈坤荣,李剑.中国贸易发展与经济增长影响机制的经验研究[J].经济研究,2003(05).

[59] 沈利生.关于生产函数的估计——对《贸易开放度与经济增长:理论及中国的经验研究》一文的质疑[J].世界经济,2004(01).

[60] 史自力,谢婧怡.中国服务贸易竞争力影响因素分析及提升对策[J].经济与管理研究,2007(04).

［61］孙洁,冯学钢.欧盟旅游业一体化发展的框架与策略[J].北京第二外国语学院学报,2004(03):53-57;62.

［62］唐保庆,黄繁华.国际贸易结构对经济增长的影响路径研究——基于货物贸易与服务贸易的比较分析[J].世界经济研究,2008(09).

［63］汪宇明.旅游促进社会就业增长的战略思考[J].经济地理,2003(03).

［64］汪宇明,何小东.关于区域旅游障碍的辨析——兼论行政区划对区域旅游发展的影响[J].旅游学刊,2008(08):39-45.

［65］王建,任荣明.国际服务贸易对输入国经济的影响[J].上海交通大学学报(哲学社会科学版),1999(01).

［66］王小平.中国服务贸易周期波动的实证分析[J].财贸经济,2006(07).

［67］王晓雷.金融危机对美国对外贸易、贸易收支和经济增长的影响[J].国际贸易问题,2009(01).

［68］王亚菲.国际服务贸易统计研究中的有关问题:基于 GATS 的观点[J].统计研究,2006(05).

［69］王永齐.贸易溢出、人力资本与经济增长——基于中国数据的经验分析[J].南开经济研究,2006(01).

［70］王煜.我国服务贸易结构国际比较及优化[J].财贸研究,2007(05).

［71］吴忠才.中国入境旅游对经济增长拉动作用的定量研究[J].北京第二外国语学院学报,2007(09).

［72］夏晴.论服务贸易的比较优势与竞争优势[J].国际贸易问题,2003(09).

［73］谢康,乌剑军.国际服务贸易比较优势理论的发展[J].国际贸易问题,1997(03).

［74］邢厚媛.扩大服务贸易出口的思路与对策[J].国际经济合作,2007(04).

［75］熊启泉,张琰光.中国服务贸易对经济增长的贡献——基于 1982—2006 年数据的实证分析[J].世界经济研究,2008(11).

［76］熊贤良.对外贸易促进经济增长的机制和条件[J].国际贸易问题,1993(07).

［77］徐桂民,鞠磊.国际服务贸易的发展及其影响因素——基于 1990—2004 年中国数据的多元回归分析[J].生产力研究,2007(14):57-59.

［78］许统生,熊正德,刘永辉.对我国服务贸易开放度的度量[J].统计与决策,2007(16).

［79］闫森.东盟五国服务贸易壁垒的测度分析[J].亚太经济,2006(01).

［80］杨锦权,王迎新.国际服务贸易提供方式:一个理论的研究视角[J].财贸经济,2007(05).

［81］杨军.中国出境旅游"双高"格局与政策取向辨析——兼与戴学锋、巫宁同志商榷[J].旅游学刊,2006(06).

[82] 杨玉华.我国服务贸易的发展及对就业影响的分析[J].价格月刊,2007(06).

[83] 殷德生.贸易与内生经济增长:一个理论综述[J].南开经济研究,2004(06).

[84] 殷德生,唐海燕.人力资本效应、产业内贸易与经济增长[J].世界经济,2006(06).

[85] 殷凤.世界服务贸易发展趋势与中国服务贸易竞争力研究[J].世界经济研究,2007(01).

[86] 尹翔硕,尹翔康.贸易保护、技术进步与经济增长——对两段历史经验的比较[J].亚太经济,2001(02).

[87] 余开祥.论国际贸易带动经济增长的传导机制——兼评西方学者的有关理论[J].世界经济文汇,1987(03).

[88] 张汉林,梁丹.东盟地区的国际旅游贸易及有关政策措施[J].国际经济合作,1994(11).

[89] 张立光,郭妍.我国贸易开放度与经济增长关系的实证研究[J].财经研究,2004(03).

[90] 张丽峰.我国入境旅游和经济增长关系的统计检验[J].统计与决策,2008(21).

[91] 赵东喜.福建入境旅游与经济增长和对外开放关系动态分析[J].福建师范大学学报(哲学社会科学版),2007(06).

[92] 赵放,冯晓玲.中美服务贸易国际竞争力比较分析——兼论中国服务贸易结构性失衡[J].世界经济研究,2007(09).

[93] 赵景峰,陈策.中国服务贸易:总量和结构分析[J].世界经济,2006(08).

[94] 赵磊,庄志民.旅游目的地竞争力模型比较研究[J].旅游学刊,2008(10):47-53.

[95] 赵书华,李辉.全球服务贸易10强的服务贸易国际竞争力定量分析[J].国际贸易问题,2005(11).

[96] 赵伟,马瑞永.贸易与经济增长收敛研究综述[J].国际贸易问题,2006(05).

[97] 周经,吕计跃.中国旅游服务贸易竞争力影响因素的实证分析[J].国际贸易问题,2008(04).

[98] 周申,廖伟兵.服务贸易对我国就业影响的经验研究[J].财贸经济,2006(11).

[99] 祝孔海.国际贸易理论演变及我国对外贸易政策的思考[J].江西社会科学,2004(10).

[100] 庄志民.旅游经济发展的文化空间[M].上海:学林出版社,1999.

[101] ALBERTO G. Exports of Services, Exports of Goods and Economic Growth in Developing Countries[J]. Journal of Economic Integration, 2006, 26(2).

[102] BALAGUER, J, CANTAVELLA-JORDA M. Tourism as a Long-run Economic Growth Factor: The Spanish Case[J]. Applied Economics, 2002, 34(7): 877-884.

[103] BRENTON P, MANCHIN M. Trade in Services, Foreign Direct Investment and Technology Transfer: Implications of an EU-Russia Free Trade Agreement for Economic

Efficiency and Growth[J]. Report prepared for the European Commission. Processed, 2002.

[104] BRIDA J G, CARRERA E J S, & RISSO W A. Tourism's Impact on Long-Run Mexican Economic Growth[J]. Economics Bulletin, 2008. 3(21): 1 – 8.

[105] BRIDA J G, et al., The Tourism-Led-Growth Hypothesis for Uruguay[J]. Social Science Electronic Publishing, 2010, 16(3): 765 – 771.

[106] BURGESS D. Services as Intermediate Goods: The Issue of Trade Liberalization[J]. The Political Economy of International Trade, 1990: 122 – 139.

[107] CHEN C F, CHIOU-WEI S Z. Tourism Expansion, Tourism Uncertainty and Economic Growth: New Evidence from Taiwan and Korea[J]. Tourism Management, 2009.

[108] CORTES-JIMENEZ I. Which Type of Tourism Matters to the Regional Economic Growth? The Cases of Spain and Italy[J]. International Journal of Tourism Research, 2008, 10(2).

[109] CROES R, VANEGAS M. Cointegration and Causality between Tourism and Poverty Reduction[J]. Journal of Travel Research, 2008, 47(1): 94 – 103.

[110] DA C, DA C. Tourism Cluster Competitiveness and Sustainability: Proposal for a Systemic Model to Measure the Impact of Tourism on Local Development[J]. Bar Brazilian Administration Review, 2005, 2(2): 47 – 62.

[111] DEARDORFF A V. Comparative Advantage and International Trade and Investment in Services[A] //STERN R M. Trade and Investment in Services: Canada/US Perspectives. Toronto: Ontario Economic Council, 1985: 39 – 71.

[112] DEE P. Measuring and Modelling Barriers to Services Trade: Australia's Experience[J]. World Scientific Book Chapters, 2005.

[113] DRITSAKIS N. Tourism as a Long-run Economic Growth Factor: An Empirical Investigation for Greece Using Causality Analysis[J]. Tourism Economics, 2004, 10(3): 305 – 316.

[114] DUBARRY R. Tourism and Economic Growth: The Case of Mauritius [J]. Tourism Economics, 2004, 10(4): 389 – 401.

[115] DWYER L, et al. Estimating the Regional and National Economic Impacts of Tourism Growth and Special Events[J]. ASEAN Journal on Hospitality and Tourism, 2003(2): 118 – 130.

[116] EL KHOURY A C, SAVVIDES A. Openness in Services Trade and Economic Growth[J]. Economics Letters, 2006, 92(2): 277 – 283.

[117] FAYISSA B C, NSIAH C, TADASSE B. The Impact of Tourism on Economic

Growth and Development in Africa[J]. Tourism Economics, 2008, 14(4): 807 - 818.

[118] GARIN-MUNOZ T. Inbound International Tourism to Canary Islands: A Dynamic Panel Data Model[J]. Tourism Management, 2006, 27(2): 281 - 291.

[119] GEMELL N, WARDLEY P. The Contribution of Services to British Economic Growth, 1856—1913[J]. Explorations in Economic History, 1990, 27: 299 - 321.

[120] HINDLEY B, SMITH A. Comparative Advantage and Rrade in Services[J]. The World Economy, 1984, 7(4): 369 - 390.

[121] IANCHOVICHINA E, MARTIN W. Trade Liberalization in China's Accession to WTO[J]. Journal of Economic Integration, 2001, 16(4): 421 - 446.

[122] IVANOV S, WEBSTER C. Measuring the Impact of Tourism on Economic Frowth [J]. Tourism Economics, 2007, 13(3): 379.

[123] KALI R, MENDEZ F, REYES J. Trade Structure and Economic Frowth[J]. Journal of International Trade & Economic Development, 2007, 16(2): 245 - 269.

[124] KASMAN S K, KASMAN A. Cointegration and Causality Between Tourism and Economic Frowth (in Tukish)[J]. Iktisat/Isletme ve Finans, 2004, 220(7): 122 - 134.

[125] LALL S. The Third World and Comparative Advantage in Trade Services[J]. Palgrave Macmillan UK, 1986.

[126] LANZA A, PIGLIARU F. Tourism and Economic Frowth: Does Country's Size Matter[J]. Rivista Internazionale di Scienze Economiche e Commerciali, 2000, 47(1): 77 - 86.

[127] LEE C C, CHANG C P. Tourism Development and Economic Frowth: A Closer Look at Panels[J]. Tourism Management, 2008, 29(1): 180 - 192.

[128] LEE C C, CHIEN M S. Structural Breaks, Rourism Development, and Economic Frowth: Evidence from Taiwan[J]. Mathematics and Computers in Simulation, 2008, 77(4): 358 - 368.

[129] LIN T, GUZMAN F D. Tourism for Pro - Poor and Sustainable Growth: Economic Analysis of Tourism Projects[J]. MPRA Paper, 2007, 20.

[130] LOZANO J, GOMEZ C G, REY-MAQUIEIRA J. An Analysis of the Evolution of Tourism Destinations from the Point of View of the Economic Growth Theory[J]. Working Papers, 2005.

[131] MARKUSEN J R, VENABLES A J. Multinational Firms and the New Trade Theory[J]. Journal of International Economics, 1998, 46(2): 183 - 203.

[132] MARTIN E J, MORALES M, SEARPA R. Tourism and Economic Growth in

Latin American Countries: A Panel Data Approach[J]. Fondazione Eni Enrico Mattei Working Papers, 2004, 26.

[133] MATTO A, RATHINDRAN R, SUBRAMANIAN A. Measuring Services Trade Liberalization and Its Impact on Economic Growth: An Illustration[J]. Journal of Economic Integration, 2006.

[134] MAZZANTI M. Tourism Growth and Sustainable Economic Development: A Note on Economic Issues[J]. Tourism Economics, 2002, 8(4): 457 – 462.

[135] MODESTE N C. The Impact of Frowth in the Tourism Sector on Economic Development: The Experience of Selected Caribbean Countries[J]. International Library of of Critical Writings in Economics, 2000, 121: 436 – 445.

[136] NARAYAN P. Testing Convergence of Fijis Tourism Markets [J]. Pacific Economic Review, 2007, 12(5): 651 – 663.

[137] NARAYAN P K, PRASAD B C. Does Tourism Granger Causes Economic Growth in Fiji[J]. Empirical Economics Letters, 2003, 2.

[138] NARAYAN P K, NARAYAN S, PRASAD A, et al. Tourism and Economic Growth: A Panel Data Analysis for Pacific Island Countries[J]. Tourism Economics, 2010, 16(1): 169 – 183.

[139] NORDIN S. Tourism Clustering and Innovation: Path to Economic Growth and Development[Z]. Osternsund, Sweden: MID Sweden University, 2003: 19.

[140] NOWAK J J, SAHLI M, CCRTES-JIMENEZ I. Tourism, Capital Food Imports and Economic Growth: Theory and Evidence for Spain[J]. Tourism Economics, 2007, 13(4): 515 – 536.

[141] OH C O. The Contribution of Tourism Development to Economic Frowth in the Korean Economy[J]. Tourism Management, 2005, 26(1): 39 – 44.

[142] PEDREGAL D J. Tourism Demand Modelling and Forecasting[J]. International Journal of Forecasting, 2001, 28(4): 1078 – 1080.

[143] PROENCA S, SOUKIAZIS E. Tourism as an Economic Growth Factor: A Case Study for Southern European Countries[J]. Tourism Economics, 2008, 14(4): 791 – 806.

[144] RISSO W A, BRIDA J G. The Contribution of Tourism to Economic Growth: An Empirical Analysis for the Case of Chile[J]. European Journal of Tourism Research, 2008, 2(2): 178 – 185.

[145] SALLEH N H M, OTHMAN R, RAMACHANDRAN S. Malaysia's Tourism

Demand from Selected Countries: The ARDL Approach to Cointegration[J]. Journal of Economics and Management, 2007(3): 345.

[146] SEQUEIRA T N, CAMPOS C, DE CCAMPOLIDE C. International Tourism and Economic Growth: A Panel Data Approach[J]. Fondazione Eni Enrico Mattei Working Paper Series, NOTA DI LAVORO, 2005, 141.

[147] SEQUEIRA T N, NUNES M. Does Tourism Influence Economic Growth? A Dynamic Panel Data Approach[J]. Applied Economics, 2008, 40(18): 2431 - 2441.

[148] SOUKIAZIS E, PROENCA S. Tourism as an Alternative Source of Regional Growth in Portugal: A Panel Data Analysis at NUTS II and III Levels[J]. Portuguese Economic Journal, 2008, 7(1): 43 - 61.

[149] TYLER W. Growth and Export Expansion in Developing Countries: Some Empirical Evidence[J]. Journal of Development Economics, 1981, 9(1): 121 - 30.

[150] WACZIARG R, WELCH K H. Trade Liberalization and Growth: New Evidence[J]. NBER Working Papers, 2003.

[151] ZHANG Q, FELMINGHAM B. The Relationship between Inward Direct Foreign Investment and China's Provincial Export Trade[J]. China Economic Review, 2001, 12(1): 82 - 99.

后　记

2000年7月大学毕业离开校园后,历时3年多曲折,从南京到广州再到上海备考研究生,其中的经历和各种滋味只有自己能够体会。仍记得2004年考研结束后,那个其实很短却又非常漫长的等待过程,是何等煎熬!当从电话中查知分数的那个时刻,泪水瞬间挂满脸颊!现在回忆起来,仍是五味杂陈!

2004年9月开学季,我顺利进入华东师范大学商学院,开始了研究生学习与生活,一切都是那么陌生和神秘。由于离开校园多年,年龄也比同届学生大了三四岁,所以总是不敢有丝毫懈怠,图书馆是我最常去的地方。功夫不负有心人,2007年,我顺利考取博士,进入新的学习阶段。

但进入一个全新的研究领域时,我对自己能否顺利完成学业心存疑虑。尤其是当我为文章的写作准备资料时,更加意识到,这种担心并不多余。彷徨过、焦虑过,但求知的热情从未减退。3年里,我努力学习数据分析方法与分析工具,补习基础理论和专业课程,积极加入学术讨论小组,我始终坚信,"勤能补拙"!好在功夫不负有心人,即将收笔之时,也是感情释放之时。

如果没有恩师冯学钢教授的热心关怀和悉心指导,如今的一切都无可想象。从硕士到博士的6年里,先生总能在我最为困难的时候伸手相助,无论从物质和精神上都给了我巨大的支持。先生治学严谨,深受其益。6年师生之情,已经无须用语言去表达。每当迷惘地面对先生时,总能得到醍醐灌顶式的感悟,这也是我写作过程中克服困难最为坚强的依赖。

谢谢在写作过程中给予我重要帮助的华东师范大学商学院庄志民教授、楼嘉军教授、杨勇教授等。庄教授独特的时空研究方法被学生用于论文的写作;本书的逻辑结构安排得益于楼教授中肯的建议;数据采集及技术分析以及修改的思路得到了杨勇教授无私的帮助。在此,对他们表达最衷心的谢意!

感谢在 6 年多的求学过程中,曾经教授或给予过我指导的各位老师,他们深厚的旅游学、管理学和经济学功底深深吸引着我,也从多个方面帮助我提高研究素养,为本书的顺利完成和今后继续从事相关理论研究打下了坚实基础。

感谢同门师妹于秋阳,在读研、攻博的 6 年里,非常荣幸能够与她一起努力、一起进步。感谢共同合作过的其他同门师弟、师妹,他们可爱的身影和直率的表达常常给我带来灵感;感谢求学时的同窗好友,他们是罗文波、李浩、吴敏晓、王希岩、苏多永、邢哲、张会清、吴洁、尹冰、葛勇、孔庆洋等人,共同学习、一起锻炼的日子总是那么值得回忆,祝愿他/她们都能在自己的岗位上发光发热,闯出一片天地!

感谢南京大学出版社裴维维、刁晓静两位老师,在本书审校和出版过程中提供了周到的建议和意见,她们毫无保留的、智慧且严谨的无私帮助,以及认真负责的工作态度令我印象深刻,深表敬佩和感谢!

感谢我的父亲母亲、岳父岳母一直以来对我生活和事业的默默帮助;感谢我的爱人顾梅珑女士多年来对家庭和我最为无私的付出。还要谢谢我的一双儿女,从他们明亮的眼睛里,总能看到无限希望和不尽动力。在此,祝愿所有人健康、幸福、快乐!

梁　峰

2022 年 7 月于无锡大学城